MINERVA
保育士等キャリアアップ
研修テキスト

今井和子・近藤幹生 監修

食育・アレルギー対応

林　薫

編著

ミネルヴァ書房

監修者のことば

　このMINERVA 保育士等キャリアアップ研修テキストは、「乳児保育」「幼児教育」「障害児保育」「食育・アレルギー対応」「保健衛生・安全対策」「保護者支援・子育て支援」「マネジメント」の全7巻で構成されています。いずれも、保育士養成校等で教育・研究に尽力されている専門分野の先生方、そして経験豊富な保育実践者の方々により、執筆していただきました。

　これらのテキストの執筆をお願いした専門分野の先生方は、常に現場の職員と一緒に研究活動に取り組み、保育の質の向上を支えてこられ、現場に精通されています。そして、現職の園長先生や主任保育士、保育者にあえてこのテキストの執筆を依頼したのは、今日的な保育課題に主体的に取り組み、活力のある保育・教育を創造していくのに、現場の実践力こそが不可欠ではないかと考えたからです。

　2017年4月、厚生労働省は通知「保育士等キャリアアップ研修の実施について」を発出しました。この通知を受けた研修の一番のねらいは、保育実践現場において、すでに一定の経験をもっている保育者が学びを深めること、保育の質的向上、職員の資質向上を目指すことです。研修の受講者自身が、各園においてミドルリーダーあるいはリーダーとなることを目的としています。保育に関わる基本的知識はもちろんですが、専門的知識・技術を土台にして、最近の保育の動向についても理解し、さらに深めてもらえる内容になっています。

　各巻では、レッスンのはじめにポイントを箇条書きにしてあります。そして、保育実践現場の具体的事例や写真、図表類などを盛り込むようにしました。また講義形式での講座を受講しながら、必要な事項をメモできるように本文欄外にスペースを設けました。さらに、各レッスンでは、演習形式でのグループ討議の際、考え合ってほしい課題を盛り込みました。職場以外の同じ立場の者同士が多様な保育課題について語り合い、専門性の向上に努めるまたとない機会として活用していただければと思います。さらに、学びを深めたい方々のために、巻末に参考文献リストや資料を掲載しています。

　このキャリアアップ研修テキスト（全7巻）により学びを進め、各園における課題を見いだし、あるいはこれまでの保育内容を再考する契機となることを願っています。キャリアアップ研修の参加者自身が、保育の質的向上、職員の資質向上を目指すために奮闘してほしいと願っています。保育者たちは、日常業務の忙しさのなかにあり、学ぶ時間をつくりだすこと自体が困難となっています。もちろん、こうした保育実践現場の課題は、実践現場の方々の努力だけで解決できうることではありません。しかし、「学ぶことは変わること」（林竹二）です。このキャリアアップ研修においてかなりの長い時間をかけて学ばれる以上は、学びの達成感やリーダーとしての力量、すなわち「園の組織を学び合う実践共同体へと変えていく力」を修得していただければ、という願いをもってつくりました。それによって、保育者としての生きがいを追求する姿を確かめ合っていけるのではないでしょうか。

　皆さんの、学びへの積極的意欲を励ますとともに、全7巻の執筆者のご協力に感謝し、監修者のことばとします。

2019年8月

近藤幹生

今井和子

はじめに

　新型コロナウイルスは、私たちの食事のあり方にも影響を及ぼし、これまで当たり前であった「人と人がともに食べるという行為」そのものへの不安が高まりました。保育においても、正解のない毎日のなかで子どもの食の営みを紡いでいくために、試行錯誤の日々が続いています。私たちにとって、食を通しての人と人の関わりやつながりの大切さを改めて考えさせられる機会となりました。

　こうした状況のなかで、どのように子どもたちの食やその経験を保障していくのか、そのために保育に携わる私たちにはどのような力が求められるのか、本書を通じて皆さんとともに考えたいと思い、長年にわたり医療や食育の観点から、子どもを大切にする社会についての研究を進めてきた、小林美由紀氏、酒井治子氏、會退友美氏とともに執筆をしました。

　本書では、多様な立場から語り合い、探求し続けていくことを大切にしたいと思い、事例やコラム、ワークを多く取り入れています。事例やコラムのなかには、子どもの姿を想像して思わず笑みがこぼれてしまうものや、子どものやわらかい発想に、心が温かくなるようなものもあります。ぜひ、園内研修などでもご活用していただければ幸いです。

　同じ園で働き、子どもの育ちを支えていても、実は、それぞれの食事に対する考え方やとらえ方（食事観）は少しずつ異なるものです。たとえば、食事の進め方であったり、声のかけ方であったりの違いについて、客観的に撮った映像などを見て、はじめて気がつくということもよくあります。それを無理やり同じにするというよりは、まずはお互いの違いを理解し、そのうえで「子どもにとって心地よい食事の場」をどのようにつくっていくのか、子どものために何をすべきなのか、言葉を重ね、知恵を出し合っていくことが大切であり、本書がそうした気づきや語りのきっかけになればうれしく思います。

　最後に、子どもたちの食の体験を豊かに育みたいと願う現場の先生方の想いは、執筆者たちの願いでもあります。

　本書が少しでもお役に立てましたら幸いです。

2021年3月

編著者　林　薫

■ 第 **2** 章 ■ 食育のための環境づくり

■ 第 **3** 章 ■ アレルギー疾患の理解とその対応

本シリーズは、厚生労働省「保育士のキャリアパスに係る研修体系等の構築について」に準拠したうえで、ミドルリーダーとして知っておきたい保育内容を充実させ、学んだ知識を保育現場で活用できるような構成になっている。したがってキャリアアップ研修のみならず、園内研修用のテキストとしても使用可能である。

第 1 章

子どもの食育と保育

「食育基本法」も施行され、一般的にも広く「食育」という言葉が使われるようになりました。保育のなかにおいても、各園でさまざまな活動に取り組んでいます。この章では、最新の食育の動向を学びながら、「わが園で取り組みたい食育」のイメージをさらに膨らませてください。

レッスン **1**

子どもの食育について学ぶ意義

レッスン **2**

国・地域・園・家庭が連携する食育 ：第 4 次食育推進基本計画の理解

レッスン **3**

食を通してめざす子ども像と体験

レッスン **4**

食育の計画および評価

レッスン **5**

食育のための環境づくり

レッスン **6**

食を通じた子育て支援

子どもの食育について学ぶ意義

安心とやすらぎのなかでの授乳は食の原点。生活リズムを確立し、人への愛着を形成していく。

写真提供：筆者

1 ｜ 食育はなぜ必要か

　今、少子化時代の子どもが育つ環境には、かつてなかったほど深刻な関心が寄せられています。繰り返される子どもへの虐待や、子ども自身が引き起こすさまざまな事件の原因の一端には、核家族化や、地縁の希薄化にともなう家庭や地域の子育て機能の低下があります。「食べる」ことは生活の基盤であり、子どもの健康支援のためにも欠かすことができません。子どもの食を取り巻く現状をみながら、飽食の時代といわれる今、「食育」がなぜ必要とされているのか考えてみましょう。

1 基本的な生活習慣を身につける

　全国の6歳未満の子どもを対象に、10年ごとに実施されている「平成27年度乳幼児栄養調査」（厚生労働省、2016年）によると、2～6歳児の6.4%の子どもに朝食を欠食する傾向がみられます（図1−1）。また、朝食欠食と起床・就寝時刻との関連をみると、平日、休日ともに、就寝時刻が午後10時以降、または、起床時刻が午前8時以降と遅くなると、朝食を必ず食

図1−1　子どもと保護者の朝食習慣

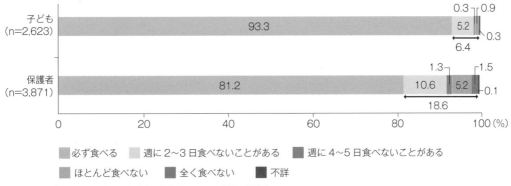

※回答者：子ども；2〜6歳児の保護者、保護者；0〜6歳児の保護者
出典：厚生労働省「平成27年度乳幼児栄養調査」2016年

図1−2　起床時刻・就寝時刻（平日、休日）別の朝食を必ず食べる子どもの割合

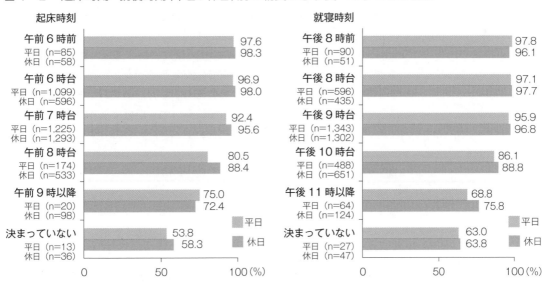

※起床時刻「午前9時以降」は「午前9時台」と「午前10時以降」の合計。就寝時刻「午後11時以降」は、「午後11時台」と「深夜12時以降」の合計
　回答者：2〜6歳児の保護者
出典：図1−1と同じ

べる子どもの割合が低くなっていることがわかります（図1−2）。
　保護者自身の生活も夜型化しているなかで、子どもが食事、睡眠、排泄
といった基本的な生活習慣を身につけていく環境をつくっていかなければ
なりません。保育所等と家庭とが協力し、子どもの生理的欲求からくる自
分の気持ちを安心して表し、それが満たされる心地よさを感じる体験を積
み重ねることが必要です。

■2　食卓を囲み人と関わる力を育む

　食事は家族団欒のひとときです。「ごはんよ」という一言は、家族を集
める求心力をもっています。しかし、このことは同時に食卓を一緒に囲ま
なければ、それだけ親と子が関わる機会が少ないということを意味してい

図 1-3　保護者の朝食習慣による朝食を必ず食べる子どもの割合

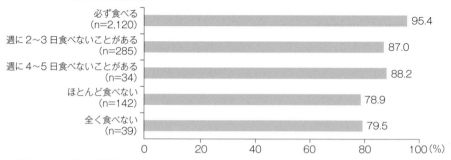

保護者の朝食習慣

必ず食べる
(n=2,120)　95.4

週に2〜3日食べないことがある
(n=285)　87.0

週に4〜5日食べないことがある
(n=34)　88.2

ほとんど食べない
(n=142)　78.9

全く食べない
(n=39)　79.5

※回答者：2〜6歳児の保護者
出典:図1-1と同じ

ます。近年では、保護者自身が欠食していたり、外食や**中食**<ruby>中食<rt>なかしょく</rt></ruby>を頻繁に利用したりしていることが目立ちます。保護者の朝食習慣との関連でみると、保護者が「必ず食べる」場合では、朝食を必ず食べる子どもの割合は95.4％と高いのに比べ、保護者が「ほとんど食べない」場合では78.9％、「全く食べない」場合では79.5％と低い傾向にあります（図1-3）。食事を食卓に並べるだけでなく、食卓で保護者が子どもと一緒に食事をすることが重要であり、食卓が「人と関わる力」を育む場であることに目を向けることが大切です。それは保育所等においても同様であり、人的環境としての保育者の存在の大きさも心に留めておきたいものです。

３　食に関する知識や技術の援助

　近年、保育者から保護者の食に関する知識や技術の不足についての話を聞くことが多くあります。食事を家庭でつくらなくても、外食をしたり、デリバリーや総菜などを購入したりと、さまざまな選択肢のある時代です。しかし、子どもの食事というと、どのようにしたらよいのか迷ってしまう保護者が多くみられます。子育ての知識や技術とともに、食に関する知識・技術が十分に蓄積されておらず、親世代がそれを学ぶ機会も乏しいことが考えられます。このような課題をもつ時代だからこそ、家庭をともに支えていく社会的な支援が必要です。具体的には、保育所等であれば、食事を提示し、それに必要な知識や技術を保護者に伝えるとともに、食べている子どもの姿を観察し、援助の方法等も提案できるとよいでしょう。

４　授乳や食事に対する支援の必要性

　少し古い資料になりますが、「平成17年度乳幼児栄養調査」（厚生労働省、2005年）によると、乳幼児の保護者が授乳や食事について、最も不安感を抱く時期は、出産直後が最も多く、次いで6か月頃、そして1歳前後

　用語　**中食**
家庭外で調理された食品を、購入してもち帰るなどによって、家庭内で食べる食事のこと。

の時期が多くなっています（図1-4）。つまり、離乳食を与え始める時期、手づかみ食べが始まる時期です。この結果は現在もそれほど変わらないと考えられます。子どもの発達の見通しがもてるように、観察のポイントや、調理の工夫等を提示していくことが保護者に対する支援になります。

5　子どもとゆっくり過ごせる時間の確保

　保護者の生活に目を向けると、育児や仕事に追われ、慌ただしい毎日を送っていることが見受けられます。10年に一度の調査である「平成22年度幼児健康度調査」（日本小児保健協会、2011年）をみると、ゆっくり子ど

図1-4　授乳や食事について不安な時期

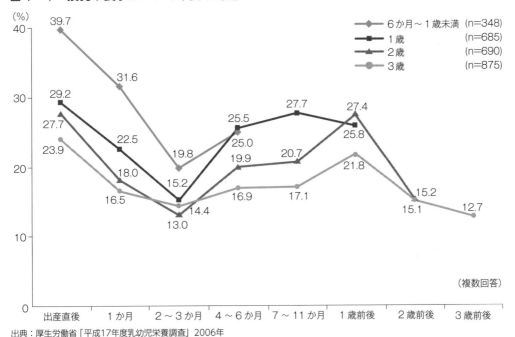

出典：厚生労働省「平成17年度乳幼児栄養調査」2006年

図1-5　ゆっくり子どもと過ごせる時間がある母親の割合

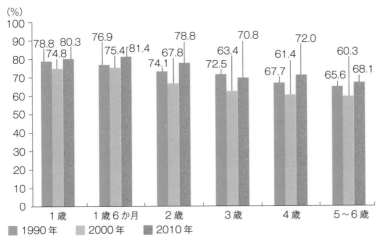

出典：日本小児保健協会「平成22年度幼児健康度調査」2011年をもとに作成

もと過ごせる時間がある母親の割合は、2000年度の同調査では1990年度の同調査と比較して減少しましたが、2010年度には若干増加傾向にあります（図1-5）。ワークライフバランスという言葉の浸透とともに、働き方も少しずつ変化しているのかもしれません。一方で、2010年度の同調査では、「子育てに困難を感じることがある」あるいは「子どもを虐待しているのではないかと思うことがある」と回答する者も2～3割みられます。

食事は極めて日常性が高いがゆえに、育児の負担感を増す一つの場になっていきがちです。保護者にとって、不安感が高いこの時期は同時に食への関心も高く、この時期に適切な支援があれば、子育てへのセルフエフィカシー（自己効力感）を高めることにつながると考えられます。

2 ┃ 食育とは

食は、子どもが豊かな人間性を育み、生きる力を身につけていくために、また、子どもの健康増進のために重要です。すべての国民が心身の健康を確保し、生涯にわたって生き生きと暮らすことができるように、2005年6月に「食育基本法」が公布されました。保育者には、さまざまな経験を通じて「食」に関する知識と「食」を選択する力を習得し、健全な食生活を実践することができる人間を育てる食育を推進することが求められています。乳幼児期における、望ましい食に関する習慣の定着および食を通じた人間性の形成や、家族関係づくりによる心身の健全育成を図るため、保育所等では、食に関する取り組みを積極的に進めていくことが求められています。

では、食育は誰が実施するのでしょう。国、地方自治体とともに、教育関係者等および農林漁業者等、食品関連事業者等の責務も明確になっています。それに加えて、国民の責務も重視されています。「子どもの育ち」を支える観点から、子ども自身が食べる力を培っていくことができるように、保護者や保育・教育関係者からの援助が大切になります。だからこそ、食育の対象はあらゆる世代としながらも、子ども、すなわち、乳幼児期から学童期、思春期における重要性が強調されているのです。

「食育基本法」前文にみる食育の目的は以下の通りです。

> 21世紀における我が国の発展のためには、子どもたちが健全な心と身体を培い、未来や国際社会に向かって羽ばたくことができるようにするとともに、すべての国民が心身の健康を確保し、生涯にわたって生き生きと暮らすことができるようにすることが大切である。
>
> 子どもたちが豊かな人間性をはぐくみ、生きる力を身に付けていくためには、何よりも「食」が重要である。今、改めて、食育を、生きる上での基本であって、知育、徳育及び体育の基礎となるべきものと位置付けるとともに、様々な経験を通じて「食」に関する知識

と「食」を選択する力を習得し、健全な食生活を実践することができる人間を育てる食育を推進することが求められている。もとより、食育はあらゆる世代の国民に必要なものであるが、子どもたちに対する食育は、心身の成長及び人格の形成に大きな影響を及ぼし、生涯にわたって健全な心と身体を培い豊かな人間性をはぐくんでいく基礎となるものである。

3 ｜ 発育・発達に応じて育みたい食を営む力

　食育を推進していくうえで、乳幼児期から学童期の発育・発達過程に応じて子どもがどのような"食べる力"を育んでいくのかについては、子どもの"食べる力"への理解が必要です。

　厚生労働省が2004年に提案した「楽しく食べる子どもに──食からはじまる健やかガイド」における発育・発達過程別「食を営む力」の特徴をみると、授乳期・離乳期には「安心と安らぎの中で食べる意欲の基礎づくり」を、幼児期には「食べる意欲を大切に、食の体験を広げ」ること、学童期には「食の体験を深め、食の世界を広げ」ること、さらに、思春期には「自分らしい食生活を実現し、健やかな食文化の担い手にな」ることを通して、楽しく食べる子どもに発達していくことが期待されています。

　・授乳期・離乳期
　　安心と安らぎの中で食べる意欲の基礎づくり
　・幼児期
　　食べる意欲を大切に、食の体験を広げよう
　・学童期
　　食の体験を深め、食の世界を広げよう
　・思春期
　　自分らしい食生活を実現し、健やかな食文化の担い手になろう

出典：厚生労働省「楽しく食べる子どもに──食からはじまる健やかガイド」2004年

　また、授乳期・離乳期から思春期を通して、「楽しく食べる子どもに」育っていくためには、具体的にどのような姿を期待して、関わっていけばよいのかについても提案されています（図1-6）。それは、「食事のリズムがもてる」「食事を味わって食べる」「一緒に食べたい人がいる」「食事づくりや準備に関わる」「食生活や健康に主体的に関わる」といった子どもの姿であり、それぞれの過程で育てたい"食べる力"を示しています。一つひとつの"食べる力"は、ほかの"食べる力"と関連しながら育まれていくものであり、"食べる力"が重なり合って「食を営む力」が形成されていきます。このプロセスこそが、「食を営む力」の総合的な発達であ

図1-6 発育・発達過程に応じて育てたい"食べる力"について

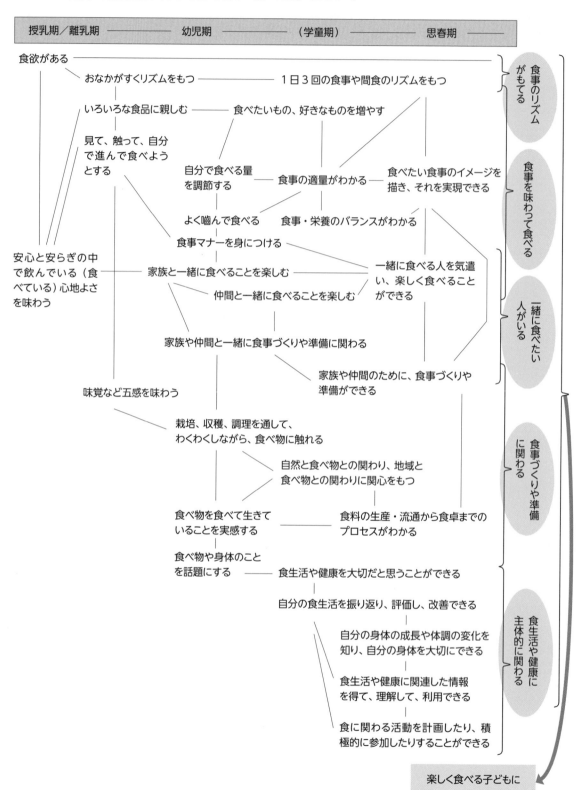

り、このことを「食を通した子どもの育ち」としてとらえ、その連続性に注目することが大切です。

　ここで、ある母親の事例についてみてみましょう。

> **事例**　パパも嫌いなものがあるよ！
>
> 　リナちゃんは食べられない食品が多く、園での給食も残しがちです。お母さんに話してみると、自宅でもやはり食べないものがあり、できるだけ食べてくれるものばかり食べさせることになってしまうことを気にしていました。しかしお母さんがリナちゃんに、「何でも食べようね」と話しても、「パパも食べないよね」と言うそうです。確かに、お父さんも好き嫌いが多く、両親で考え方が異なるため、手本になってくれず困っていると話してくれました。
>
> 　相談のなかで「食育」という言葉がお母さんから出てきましたが、これから食べられるものが増えていくのか、また、家庭でどのようにしていったらよいのか、不安だと言います。

　事例のような保護者からの相談に、保育者はどのように対応すればよいでしょうか。家庭は保育所等と異なり、食事をつくる人と与える人が同じです。そのため、熱心に食事をつくる保護者ほど、子どもが食事をしてくれないことに悲しい思いをし、育児への自信をなくしがちです。保護者の気持ちに寄り添いながら、園で実践している子どもの発達に即した食事をつくる技能と、適切に援助する技能の両面をていねいに説明していくことが求められます。

　家庭での食に関する実態の把握にあたっては、次の2つの側面から把握することが大切です。一つは、たとえば、身体計測等の対象児の食・栄養・健康関連の客観的な証拠（エビデンス）を収集することです。もう一つは、保護者や保育者が主観的にとらえた、めざす姿や課題を浮き彫りにすることです。いくら客観的な証拠を集めても、当事者がどの程度悩んだり困ったりしているかによって、その後の対応が異なります。前者は測定や調査など、後者は個別相談やグループワークなどの方法をとることができます。子どもの送迎のときなどの日常の会話から家庭での様子を伝えてもらえるように、保育者も、園での子どもの食事の様子や興味、育ち、さらには援助の工夫等を伝えていくことが大切です。子どもの育ちに共感し、一緒に育て合うパートナーになっていきたいものです。

　次の課題のなかから1つ選び、保育者自身の食の価値観にも目を向けながら、専門家としての対応や心がけていることなどを小グループに分かれて話し合ってみましょう。

①「ここが変だよ！　今の親子」「朝食べたのはこれだけ？」などのテーマで、食をめぐる親子の気になる姿を浮き彫りにしてみましょう。

②好き嫌いの多い園児に対して、どのような援助をしているのか、また、今後どのような援助をしていったらよいのか、園での配慮を考えてみましょう。

③園児が食べないとき、どのような声かけをしていますか。また、ほかの保育者の声かけを耳にして「自分の声かけはこれでいいのかな？」と思ったことはありますか。

国・地域・園・家庭が連携する食育 ：第4次食育推進基本計画の理解

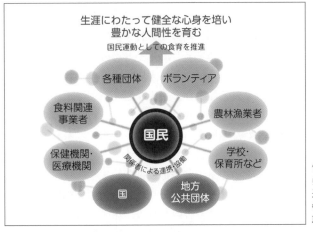

生涯にわたって健全な心身を培い
豊かな人間性を育む
国民運動としての食育を推進

各種団体　ボランティア

食料関連
事業者

農林漁業者

保健機関・
医療機関

国民

関係者による連携・協働

学校・
保育所など

国

地方
公共団体

保護者や地域の
多様な関係者との
連携および協働の
もとで、食に関する
取り組みを進める。

ポイント

1 園のみでなく、国、都道府県、市町村の食育推進計画が存在する。
2 「保育所保育指針」も、国の第4次食育推進基本計画と関連している。
3 地域の関係機関と連携して、子どもの食育を実践することが重要である。

1 ｜ 国、地方自治体の食育推進計画と 園の食育計画の違い

　2005年の「食育基本法」の施行以降、国では食育推進基本計画が、都道府県、また市町村で、地域性あふれる食育推進計画として策定されてきています。家庭とともに、地域ぐるみで食育が推進されています。

　一方、保育所等でも各園で食育計画が作成され、それに基づいた実践がなされています。園での食育計画には園全体の計画や、園児の発達に応じたクラス別の計画があり、保育士や栄養士・調理員、看護師等が計画・実践を担っています。

　では、都道府県や市町村の食育推進計画は誰が計画し、誰が実施しているのでしょうか。市町村の食育推進計画の多くは行政担当者（自治体によって異なる）が中心になり、地域の関係機関等が一緒になって作成しています。実施は行政の教育機関、保健・福祉機関が担うこともありますが、NPOや民間団体が担うこともあります。

　保育所等もこの関係機関の一つといえます。計画段階から地域で連携が必要な関係機関同士で合意形成をしながら作成を進めると、実践段階でも

連携がとりやすくなります。保育所等も、子どもや子育て世代の食に関する現状や、各園での取り組み等を情報発信しながら、地域と連携した活動に向けた足がかりにすることができます。さらに、地域全体での課題を把握するとともに、園が担う役割等を確認することもできます。

　食育において、保育所等は、毎日、日常的に、目の前の親子に向き合うことができるという点が強みです。しかし、子ども世代以外の、学童期・思春期や成人期、高齢期の食生活には目を向けにくく、生涯にわたる健康や生活の質の基本として「子どもの食」をとらえる視点、いわば縦軸とでもいう視点をもつことが大切です。

　一方で、地域をさまざまな関係機関や団体などの広がりで考える、いわば横軸の視点も同様に重視していきたいものです。食育においては幅広い分野にわたる取り組みが求められます。家庭の状況、生活の多様化といった、食をめぐる状況の変化を踏まえて、地域ごとに食育を推進しやすい社会環境をつくることが重要になります。

　第4次食育推進基本計画では、「食育を国民運動として推進し、食をめぐる様々な課題や目標を解決、達成するためには、国、地方公共団体による取組とともに、学校や保育所等の教育関係者、農林漁業者、食品関連事業者、ボランティアなど、関係者がそれぞれの特性を生かしながら多様かつ緊密に連携・協働していくことが重要である」と述べています。

　保育所等においては、保護者や地域の実情に応じて、市町村、小中学校等の教育関係者、農林漁業者、食品関連事業者、ボランティアなど、食育に関わるさまざまな関係者と主体的かつ多様に連携、協働した取り組みが求められています。こうした流れを受け、食育の取り組みを実施するにあたって、このような多様な関係者の協力を得るためには、市町村の支援のもとに日常的な連携が図られていることが大切であるため、「保育所保育指針」や「幼保連携型認定こども園教育・保育要領」にもそのことが示されています＊1。

> 　保護者や地域の多様な関係者との連携及び協働の下で、食に関する取組が進められること。また、市町村の支援の下に、地域の関係機関等との日常的な連携を図り、必要な協力が得られるよう努めること。

 参照　＊1　「保育所保育指針」第3章2（2）「食育の環境の整備等」イ、「幼保連携型認定こども園教育・保育要領」第3章第2「食育の推進」5

2 ┃ 第3次食育推進基本計画から 第4次食育推進基本計画へ

「国民が生涯にわたって健全な心身を培い、豊かな人間性をはぐくむ」（「食育基本法」第1条）ことを目的として、2005年6月に「食育基本法」が制定されました。その後、同法に基づいた食育推進基本計画が5年ごとに3回改訂され、2021（令和3）年4月には、2026（令和8）年度まで用いられる第4次食育推進基本計画が作成されました。国は、都道府県、市町村、関係機関・団体等、地域における多様な関係者とともに食育を推進してきています。

2016（平成28）年から展開されてきた「第3次食育推進基本計画」の進捗状況をみると（表2-1）、次のような点が課題としてあげられています。

①家庭では、朝食または夕食を家族と一緒に食べる「共食」の回数や朝食を欠食する子供の割合はほぼ横ばいで推移し、目標値に達していない。

②学校・保育所等では、中学校における学校給食実施率が目標値の90％に達成した。しかし、学校給食における地場産物・国産食材を使用する割合については、第3次基本計画作成時の値からいずれもほぼ横ばいで推移しており、目標値に達していない。

③地域では、地域等で共食したいと思う人が共食する割合や、食品中の食塩や脂肪の低減に取り組む食品企業の登録は増加し、目標値に達した。しかし、朝食を欠食する若い世代の割合、栄養バランスに配慮した食事である主食・主菜・副菜を組み合わせた食事を1日2回以上ほぼ毎日食べている国民の割合、主食・主菜・副菜を組み合わせた食事を1日2回以上ほぼ毎日食べている若い世代の割合、生活習慣病の予防や改善のために、ふだんから適正体重の維持や減塩等に気をつけた食生活を実践する国民の割合、ゆっくりよく噛んで食べる国民の割合は、第3次基本計画作成時の値からほぼ横ばいで推移しており、目標値に達していない。

出典：農林水産省「第4次食育推進基本計画」2021年をもとに作成

また、この5年間に、わが国の食をめぐる環境は大きく変化してきています。「第4次食育推進基本計画」から「食をめぐる現状」を確認してみましょう。

①高齢化が進行する中で、健康寿命の延伸や生活習慣病の予防のために、栄養バランスに配慮した食生活の重要性は増している。人口減少、少子高齢化、世帯構造の変化や中食市場の拡大が進行する中で、食に関する国民の価値観や暮らしの在り方も多様化し、地域の伝統的な食文化が失われていくことも危惧される。

②食の供給面から見ると、農林漁業者や農山漁村人口の著しい高齢化・減少が進む中、令和元年度の我が国の食料自給率は低下し、食料の多くを海外からの輸入に頼っている。一方で、食品ロスが平成29年度推計で612万トンにのぼるという現実もある。また、近年、日本各地で異常気象に伴う自然災害が頻発する等の地球規模の気候変動の影響により、食の在り方を考える上で環境問題を避けることはできない。

③新型コロナウイルス感染症の流行は世界規模で拡大し、接触機会の低減のためテレワークの増加、出張機会の減少等により、在宅時間が一時的に増加するとともに、外出の自粛等により飲食業が甚大な影響を受けるなど、我が国の農林水産業や食品産業に様々な影響を与えた。一方、在宅時間や家族で食を考える機会が増え、食を見つめ直す契機にもなり、家庭での食育の重要性が高まるといった側面もある。

④国際的な観点から見ると、平成27年9月の国連サミットで採択された国際開発目標である「持続可能な開発のための2030アジェンダ」は「SDGs（持続可能な開発目標）」を掲げ、「誰一人取り残さない」社会の実現を目指すものである。この中の「目標2．飢餓を終わらせ、食料安全保障及び栄養改善を実現し、持続可能な農業を促進する」、「目標4．すべての人々への包摂的かつ公正な質の高い教育を提供し、生涯学習の機会を促進する」、「目標12．持続可能な生産消費形態を確保する」などの目標は食育と関係が深い。食育の推進は、我が国の「SDGs アクションプラン2021」に位置付けられている。

出典：農林水産省「第4次食育推進基本計画」2021年

　こうした課題に向けて、第4次食育推進基本計画では、3つの重点課題である「生涯を通じた心身の健康を支える食育の推進」「持続可能な食を支える食育の推進」「新たな日常やデジタル化に対応した食育の推進」を柱に、さまざまな取り組みが推進されています（図2-1）。

　第4次食育推進基本計画では、現状を踏まえて5年後の目標値も設定されています（表2-1）。乳幼児とその親に関わる拠点して、推進していくことができる目標を確認し、保育所等での取り組みに関連づけて、積極的に実践していくことが大切になります。食を通して、目の前の子どもから、ほかの世代、地域の産業との関連や地域の人々の暮らしをみつめる力を高めていきたいものです。それは豊かな保育実践にもつながっていくことでしょう。

図2-1　第4次食育推進基本計画の基本的な方針

国民の健康の観点		社会・環境・文化の観点
〈重点事項〉 生涯を通じた心身の健康を支える食育の推進		〈重点事項〉 持続可能な食を支える食育の推進
国民が生涯にわたって健全な心身を培い、豊かな人間性を育むためには、妊産婦や、乳幼児から高齢者に至るまで、多様な暮らしに対応し、家庭、学校・保育所等、地域の各段階において、切れ目なく生涯を通じた心身の健康を支える食育を推進することが重要。	連携	健全な食生活の基盤として持続可能な食環境が不可欠であり、食育においても食環境の持続に資する取組を推進することが重要。そのため、 ・食と環境との調和 ・農林水産業や農山漁村を支える多様な主体とのつながりの深化 ・和食文化の保護・継承を通じて、持続可能な食を支える食育を推進することが重要。

横断的な視点
〈横断的な重点事項〉　新たな日常やデジタル化に対応した食育の推進
新たな日常においても食育を着実に実施するとともに、より多くの国民が主体的、効果的に食育を実践できるよう、ICT等のデジタル技術を有効活用する等により、食育を推進することが重要。

出典：農林水産省「第4次食育推進基本計画」2021年

表2-1　第4次食育推進基本計画における現状値と目標値

目標		現状値 （令和2年度）	目標値 （令和7年度）
	具体的な目標値（追加・見直しは赤枠の目標値）		
1	食育に関心を持っている国民を増やす		
	①食育に関心を持っている国民の割合	83.2%	90%以上
2	朝食又は夕食を家族と一緒に食べる「共食」の回数を増やす		
	②朝食又は夕食を家族と一緒に食べる「共食」の回数	週9.6回	週11回以上
3	地域等で共食したいと思う人が共食する割合を増やす		
	③地域等で共食したいと思う人が共食する割合	70.7%	75%以上
4	朝食を欠食する国民を減らす		
	④朝食を欠食する子供の割合	4.6%※	0%
	⑤朝食を欠食する若い世代の割合	21.5%	15%以下
5	学校給食における地場産物を活用した取組等を増やす		
	⑥栄養教諭による地場産物に係る食に関する指導の平均取組回数	月9.1回※	月12回以上
	⑦学校給食における地場産物を使用する割合（金額ベース）で現状値（令和元年度）よりも維持・向上した都道府県の割合	―	90%以上
	⑧学校給食における国産食材を使用する割合（金額ベース）で現状値（令和元年度）よりも維持・向上した都道府県の割合	―	90%以上
6	栄養バランスに配慮した食生活を実践する国民を増やす		
	⑨主食・主菜・副菜を組み合わせた食事を1日2回以上ほぼ毎日食べている国民の割合	36.4%	50%以上
	⑩主食・主菜・副菜を組み合わせた食事を1日2回以上ほぼ毎日食べている若い世代の割合	27.4%	40%以上
	⑪食塩摂取量の平均値	10.1g※	8g以下
	⑫野菜摂取量の平均値	280.5g※	350g以上
	⑬果物摂取量100g未満の者の割合	61.6%※	30%以下
7	生活習慣病の予防や改善のために、ふだんから適正体重の維持や減塩等に気をつけた食生活を実践する国民を増やす		
	⑭生活習慣病の予防や改善のために、ふだんから適正体重の維持や減塩等に気をつけた食生活を実践する国民の割合	64.3%	75%以上

縦書き：レッスン2　国・地域・園・家庭が連携する食育：第4次食育推進基本計画の理解

8	ゆっくりよく噛んで食べる国民を増やす		
	⑮ゆっくりよく噛んで食べる国民の割合	47.3%	55%以上
9	食育の推進に関わるボランティアの数を増やす		
	⑯食育の推進に関わるボランティア団体等において活動している国民の数	36.2万人※	37万人以上
10	農林漁業体験を経験した国民を増やす		
	⑰農林漁業体験を経験した国民（世帯）の割合	65.7%	70%以上
11	産地や生産者を意識して農林水産物・食品を選ぶ国民を増やす		
	⑱産地や生産者を意識して農林水産物・食品を選ぶ国民の割合	73.5%	80%以上
12	環境に配慮した農林水産物・食品を選ぶ国民を増やす		
	⑲環境に配慮した農林水産物・食品を選ぶ国民の割合	67.1%	75%以上
13	食品ロス削減のために何らかの行動をしている国民を増やす		
	⑳食品ロス削減のために何らかの行動をしている国民の割合	76.5%※	80%以上
14	地域や家庭で受け継がれてきた伝統的な料理や作法等を継承し、伝えている国民を増やす		
	㉑地域や家庭で受け継がれてきた伝統的な料理や作法等を継承し、伝えている国民の割合	50.4%	55%以上
	㉒郷土料理や伝統料理を月1回以上食べている人の割合	44.6%	50%以上
15	食品の安全性について基礎的な知識を持ち、自ら判断する国民を増やす		
	㉓食品の安全性について基礎的な知識を持ち、自ら判断する国民の割合	75.2%	80%以上
16	推進計画を作成・実施している市町村を増やす		
	㉔推進計画を作成・実施している市町村の割合	87.5%※	100%

※は令和元年度の数値
注）学校給食における使用食材の割合（金額ベース、令和元年度）の全国平均は、地場産物52.7%、国産食材87%となっている。
出典：図2-1と同じ

3 | 地域に目を向け、連携する資源を探す

　多様な関係者との連携および協働が重要であるといっても、「実際には
それほど実施していない」という園がほとんどなのではないでしょうか。

表2-2　連携先と活動リストの例

連携先	活動内容	連絡先 （キーパーソン）	成果 （ねらい）
農家さん	さつまいもの栽培・収穫体験	農家　（○○さん）	・植物の生長を期待する ・自然との関わり、命の存在に気づく ・農家など、自らの生活が多くの人に支えられている社会生活との関わりに気づく
老人クラブ	敬老の日での会食	会長　（○○さん）	・高齢者と親しみ、興味・関心が高まり、関わりをもとうとする ・高齢者に対して、いたわったり、思いやりのある行動をしようとする

まずは地域の関係機関・団体等の実践活動の情報収集をすることが大切です。

インターネットや情報誌などからの情報収集もできますが、実践事例発表会や推進会議等は、多くの人が一堂に会するなどの意義も大きく、活用していきたいものです。保育士等のキャリアアップ研修会などを活用し事例を発表することで、保育所間での情報交換になります。同時に、園内でのねらいや子どもの育ちなどを振り返ることにもなり、活動のあり方を評価し、再計画につなげていきましょう。

また、地域のどの団体が誰と連携して、どのような活動を進めているのか、誰に連絡をとればよいのか、それは子どものどのような育ちにつながりそうなのかなど、リスト化してみるのもよいでしょう（表2-2）。さらに、園の複数の職員間で実施することで、互いがどのような活動をしたいのか、その意図を引き出すこともできます。

ワーク1

連携先と活動リストを、下の表に記入してみましょう。

連携先	活動内容	連絡先 （キーパーソン）	成果 （ねらい）

4　小学校と、食育の内容について情報交換をする

食育の連携先として、忘れてはならない地域の関係機関に、小学校があります。小学校との連携は、子どもの発達に応じて連続した学びを保証するために、欠かすことができません。

2017年の「小学校学習指導要領」「中学校学習指導要領」「特別支援学校幼稚部教育要領」「特別支援学校小学部・中学部学習指導要領」の改訂のなかでも、改訂前に引き続き、「学校における食育の推進」を総則に位置

づけ、栄養教諭が学校給食を活用した食に関する指導を充実させることが明記されています。また、教育課程の編成および実施にあたっては、教科等横断的な視点に立ち、新たに食に関する指導の全体計画と関連づけながら効果的な指導が行われるよう留意することも記載されています。

　特に、食に関する指導の目標として、学校教育活動全体を通した食に関わる資質・能力が以下のように示されたことに、大きな意義があります。「知識・技能」「思考力・判断力・表現力等」「学びに向かう力・人間性等」の基礎を、幼児期に培っていかなくてはならないということになります。こうした食育の観点からも学びの連続性に注目していきましょう。

　「食に関する指導の手引」では、食に関する指導で、育成する「食に関わる資質・能力」を以下のように示しています。

（知識・技能）
　食事の重要性や栄養バランス、食文化等についての理解を図り、健康で健全な食生活に関する知識や技能を身に付けるようにする。
（思考力・判断力・表現力等）
　食生活や食の選択について、正しい知識・情報に基づき、自ら管理したり判断したりできる能力を養う。
（学びに向かう力・人間性等）
　主体的に、自他の健康な食生活を実現しようとし、食や食文化、食料の生産等に関わる人々に対して感謝する心を育み、食事のマナーや食事を通じた人間関係形成能力を養う。

出典：文部科学省「食に関する指導の手引（第二次改訂版）」2019年

　では、小学校との連携の具体的な方法をみてみましょう。

　まず、小学校でも食育計画、食に関する指導に係る全体計画が作成されているため、近隣の小学校のホームページなどを見て情報収集することが可能です。1年次にはどのような教科で、どのような学級活動を行い、どのような学習をするのか確認することもできます。就学前での実践活動や、それを通した学びについて小学校教諭と情報交換する場ができると望ましいでしょう。そのような保育所等と小学校とのパイプ役を市町村の行政機関や保健所等の機関が担っている地域もあります。また、子ども同士の交流として、5歳児クラスにおける小学校給食を通した小学生との交流なども実施されています。

　さらに、学びの連続性を保つツールとして保育所等から小学校に送られる「保育所児童保育要録」がありますが、食物アレルギーなど特別な配慮の必要な子どもへの対応などの特記事項とともに、就学前の園児の食の学びについても記載し、小学校教諭と共有していくことが大切です。そのためには、食育の活動内容やその成果なども、保育の内容としてとらえ、何が育っているのか、食をその一つの場として観察する視点を日ごろからもっておく必要があります。

┌───┐
│ **ワーク2**
│
│ 　次の課題のなかから1つ選び、小グループに分かれて話し合ってみ
│ ましょう。
│ ①園の所在する市町村の食育推進計画を探し、保育所等で期待されて
│ 　いる取り組み等を確認してみましょう。
│ ②表2-1の目標を達成するために、園での食育活動とつなげて実施
│ 　できることを抽出し、具体的な内容を考えてみましょう。
│ ③今まで、園で地域の関係機関と連携した活動を振り返ってみましょ
│ 　う。同時に、今後、連携を深めたい機関・団体、店舗等をリスト
│ 　アップしてみましょう。
└───┘

レッスン **2**

国・地域・園・家庭が連携する食育：第4次食育推進基本計画の理解

食を通してめざす
子ども像と体験

写真提供：河内からたち保育園

食に関わる子どもの姿を見つめ、どのような子どもに育ってほしいのか、めざす子ども像を考える。

ポイント

■1 食を通して、就学前までに、めざす子ども像を考える。
■2 心情・意欲・態度を培う観点から、ねらいと内容を考える。
■3 職員全体で、食育の目標に合わせて、活動を計画し、評価する。

1 | 保育所等の特性を生かした食育とは

　保育所等は日々の生活をともにする場です。0歳から就学前までの6年間に特別な活動をするのではなく、日々の生活と遊びを通して、食を営む力の育成に向けその基礎を培うことが、保育所等での食育になります。つまり、子どもが自ら意欲をもって食に関わる体験を日々積み重ねていくことを重視しているのです。ここでは「保育所保育指針」における「食育の推進*1」の位置づけについて確認していきましょう。

　2　食育の推進
（1）保育所の特性を生かした食育
ア　保育所における食育は、健康な生活の基本としての「食を営む力」の育成に向け、その基礎を培うことを目標とすること。

 ＊1　「保育所保育指針」第3章2「食育の推進」

イ　子どもが生活と遊びの中で、意欲をもって食に関わる体験を積み
重ね、食べることを楽しみ、食事を楽しみ合う子どもに成長してい
くことを期待するものであること。
ウ　乳幼児期にふさわしい食生活が展開され、適切な援助が行われる
よう、食事の提供を含む食育計画を全体的な計画に基づいて作成し、
その評価及び改善に努めること。栄養士が配置されている場合は、
専門性を生かした対応を図ること。
（2）　食育の環境の整備等
ア　子どもが自らの感覚や体験を通して、自然の恵みとしての食材や
食の循環・環境への意識、調理する人への感謝の気持ちが育つよう
に、子どもと調理員等との関わりや、調理室など食に関わる保育環
境に配慮すること。
イ　保護者や地域の多様な関係者との連携及び協働の下で、食に関す
る取組が進められること。また、市町村の支援の下に、地域の関係
機関等との日常的な連携を図り、必要な協力が得られるよう努める
こと。
ウ　体調不良、食物アレルギー、障害のある子どもなど、一人一人の
子どもの心身の状態等に応じ、嘱託医、かかりつけ医等の指示や協
力の下に適切に対応すること。栄養士が配置されている場合は、専
門性を生かした対応を図ること。

　「食育の推進」は、2つの大きな柱から成り立っています。一つ目の大
きな柱は、上記の引用の（1）に示される「保育所の特性を生かした食育」
です。では、保育所等の特性とは何でしょうか。次のようなものがあげら
れます。
①専門的な知識・技能を蓄えた職員がいる：保育士、栄養士、調理員、看
　護師等、それぞれの専門性を生かした対応がされています。
②専門性のある職員による計画的で継続的な支援ができる：0歳からであ
　れば、6年間という長期にわたる支援ができることは、その子の一生に
　とって、かけがえのないものとなるでしょう。
③職員の年齢層が多様である：一人ひとりの職員にも毎日の食事があり、
　家庭を含めた食生活が営まれており、「食歴」といわれる食の歴史、食
　事観・食育観をもっています。さまざまな「食歴」をもつ職員との関わ
　りにより、多様な食文化、価値観と出会うことができるのです。
④地域とつながり、地域に開かれた食育ができる：毎日、給食のために、
　多くの仕入れ業者も保育所等に出入りしているなど、給食を通して日々
　地域の人たちとつながっています。
⑤ほとんどの保育所等に食事をつくり出す「調理室」が設置されている：
　それは、身近によい匂いがして、さまざまな音がするなど、身体感覚を
　もって食をつくり出すために働く人の存在に気づくことが保障されてい
　るということです。重いものをもって、汗をかきながら、自分たちのた
　めにおいしい食事を考え、工夫をして食事をつくってくれる姿が、子ど

21

もにとって身近なものであるということは、食育に大きな影響を与えることでしょう。

もう一つ忘れてはならないことは、保育所等には同じ年齢層の子どもが複数在園すること、そして、異年齢の子どもも在園することです。つまり集団保育という、学び合いの機会が保障されているのです。

さらに保育所等が小学校と比べて大変貴重なところは、0歳児がいる、つまり食事ではなく哺乳によって栄養摂取をしている子どもの存在ではないでしょうか。このことは小さな子どもにとっても、命の誕生や成長を実感しやすく、いたわること、慈しむといった心情が育みやすくなります。

こうした特性を生かすためには、食を通して何を育みたいのか、めざす子ども像をもつことが大切です。そのために体験すべき内容を明確にし、そのための計画づくり（評価、再計画を含む）をしていくことが必要です。「保育所保育指針」第3章2（1）のアでは、食育とは「『食を営む力』の育成に向け、その基礎を培うこと」であると示していますが、これは目標に関する項目となります。

また、食を営む力の基礎を育むためには、0～6歳の時期の発達の特性に沿った経験が必要です。たとえば、乳汁を飲む、はじめての食べものに向き合い、手を伸ばそうとするなど、子どもの発達上、当たり前のように考えられている一つひとつの行為の発達は、「食を営む力」の基礎となるものです。「保育所保育指針」第3章2（1）のイは、体験を重視することで「食べることを楽しみ、食事を楽しむ合う子ども」という、めざす子ども像とねらい・内容に関する項目となっています。また、ウでは、乳幼児期にふさわしい食生活が展開され、適切な援助のための食育の計画・評価に関する項目が示されています。なお、その食育の計画は保育の全体的な計画との整合性をもっていることも重視されています。

> ### ワーク1
> 「保育所等の特性を生かした食育とは？」というテーマについて、これまで自分では気づきにくかった視点もあったのではないでしょうか。ぜひ、皆で話し合って再確認していきましょう。

もう一つの大きな柱は、前述の「保育所保育指針」第3章2（2）に示される「食育の環境の整備等」です。アでは、保育所等内の環境についてです。子どもが食べものには命があること、そしてその命をいただくことや、多くの人の労力によって準備された食事に感謝し、楽しんで食べることができるような人的・物的な環境をつくることの重要性が示されています。イでは、子どもにとって豊かな食、食育のためには、保育所等だけでなく、家庭との連携が欠かせないこと、また、保育所等内の資源だけでなく、地域のさまざまな拠点との連携も重要であるということが示されています。この項目は2017年の「保育所保育指針」改定によって加わった新し

い項目であり、レッスン2で学んだ、第4次食育推進基本計画においても重視されているところです。ウでは、体調不良、食物アレルギー、障害のある子どもなど、さまざまな子どもへの個別の配慮の重要性が示されています。また、ここでは多職種の連携が強調されています。

以上のア、イ、ウの項目によって、「保育所保育指針」では保育所等の食育において核となる重要なポイントが整理されていることがわかります。

2 │ 食を通してめざす子ども像

先述の通り「保育所保育指針」の食育に関する項目においては、子どもが生活と遊びのなかで、意欲をもって食に関わる体験を積み重ねることの重要性が述べられています。では、皆さんはこうした体験を通して、どのような子どもに育ってほしいと思いますか。たとえば、「0歳児だったら、お腹がすき、安心して飲みたいだけ飲む子ども」「1歳児だったら、手づかみで食べることに満足する子ども」など、乳幼児期の発達の特徴を踏まえて、食を通してめざす子ども像を具体的に思い浮かべ、職員間で共有していきましょう。

2005年に公布された「食育基本法」に先駆けて、2004年3月、厚生労働省雇用均等・児童家庭局保育課から「楽しく食べる子どもに——保育所における食育に関する指針」(以下、「食育指針」とする)が通知されました。そこでは食育について、次のように記載されています。

> 現在を最もよく生き、かつ、生涯にわたって健康で質の高い生活を送る基本としての「食を営む力」の育成に向け、その基礎を培うことが保育所における食育の目標である。

このため、保育所における食育は、楽しく食べる子どもに成長していくことを期待しつつ、次に掲げる子ども像の実現をめざして行うものとされています。「お腹がすくリズムのもてる子ども」「食べたいもの、好きなものが増える子ども」「一緒に食べたい人がいる子ども」「食事づくり、準備にかかわる子ども」「食べものを話題にする子ども」の5つです(図3-1)。

目標として掲げられた5つの子ども像は、一つひとつ別々のものではなく、一人の子どもにみられる姿であり、「保育所保育指針」で述べられている保育の目標を食育の観点から具体的な子どもの姿として表したものです。

本来、「食を営む力」は生涯にわたって育成されるものであり、小学校就学前までにその基礎を固めることが期待されています。知識や技能の習得に終始するのではなく、保育所等や幼稚園での乳幼児期の保育に即した目標を設けて食育を展開し、小学校へつなげるようにすることが大切です。

図3-1 「食育指針」の基本構造

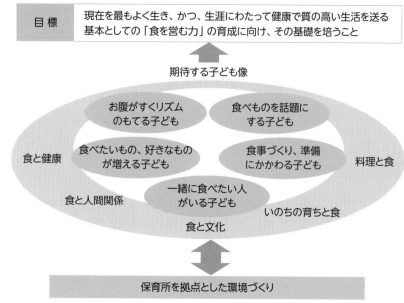

| 目標 | 現在を最もよく生き、かつ、生涯にわたって健康で質の高い生活を送る基本としての「食を営む力」の育成に向け、その基礎を培うこと |

期待する子ども像

お腹がすくリズムのもてる子ども

食べものを話題にする子ども

食と健康

食べたいもの、好きなものが増える子ども

食事づくり、準備にかかわる子ども

料理と食

食と人間関係

一緒に食べたい人がいる子ども

いのちの育ちと食

食と文化

保育所を拠点とした環境づくり

出典：厚生労働省「楽しく食べる子どもに――保育所における食育に関する指針」2004年をもとに作成

大人が子どもに「食」をどのように教えるかという視点ではなく、子どもが「食」を通して何を培っていくのかという、子ども側の学びの視点から子ども理解を深めることが保育者として最も大切なことといえます。

また、ここで重要なことは、前述の5つの子ども像を踏まえ、保育目標とのつながりを確認しながら、各保育所等で食育の目標（めざす子ども像）を設定していくことです。

では、次の節では子どもの発達段階に応じた食育の活動のねらいや内容、また、そのための環境構成や援助のあり方についても探っていきましょう。

3 | 食育のねらいと内容

乳幼児期にふさわしい食生活が展開されるためには、保育所等の生活と遊びのなかでどのようなことを達成できるように援助すればよいのでしょうか。「食育指針」では、3歳以上児では5項目に分けて、具体化した3つの「ねらい」と援助すべき事項である「内容」を示しています。各保育所等でのねらいや内容を考えるうえで、参考にしてみましょう（→レッスン末表3-3を参照）。

1 食育のねらい

食育の「ねらい」とは、乳幼児期に身につけることが望まれる心情、意

表3-1　食育の5項目

食と健康	食を通じて、健康な心と体を育て、自ら健康で安全な生活をつくり出す力を養う
食と人間関係	食を通じて、他の人々と親しみ支え合うために、自立心を育て、人と関わる力を養う
食と文化	食を通じて、人々が築き、継承してきたさまざまな文化を理解し、つくり出す力を養う
いのちの育ちと食	食を通じて、自らも含めたすべてのいのちを大切にする力を養う
料理と食	食を通じて、素材に目を向け、素材に関わり、素材を調理することに関心をもつ力を養う

出典：図3-1と同じ

欲、態度などを示した事項です。「何をさせるか」の前に、「食に関わるどのような体験によって、何を育てたいか」を考えてみることが大切です。

　保育所等での保育のねらいは、今回の「保育所保育指針」「幼稚園教育要領」「幼保連携型認定こども園教育・保育要領」で示された「育みたい資質・能力」、すなわち「知識及び技能の基礎」「思考力、判断力、表現力等の基礎」「学びに向かう力、人間性等」を育むといった観点から設定していると思われます。食育のねらいも、保育のねらいと整合性があることが望まれます。特に、「学びに向かう力、人間性等」は、心情、意欲、態度が育つなかで、よりよい生活を営もうとすることですから、食育との関わりは大きなものとなります。

　「食育指針」でも、食育のねらいを、子どもが身につけることが望まれる心情・意欲・態度を培う観点から設定しています。

　具体的な活動を通して育みたいねらいや内容は、「食」の多面性を考えて「食と健康」「食と人間関係」「食と文化」「いのちの育ちと食」「料理と食」の5項目（表3-1）の観点から考えてみましょう。

2　食育の内容

　食育の「ねらい」（表3-2）を実現するために、子どもが環境に関わって経験し、展開する具体的な活動が「内容」です。大人から教え込まれるのではなく、子どもが自ら意欲をもって食に関わる体験を、食育の内容として考えてみましょう。

　3歳以上児の食育の内容は、表3-1に示した5項目の観点から具体的な活動を考えていくことができます。そのときに、「保育所保育指針」で示される保育内容5領域を、小学校の教科のように個別に扱うのではなく、

表3-2　3歳以上児の「食と健康」のねらいの構造

①できるだけ多くの種類の食べものや料理を味わう。…心情面
②自分の体に必要な食品の種類や働きに気づき、栄養バランスを考慮した食事をとろうとする。…意欲面
③健康、安全など食生活に必要な基本的な習慣や態度を身につける。…態度面

出典：図3-1と同じ

総合的に展開していくのと同様に、食育も表3-1であげた5項目を個別の活動として展開するのではなく、総合的に展開していくべきです。

　また、「保育所保育指針」においては、保育のねらいと内容を、養護的側面（生命の保持、情緒の安定）、教育的側面（健康、人間関係、環境、言葉、表現）から示し、その一体性を重視しています。同様に、食育についても、食に関わる体験が生活と切り離されないように、子どもの発達をみる視点を改めて確認しながら、領域の間で関連をもちながら「まるごと」総合的に展開していくことが重要です。

　実際には、保育所等の人的な配置や、保育所内外の環境などによって活動は制約されてしまいます。どのような子どもに育ってほしいのか、めざす子ども像に向かってどのような活動が必要か、そのためにはどのような環境構成や援助をしていくべきなのかを、保育士、栄養士、調理員、看護師等の職員で考え、地域の実態に即し、計画的・総合的に編成することが重要です。食育を計画し、振り返り、園内外に報告し合うということは、保育全体をとらえ直す一つの視点となります（図3-2）。

図3-2　保育における食育は保育をとらえ直す一つの視点

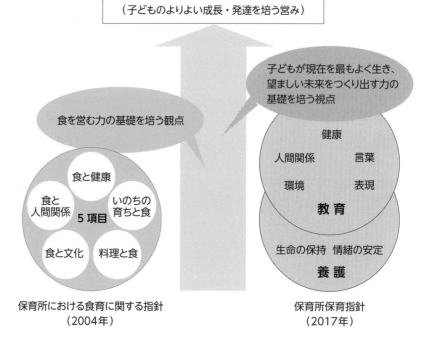

保育所における食育に関する指針
（2004年）

保育所保育指針
（2017年）

出典：財団法人こども未来財団「保育所における食育の計画づくりガイド――子どもが『食を営む力』の基礎を培うために」2007年を一部改変

4 | 保育所等で積み重ねたい 食に関わる体験

それでは、保育所の特性を生かし、どのような体験を積み重ねたらよいのでしょうか。具体的にみていきましょう。

▌1 「お腹がすくリズムのもてる子ども」を育む体験

子どもが「お腹がすくリズムをもてる」ようになるには、子ども自身が「お腹がすいた」という感覚がもてる生活を送れることが必要です。いつでもどこでも何でも食べることができる、飽食といわれて久しい時代にとって、「お腹がすく」という感覚をもつことは、食べること以上に、大人にも子どもにも難しいことかもしれません。食欲を育む観点から、子どもが十分に遊び、保育所等において、1日の生活リズムの基本的な流れを確立し、その流れを子ども自身が体感できるようにしていきましょう。空腹感や食欲を感じ、それを満たす心地よさのリズムを子どもに獲得していってほしいものです。

そのためには、昼食、午前・午後のおやつ、補食、夕食など、食事時間の配置を含めて、1日全体の保育内容を確認し合っていくことが重要です。しかし、それには、保育士や調理員等を含めた勤務体制との関連も大きく関わってきます。子どもがお腹がすくことを保障できるデイリープログラムを、職員間で話し合いをしながら再確認していく必要があります。また、0歳児などは、子どもによって食事・排泄・睡眠などのリズムも異なるため、家庭との十分な連携のなかで個別対応していくことも必要となってきます。

▌2 「食べたいもの、好きなものが増える子ども」を育む 体験

子どもにとって「食べたいもの、好きなものが増える」ためには、子どもが意欲的に新しい食べものに興味や関心をもち、食べてみようと試みることができる環境が大切です。そのためにはいろいろな食べものに親しみ、食べものへの興味や関心を育てることが必要です。たとえば、動植物を育てているならば、そこには光や水、そして、栄養分が必要であることを実感していくことでしょう。子ども自身が、成長するために必要な食べものを食べようという行為を引き出したいものです。

そのためには、食物の栽培や収穫に関わったり、調理をしたりする体験などを通して、音、匂い、感触、味などの身体感覚や感情を豊かにする経験を積み重ねることが大切です。さらに、季節（旬）を感じたり、行事食を通じて日本の文化にふれたりしながら、自然の恵みに感謝する気持ちを育むことなどが必要です。このような経験を通して、望ましい食態度が形成されていきます。

保育者は、子どもと一緒に「温かいね」「心までぽっかぽかだね」「おい

しいね」など、自身が感じたことを子どもと同じ目線で、身体感覚でもって共感し、表現してみましょう。そのような保育者のもとで、子どもは「食べたいもの、好きなもの」を発見し、言葉も豊かになっていきます。

❸ 「一緒に食べたい人がいる子ども」を育む体験

　子どもが「一緒に食べたい人がいる」と思えるようになるには、子どもが親しい人と一緒に食べることにより、また一緒に食べたいと思えるような体験が必要です。子どもは、人との関わりのなかで人に対する愛情や信頼感を育み、食べるときにも「人と一緒に食べたい」と思う子どもに育っていきます。現代の家族の状況では、大勢で食卓を囲む体験の少ない子どもたちも多くいます。だからこそ、保育所等では食事の場面を皆で準備し、皆で一緒に分け合って食べ、皆で食事を楽しむという経験をさせたいものです。

　そのためには集団保育の場である保育所等の特徴を生かし、同年齢や異年齢の子ども、保育者や調理員、栄養士などと一緒に食べる機会をもちましょう。さらには、生産者や地域のさまざまな人と一緒に食べる機会も設けていきましょう。

❹ 「食事づくり、準備にかかわる子ども」を育む体験

　子どもが「食事づくり、準備にかかわる」ためには、子ども自身が食べる行為を本当に楽しく待ち望むという体験を積み重ねることが必要です。つまり、食事をつくるのは調理員、食事の場を準備するのは保育者、子どもは食べるだけという分断された形にしないことです。子どもはいつも食べさせられる受け身の存在ではなく、主体性をもった存在としてとらえることが大切です。写真3-1は、子どもたちが栽培し収穫した夏野菜を、「給食に使ってください」と調理室にもち込んだときの様子です。また、収穫した野菜を使って、子ども自身が調理をすることもあるでしょう。友だちと一緒に野菜などを育て、それを調理して一つの料理に仕立てる。そして、友だちとおしゃべりをしながら、楽しいひととき、食事の場をつ

写真3-1　食事をつくることと、食べることを
つなげる食事の準備活動

「はいどうぞ。たくさんでしょ」「おいしそう！　ナスときゅうり、みんなで食べようね！」
写真提供：筆者

くっていくような経験ができれば、食事をつくることと食べることとをつなげることができます。さらに、食べることは生きる喜びであり、一緒に過ごす喜びであることが自覚できます。まさに、保育内容の5領域における「人間関係」を意識した保育になるのです。

　そのほかにも、虫の飼育でも子どもたち自身が虫に餌を与えなければ、虫が餌を食べることができず、それは死という結末にもつながっていくことを知り、自分自身も生きるためには、食べなければならないということを理解していきます。つまりそのことは、命の存在に気づき、生命を尊重する気持ちを芽生えさせることにもつながっていきます。これは、保育内容の5領域でとらえると、「環境」を意識した保育になりますが、食育ともつながっています。このように、虫の飼育という、一見、食育とかけ離れた活動のようにみえる活動でも、子どもにとって連続した学びとなるように、体験の連続性に配慮していくことが必要です。

5 「食べものを話題にする子ども」を育む体験

　子どもが「食べものを話題にする」ようになるためには、食べものを媒介として人と話すことができる環境が多くあることが望ましいでしょう。食べる行為が、食材の栽培などいのちを育む営みとつながっているという事実を子どもに体験させ、自分でつくったものを味わい、生きる喜びを感じることができるように援助していきます。

　そのためには、たとえ保育所等という集団の場であっても、家庭での食の営みとかけ離れないように、食事をつくる場と食べる場をつなげ、子どもに生産者や食事をつくる人の顔が見えるように工夫することが大切です。調理員や栄養士など、食事をつくる人が身近な存在であると感じられるようにすることや、子どもが主体的に食事に関わる機会を設けることで、食事をつくる人との言葉のやりとりを促していきましょう。また、子どもがふだんから接する保育者は、食を通して子どもが発見する気づき、感情などの心情を受け止める存在であると同時に、保育者自身がもっている文化的な価値観や食事観が大きく子どもに影響することを自覚することも大切

写真 3-2　栽培・収穫、調理してもらい、食べる体験から、いのちの存在に気づく

「これ嫌いなの！」「これじゃあ、ちょっと少なくない？」「僕は好きだよ。はいどうぞ！」
写真提供：筆者

です。

　ここで、ある園での事例についてみてみましょう。

事例　子どものクッキング、安全面・衛生面が心配！

　子どもたちと一緒に育てていた野菜が収穫できました。子どもたちから「食べたい！」という声があったので、保育者はクッキング（調理活動）を計画しました。すると子どもたちから、「流しそうめん」も一緒にしたいという声があがったのです。

　栄養士に相談したところ、安全面・衛生面で心配だということで、認められませんでした。保育者は子どもたちにどのように話したらよいのか、うまく説明できるか悩みました。

　思い切って伝えたところ、子どもたちは「栄養士と直接話したい」と言いました。どうして流しそうめんがやりたいのか、どのようにつくりたいのか、自分たちで栄養士の先生に伝えたいというのです。

　子どもたちの思いは強く、どのように工夫をすれば安全面・衛生面に配慮してできるのか、そのために子どもたち自身が何をしたらよいのかを、子どもたちと保育者で一緒に考えることになりました。手洗いの仕方を調べて皆に教える子どももいました。

　このような子どもたちの姿を目の前にして、最初は反対していた栄養士も、具体的な指導計画を練ってくれることになりました。そのようにして実践した結果、子どもたち、栄養士・調理員、保育者の一体感が高まりました。

　食育をめぐって、子どもの思いに寄り添いたい保育者と、安全面・衛生面が気になり、できればやめてほしい栄養士とで、立場の違いから対処の仕方が異なることもあります。しかし、子どもの思いが基盤にあれば、解決策を探る手がかりになったりするものです。逆に、大人たちの責任問題や権限が前面に出てしまうと、よい方向にはなかなかいかないものです。このようなとき、子どもたちが大人のパイプ役となることも多く、組織力がパワーアップするきっかけをつくってくれます。

ワーク2

　次の課題のなかから1つ選び、小グループに分かれて話し合ってみましょう。

①保育所等での食に関わる体験を通して、どのような子どもに育ってほしいと願っていますか。めざす子ども像を確認してみましょう。

②0歳児は、年度が終了する時点で、食を通して、どのような子どもに育ってほしいと思いますか。5歳児ではどうでしょうか。逆に、どのような体験をしてきたのでしょうか。自らの実践を振りかえってみましょう。

③各保育所等の食育計画書や記録の様式を収集し、それぞれの様式の

長所をまとめてみましょう。さらに、皆さんの勤務する保育所等で、食育の計画書に来年度組み込んでいきたい観点、将来的に組み込んでいきたい観点を確認しておきましょう。

表3-3　食育のねらいと内容

〈6か月未満児〉

ねらい	内容	配慮事項
①お腹がすき、乳（母乳・ミルク）を飲みたい時、飲みたいだけゆったりと飲む。 ②安定した人間関係の中で、乳を吸い、心地よい生活を送る。	①よく遊び、よく眠る。 ②お腹がすいたら、泣く。 ③保育士にゆったり抱かれて、乳（母乳・ミルク）を飲む。 ④授乳してくれる人に関心を持つ。	①一人一人の子どもの安定した生活のリズムを大切にしながら、心と体の発達を促すよう配慮すること。 ②お腹がすき、泣くことが生きていくことの欲求の表出につながることを踏まえ、食欲を育むよう配慮すること。 ③一人一人の子どもの発育・発達状態を適切に把握し、家庭と連携をとりながら、個人差に配慮すること。 ④母乳育児を希望する保護者のために冷凍母乳による栄養法などの配慮を行う。冷凍母乳による授乳を行うときには、十分に清潔で衛生的に処置をすること。 ⑤食欲と人間関係が密接な関係にあることを踏まえ、愛情豊かな特定の大人との継続的で応答的な授乳中のかかわりが、子どもの人間への信頼、愛情の基盤となるように配慮すること。

〈6か月～1歳3か月未満児〉

ねらい	内容	配慮事項
①お腹がすき、乳を吸い、離乳食を喜んで食べ、心地よい生活を味わう。 ②いろいろな食べものを見る、触る、味わう経験を通して自分で進んで食べようとする。	①よく遊び、よく眠り、満足するまで乳を吸う。 ②お腹がすいたら、泣く、または、喃語によって、乳や食べものを催促する。 ③いろいろな食べものに関心を持ち、自分で進んで食べものを持って食べようとする。 ④ゆったりとした雰囲気の中で、食べさせてくれる人に関心を持つ。	①一人一人の子どもの安定した生活のリズムを大切にしながら、心と体の発達を促すよう配慮すること。 ②お腹がすき、乳や食べものを催促することが生きていくことの欲求の表出につながることを踏まえ、いろいろな食べものに接して楽しむ機会を持ち、食欲を育むよう配慮すること。 ③一人一人の子どもの発育・発達状態を適切に把握し、家庭と連携をとりながら、個人差に配慮すること。 ④子どもの咀嚼や嚥下機能の発達に応じて、食品の種類、量、大きさ、固さなどの調理形態に配慮すること。 ⑤食欲と人間関係が密接な関係にあることを踏まえ、愛情豊かな特定の大人との継続的で応答的な授乳及び食事でのかかわりが、子どもの人間への信頼、愛情の基盤となるように配慮すること。

〈1歳3か月～2歳未満児〉

ねらい	内容	配慮事項
①お腹がすき、食事を喜んで食べ、心地よい生活を味わう。 ②いろいろな食べものを見る、触る、噛んで味わう経験を通して自分で進んで食べようとする。	①よく遊び、よく眠り、食事を楽しむ。 ②いろいろな食べものに関心を持ち、手づかみ、または、スプーン、フォークなどを使って自分から意欲的に食べようとする。 ③食事の前後や汚れたときは、顔や手を拭き、きれいになった快さを感じる。 ④楽しい雰囲気の中で、一緒に食べる人に関心を持つ。	①一人一人の子どもの安定した生活のリズムを大切にしながら、心と体の発達を促すよう配慮すること。 ②子どもが食べものに興味を持って自ら意欲的に食べようとする姿を受けとめ、自立心の芽生えを尊重すること。 ③食事のときには、一緒に噛むまねをして見せたりして、噛むことの大切さが身につくように配慮すること。また、少しずついろいろな食べ物に接することができるよう配慮すること。 ④子どもの咀嚼や嚥下機能の発達に応じて、食品の種類、量、大きさ、固さなどの調理形態に配慮すること。 ⑤清潔の習慣については、子どもの食べる意欲を損なわぬよう、一人一人の状態に応じてかかわること。 ⑥子どもが一緒に食べたい人を見つけ、選ぼうとする姿を受けとめ、人への関心の広がりに配慮すること。

〈2歳児〉

ねらい	内容	配慮事項
①いろいろな種類の食べ物や料理を味わう。 ②食生活に必要な基本的な習慣や態度に関心を持つ。 ③保育士を仲立ちとして、友達とともに食事を進め、一緒に食べる楽しさを味わう。	①よく遊び、よく眠り、食事を楽しむ。 ②食べものに関心を持ち、自分で進んでスプーン、フォーク、箸などを使って食べようとする。 ③いろいろな食べものを進んで食べる。 ④保育士の手助けによって、うがい、手洗いなど、身の回りを清潔にし、食生活に必要な活動を自分でする。 ⑤身近な動植物をはじめ、自然事象をよく見たり、触れたりする。 ⑥保育士を仲立ちとして、友達とともに食事を進めることの喜びを味わう。 ⑦楽しい雰囲気の中で、一緒に食べる人、調理をする人に関心を持つ。	①一人一人の子どもの安定した生活のリズムを大切にしながら、心と体の発達を促すよう配慮すること。 ②食べものに興味を持ち、自主的に食べようとする姿を尊重すること。また、いろいろな食べものに接することができるよう配慮すること。 ③食事においては個人差に応じて、食品の種類、量、大きさ、固さなどの調理形態に配慮すること。 ④清潔の習慣については、一人一人の状態に応じてかかわること。 ⑤自然や身近な事物などへの触れ合いにおいては、安全や衛生面に留意する。また、保育士がまず親しみや愛情を持ってかかわるようにして、子どもが自らしてみようと思う気持ちを大切にすること。 ⑥子どもが一緒に食べたい人を見つけ、選ぼうとする姿を受けとめ、人への関心の広がりに配慮すること。また、子ども同士のいざこざも多くなるので、保育士はお互いの気持ちを受容し、他の子どもとのかかわり方を知らせていく。 ⑦友達や大人とテーブルを囲んで、食事をすすめる雰囲気づくりに配慮すること。また、楽しい食事のすすめ方を気づかせていく。

〈3歳以上児〉

ねらい	内容	配慮事項
「食と健康」 ①できるだけ多くの種類の食べものや料理を味わう。 ②自分の体に必要な食品の種類や働きに気づき、栄養バランスを考慮した食事をとろうとする。 ③健康、安全など食生活に必要な基本的な習慣や態度を身につける。	①好きな食べものをおいしく食べる。 ②様々な食べものを進んで食べる。 ③慣れない食べものや嫌いな食べものにも挑戦する。 ④自分の健康に関心を持ち、必要な食品を進んでとろうとする。 ⑤健康と食べものの関係について関心を持つ。 ⑥健康な生活リズムを身につける。 ⑦うがい、手洗いなど、身の回りを清潔にし、食生活に必要な活動を自分でする。 ⑧保育所生活における食事の仕方を知り、自分たちで場を整える。 ⑨食事の際には、安全に気をつけて行動する。	①食事と心身の健康とが、相互に密接な関連があるものであることを踏まえ、子どもが保育士や他の子どもとの温かな触れ合いの中で楽しい食事をすることが、しなやかな心と体の発達を促すよう配慮すること。 ②食欲が調理法の工夫だけでなく、生活全体の充実によって増進されることを踏まえ、食事はもちろんのこと、子どもが遊びや睡眠、排泄などの諸活動をバランスよく展開し、食欲を育むよう配慮すること。 ③健康と食べものの関係について関心を促すに当たっては、子どもの興味・関心を踏まえ、全職員が連携のもと、子どもの発達に応じた内容に配慮すること。 ④食習慣の形成に当たっては、子どもの自立心を育て、子どもが他の子どもとかかわりながら、主体的な活動を展開する中で、食生活に必要な習慣を身につけるように配慮すること。

「食と人間関係」 ①自分で食事ができること、身近な人と一緒に食べる楽しさを味わう。 ②様々な人々との会食を通して、愛情や信頼感を持つ。 ③食事に必要な基本的な習慣や態度を身につける。	①身近な大人や友達とともに、食事をする喜びを味わう。 ②同じ料理を食べたり、分け合って食事することを喜ぶ。 ③食生活に必要なことを、友達とともに協力して進める。 ④食の場を共有する中で、友達との関わりを深め、思いやりを持つ。 ⑤調理をしている人に関心を持ち、感謝の気持ちを持つ。 ⑥地域のお年寄りや外国の人など様々な人々と食事を共にする中で、親しみを持つ。 ⑦楽しく食事をするために、必要なきまりに気づき、守ろうとする。	①大人との信頼関係に支えられて自分自身の生活を確立していくことが人とかかわる基盤となることを考慮し、子どもと共に食事をする機会を大切にする。また、子どもが他者と食事を共にする中で、多様な感情を体験し、試行錯誤しながら自分の力で行うことの充実感を味わうことができるよう、子どもの行動を見守りながら適切な援助を行うように配慮すること。 ②食に関する主体的な活動は、他の子どもとのかかわりの中で深まり、豊かになるものであることを踏まえ、食を通して、一人一人を生かした集団を形成しながら、人とかかわる力を育てていくように配慮する。また、子どもたちと話し合いながら、自分たちのきまりを考え、それを守ろうとすることが、楽しい食事につながっていくことを大切にすること。 ③思いやりの気持ちを培うに当たっては、子どもが他の子どもとのかかわりの中で他者の存在に気付き、相手を尊重する気持ちを持って行動できるようにする。特に、葛藤やつまずきの体験を重視し、それらを乗り越えることにより、次第に芽生える姿を大切にすること。 ④子どもの食生活と関係の深い人々と触れ合い、自分の感情や意志を表現しながら共に食を楽しみ、共感し合う体験を通して、高齢者をはじめ地域、外国の人々などと親しみを持ち、人とかかわることの楽しさや人の役に立つ喜びを味わうことができるようにする。また、生活を通して親の愛情に気づき、親を大切にしようとする気持ちが育つようにすること。
「食と文化」 ①いろいろな料理に出会い、発見を楽しんだり、考えたりし、様々な文化に気づく。 ②地域で培われた食文化を体験し、郷土への関心を持つ。 ③食習慣、マナーを身につける。	①食材にも旬があることを知り、季節感を感じる。 ②地域の産物を生かした料理を味わい、郷土への親しみを持つ。 ③様々な伝統的な日本特有の食事を体験する。 ④外国の人々など、自分と異なる食文化に興味や関心を持つ。 ⑤伝統的な食品加工に出会い、味わう。 ⑥食事にあった食具（スプーンや箸など）の使い方を身につける。 ⑦挨拶や姿勢など、気持ちよく食事をするためのマナーを身につける。	①子どもが、生活の中で様々な食文化とかかわり、次第に周囲の世界に好奇心を抱き、その文化に関心を持ち、自分なりに受け止めることができるようになる過程を大切にすること。 ②地域・郷土の食文化などに関しては、日常と非日常いわゆる「ケとハレ」のバランスを踏まえ、子ども自身が季節の恵み、旬を実感することを通して、文化の伝え手となれるよう配慮すること。 ③様々な文化があることを踏まえ、子どもの人権に十分配慮するとともに、その文化の違いを認め、互いに尊重する心を育てるよう配慮する。また、必要に応じて一人一人に応じた食事内容を工夫するようにすること。 ④文化に見合った習慣やマナーの形成に当たっては、子どもの自立心を育て、子どもが積極的にその文化にかかわろうとする中で身につけるように配慮すること。
「いのちの育ちと食」 ①自然の恵みと働くことの大切さを知り、感謝の気持ちを持って食事を味わう。 ②栽培、飼育、食事などを通して、身近な存在に親しみを持	①身近な動植物に関心を持つ。 ②動植物に触れ合うことで、いのちの美しさ、不思議さなどに気づく。 ③自分たちで野菜を育てる。	①幼児期において自然のもつ意味は大きく、その美しさ、不思議さ、恵みなどに直接触れる体験を通して、いのちの大切さに気づくことを踏まえ、子どもが自然とのかかわりを深めることができるよう工夫すること。 ②身近な動植物に対する感動を伝え合い、共感し合うことなどを通して自らかかわろうとする意欲を育てるとともに、様々なかかわり方を通してそれらに対する親しみ、いのちを育む自然の摂理の偉大さに畏敬の念を持ち、いのちを大切にする気持ちなどが養われるようにすること。

ち、すべてのいのちを大切にする心を持つ。 ③身近な自然にかかわり、世話をしたりする中で、料理との関係を考え、食材に対する感覚を豊かにする。	④収穫の時期に気づく。 ⑤自分たちで育てた野菜を食べる。 ⑥小動物を飼い、世話をする。 ⑦卵や乳など、身近な動物からの恵みに、感謝の気持ちを持つ。 ⑧食べ物を皆で分け、食べる喜びを味わう。	③飼育・栽培に関しては、日常生活の中で子ども自身が生活の一部として捉え、体験できるように環境を整えること。また、大人の仕事の意味が分かり、手伝いなどを通して、子どもが積極的に取り組めるように配慮すること。 ④身近な動植物、また飼育・栽培物の中から保健・安全面に留意しつつ、食材につながるものを選び、積極的に食する体験を通して、自然と食事、いのちと食事のつながりに気づくように配慮すること。 ⑤小動物の飼育に当たってはアレルギー症状などを悪化させないように十分な配慮をすること。
「料理と食」 ①身近な食材を使って、調理を楽しむ。 ②食事の準備から後片付けまでの食事づくりに自らかかわり、味や盛りつけなどを考えたり、それを生活に取り入れようとする。 ③食事にふさわしい環境を考えて、ゆとりある落ち着いた雰囲気で食事をする。	①身近な大人の調理を見る。 ②食事づくりの過程の中で、大人の援助を受けながら、自分でできることを増やす。 ③食べたいものを考える。 ④食材の色、形、香りなどに興味を持つ。 ⑤調理器具の使い方を学び、安全で衛生的な使用法を身につける。 ⑥身近な大人や友達と協力し合って、調理することを楽しむ。 ⑦おいしそうな盛り付けを考える。 ⑧食事が楽しくなるような雰囲気を考え、おいしく食べる。	①自ら調理し、食べる体験を通して、食欲や主体性が育まれることを踏まえ、子どもが食事づくりに取り組むことができるように工夫すること。 ②一人一人の子どもの興味や自発性を大切にし、自ら調理しようとする意欲を育てるとともに、様々な料理を通して素材に目を向け、素材への関心などが養われるようにすること。 ③安全・衛生面に配慮しながら、扱いやすい食材、調理器具などを日常的に用意し、子どもの興味・関心に応じて子どもが自分で調理することができるように配慮すること。そのため、保育所の全職員が連携し、栄養士や調理員が食事をつくる場面を見たり、手伝う機会を大切にすること。

出典：図3-1と同じ

食育の計画および評価

写真提供：杉水保育園

食を通してどのような経験を積みかさねることができるかを計画し、振り返っていく。

ポイント

1 食育の計画は、全体的な計画や指導計画にしっかりと位置づける。
2 食育計画を踏まえた実践の経過や子どもの姿を記録・評価する。
3 取り組みの改善や再計画により、職員の連携・チームワーク力を高める。

---

1 │ 食育の計画づくりの基本的な考え方をおさえる

　すべての保育所等で食事の提供をしているということは、意識せずとも日々の保育を通して、子どもの「食を営む力」の育成に向け、その基礎を培っているということを表しています。

　「保育所保育指針」や「幼保連携型認定こども園教育・保育要領」においても、日々の食生活に食育計画の必要性が述べられています[*1]。

> 　乳幼児期にふさわしい食生活が展開され、適切な援助が行われるよう、食事の提供を含む食育計画を全体的な計画に基づいて作成し、その評価及び改善に努めること。栄養士が配置されている場合は、専門性を生かした対応を図ること。

 参照　*1　「保育所保育指針」第3章2（1）「保育所の特性を生かした食育」ウ、「幼保連携型認定こども園教育・保育要領」第3章第2「食育の推進」3

図4-1　保育所等における「食育の計画」のパターン

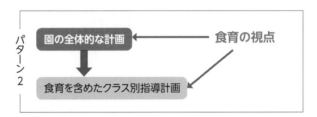

　すべての保育所等にはなんらかの食育の計画があります。たとえ食育のみの独立した計画がない場合でも、全体的な計画や、年間、月案、週日案といった指導計画には、食育に関する記載や実際の活動が示されていることでしょう。

　食育の計画は、図4-1のパターン1のように、園の全体的な計画や指導計画と別に、食育だけを独立した食育計画として作成してもよいですし、パターン2のように、食育計画を単独にはつくらず、全体的な計画や指導計画のなかに位置づけることもできます。大切なことは、パターン1のように、食育計画を独立して作成した場合、どうしても保育者が日常的に計画し、記録する場面で食育の活動が離れがちになることです。単独で食育計画をつくったとしても、全体的な計画や指導計画に食育の視点を盛り込んでいるかどうかを確認することが重要です。

　日々の保育のなかに食育の視点を盛り込んだ形での計画づくりを進めるためには、まず、子どもの姿（実態）に目を向け、食を通して子どもがどのように育っているのかを理解することが大切です。子どもの姿に基づいた理解があってこそふさわしい食生活が展開され、適切な援助を行うことができます。そのような計画の作成のためには、全職員の参加はもちろん、可能であれば保護者や地域の人々にも協力してもらい、ともに子どもの食への理解を深めることが必要になります。食育の計画づくりを進めることは、保育の質、家庭の養育力、地域力の向上につながります。

2 │ 食育の計画づくりの意義を確認する

　今、食育をまったく実践していないという保育所等はほとんどなく、各園で、なんらかの食育計画をつくっていることと思います。しかしその計画は、年度当初に全体で見直しを行ったでしょうか。前任者から引き継ぎ

そのままで進めてしまい、全職員で確認する機会をもっていなかったという園もあるのではないでしょうか。

　計画は何のためにつくるのでしょうか。園で食育の計画を進めるうえでまず大切なことは、「何のために計画を作成するのか」「どんな意義があるのか」について、全職員で共通理解を深めることです。計画づくりの効果や意義を認識していないと、保育者も子どもも、ただ計画された活動をこなすだけになってしまいがちです。だからこそ「園でどんな食育をしていきたいのか」について考えを出し合いながら、共通認識をもてるような機会をつくりましょう。これこそ、主任や**ミドルリーダー**の保育者の大きな役割です。

　次項からは、食育の計画づくりをするうえでの課題と効果について確認していきましょう。

■1■ 食育の計画づくりの課題を確認する

　以下は、ある研修において、現場で食育の計画づくりをめぐって現在困っていることや課題をあげてもらった内容です。このように困っていることや課題をあげることは、現状を把握することにもなります。

> ・ほかの園の計画を参考にしてつくったため、自園の実情に合わず、実践につながらない。
> ・ある特定のメンバーだけが計画したものを実行し、保育者一人ひとりのアイディアが生かされていない。
> ・計画書通りの実行に気をとられるあまり、子どもの経験を狭め、実践の画一化をもたらしてしまっている。
> ・計画を実行するだけで終わり、実践の振り返りからフィードバックして計画をつくることができない。

　ここで注意しなければならないのは、どうしても実践面での課題、たとえば、人手不足、時間がないといったような課題が多く出され、計画や評価と、実践とが混同されがちであるということです。計画の課題について話し合うためには、少し客観的に、保育所等の計画づくりについて把握する力が必要になります。

■2■ 食育の計画づくりを進める効果を確認する

　皆さんも食育の計画づくりを進めることでどのような効果があるか、会議などで話し合ってみましょう。以下に例を示します。

> ・保育所等と家庭において、適切な環境が構成されれば、食に関する

用語　ミドルリーダー
　それぞれの専門・分野のリーダーとして勤続7年以上の保育者を対象とする中堅職員のこと。くわしくは本シリーズ第7巻「マネジメント」を参照。

体験を積み重ねることができ、「食を営む力の基礎」を培うことができる。

・各職員の食育に関する認識を改めてとらえ直し、計画として文字化することで、共通認識が深まる。

・乳幼児が「食を営む力の基礎」を培うために、どのような体験を積み重ねることが必要かを考えることにより、食を通した子どもの育ちへの理解が深まる。

・食育を通してめざす子ども像（目標）や子どもが経験すべき内容（食育の内容）を共有できる。

・食育の計画、実践、評価、そして再計画への循環を職員で共有して展開できる。

・家庭や地域社会との連携が進み、園の実践を説明・公表しやすくなる（児童福祉施設としての社会的責任）。

■3■ 子どもの主体性を重視した計画づくりをする

　計画づくりにおいて、見落としてはならないことは子どもの主体性です。十分に検討した計画であっても、仮説（予測：子どもが○○に興味をもつだろう）にすぎないことを理解していなくてはなりません。作成した計画を忠実に実行することに固執せず、目の前の子どもたちの状況と照らし合わせ、子どもの側に寄り添いながら臨機応変に計画を修正していくことが大切です。月案の作成などでは、今の子どもたちの興味・関心から計画を立てることができると、より子ども目線になります。同時に、環境構成の一つでもある献立ともつなげていくために、給食の献立計画と整合性をもった計画を期待したいものです。そのためには、栄養士や調理員も一緒に、食育計画を作成していくことが大切です。

　実践するなかで、計画と実践のズレを発見するために、目安として計画が必要になります。計画と実践の間にズレが生じたときには、実践のなかで子どもが興味をもつことに目を向け、計画を修正していきましょう。そのことは子どもの興味・関心を広げることにつながります。

3 │ 食育の計画づくりの手順

　実際の食育の計画の作成にあたっては、2007年11月に取りまとめられた「保育所における食育の計画づくりガイド」を参考に、次の点に留意し、子どもが主体的に食育の取り組みに参画できるよう計画していきましょう。

　食育の計画を、保育の基本となる「全体的な計画」と、それに基づいて保育を展開するために具体的な計画として立案される「指導計画」にしっかり位置づけていくことが大切です。「全体的な計画」における食育の視点は園長を中心に作成され、子どもの発達特性を踏まえたうえで入園から

図4-2　食育の視点を含めた保育者の保育活動の位置づけ

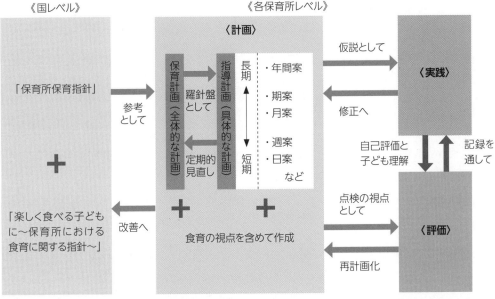

出典：財団法人こども未来財団「保育所における食育の計画づくりガイド——子どもが『食を営む力』の基礎を培うために」（平成18年度　児童県連サービス調査研究等事業「食育政策を目的とした食育計画に関する研究」［主任研究者　酒井治子］）2007年

修了までの保育の過程における子どもの経験を見通し、保育目標に即した各年齢、または、クラス別の食育実践の基本的な方向性、言い換えれば食育実践の羅針盤（進むべき方向を示すもの）となるように計画していきます。

　一方、食育の視点を加味した「指導計画」は、子どもを担任する保育者を中心に、栄養士や調理員などと連携しながら子どもの実態を踏まえて経験・活動を予測して仮説的に作成します。これはあくまでも仮説であるため、固定的ではなく、子どもの興味・関心に即して常に柔軟に対応することを前提に計画します。

　さらに、次の食育実践の資料とするために、実践の経過や結果を記録し、自己の食育実践を評価・改善するように努めることも必要です。その結果をもとに計画の見直し、再編成へと結びつけて、発展的な計画にしていくことが重要です。以上をまとめると、図4-2のようになります。

　図4-2からもわかるように、保育の一環として食育は、計画・実践・評価の取り組みを密接に関連づけながら、全職員で展開していくものです。食育の計画作成はそうした保育活動の一つにすぎず、決定事項をあげ実践を拘束するものではなく、子どものそのときの興味・関心に柔軟に対応した実践を導き、その改善を促す視点として役立てていきましょう。

1　食育の視点を含めた全体的な計画の作成

　全体的な計画に位置づけられる食育の計画は、「楽しく食べる子どもに——保育所における食育に関する指針」（以下、「食育指針」とする）の「ねらい」および「内容」を参考に、入所するすべての子どもを対象に、全過

図4-3　食育の視点を含めた全体的な計画作成の手順

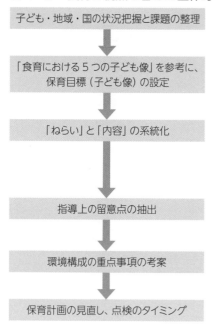

子ども・地域・国の状況把握と課題の整理	職員会議や保護者からのアンケート調査などにより、今の子どもを取り巻く環境や発達状況、食をめぐる実態を把握し、課題を明らかにする。
「食育における5つの子ども像」を参考に、保育目標（子ども像）の設定	どのような「食を営む力」をもった大人に成長して欲しいかを考え、保育所修了時点での具体的な子ども像を設定していく。また、保育目標として掲げたいくつかの姿との関連性を考えていく。
「ねらい」と「内容」の系統化	「ねらい」は、園で子どもが6年間に育っていく発達のプロセスを整理し、節目毎に育ちとして期待する姿として設定する。「内容」は「ねらい」を実現するために必要な指導・援助すべき事項として考える。
指導上の留意点の抽出	各期の「ねらい」及び「内容」にそった「指導上の留意点」のポイントを、質的な側面に視点をあてて設定する。
環境構成の重点事項の考案	各期の「ねらい」及び「内容」にそった「環境構成」のポイントを、質的な側面に視点をあてて設定する。
保育計画の見直し、点検のタイミング	年度末に、実践と照らして保育計画を点検し、掲げた保育目標や、各年齢及びクラス別の「ねらい」及び「内容」を見直す。10年ごとに改訂される「保育所保育指針」など国レベルで示されるガイドラインを参考にする。

出典：図4-2と同じ

程での経験を見通す全体的な計画として作成します。

　作成にあたっては、園の周囲の食環境の変化（たとえば大型の食料品店が出店されるなど）、現在の地域の実態、子どもの発達、家庭状況や保護者の意向、保育時間なども考慮し、図4-3のような手順を参考に、食育の視点から、子どもの育ちに関する長期的見通しをもって、一貫した系統性のあるものにしていきます。まずは、今ある園の保育計画のなかに食育の視点が盛り込まれているかどうかを確認してみましょう。

　各保育所は施設長の責任のもとに創意工夫し、食育の視点を含めて各園独自の「全体的な計画」を作成していきます。また、随時「保育所保育指針」および「食育指針」を参考に評価し、改善に努めます。

▶2　食育の視点を含んだ指導計画の作成

　指導計画に位置づく食育の計画は、子どもの実態を考慮して作成していきます。担任の保育者の責任のもと、栄養士や調理員などが連携し、クラスごとの特徴および年齢独自の食育の視点を反映します。その際、長期的な指導計画と短期的な指導計画の違いや、3歳以上児と3歳未満児の違いに留意しながら作成することが大切です。そのうえで、随時、全体的な計画に照らして指導計画および実践を評価し、改善に努めることが必要です（図4-4）。

　具体的な月案レベルでの計画にあたっては、まず、今の子どもの興味の

広がりを予測してみましょう。子どもが今、何に興味をもっているのか、どんな発想をするのかイメージしてみましょう。たとえば「生き物に興味がある」といったような、一見食育に関係がないかのように思えるものでもよいのです。現在の子どもの興味や、日常的な遊びや散歩などの活動、自然や社会との関わりなどを通して、今後何に興味をもちそうなのか仮説を立ててみましょう。次に、その興味の広がりを支えるために、どのような環境を用意したらよいかを考えてみましょう。生き物への興味だったらそれは図鑑のような本かもしれませんし、収穫物だったり、散歩の途中にあるお店だったりするかもしれません。歌ったり、踊ったりするような表現活動も考えられるでしょうか。子どもの発想が広がるように"意図的"に指導計画に取り込み、子どもの発想を保障するための環境を準備していきましょう。

図4-4　食育の視点を含んだ指導計画作成の手順

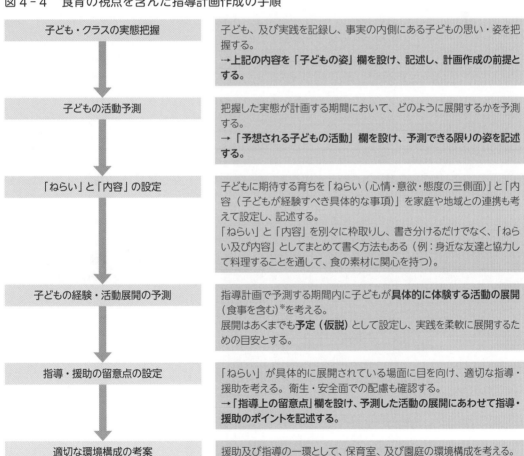

子ども・クラスの実態把握	子ども、及び実践を記録し、事実の内側にある子どもの思い・姿を把握する。 **→上記の内容を「子どもの姿」欄を設け、記述し、計画作成の前提とする。**
子どもの活動予測	把握した実態が計画する期間において、どのように展開するかを予測する。 **→「予想される子どもの活動」欄を設け、予測できる限りの姿を記述する。**
「ねらい」と「内容」の設定	子どもに期待する育ちを「ねらい（心情・意欲・態度の三側面）」と「内容（子どもが経験すべき具体的な事項）」を家庭や地域との連携も考えて設定し、記述する。 「ねらい」と「内容」を別々に枠取りし、書き分けるだけでなく、「ねらい及び内容」としてまとめて書く方法もある（例：身近な友達と協力して料理することを通して、食の素材に関心を持つ）。
子どもの経験・活動展開の予測	指導計画で予測する期間内に子どもが**具体的に体験する活動の展開（食事を含む）※**を考える。 展開はあくまでも**予定（仮説）**として設定し、実践を柔軟に展開するための目安とする。
指導・援助の留意点の設定	「ねらい」が具体的に展開されている場面に目を向け、適切な指導・援助を考える。衛生・安全面での配慮も確認する。 **→「指導上の留意点」欄を設け、予測した活動の展開にあわせて指導・援助のポイントを記述する。**
適切な環境構成の考案	援助及び指導の一環として、保育室、及び園庭の環境構成を考える。 **→「環境構成」の欄を設け、食に関わる場の設定や道具類の種類、数などについて、図なども活用して記述する。**

※具体的な活動の一つには毎日の食事があり、食事提供に関する計画は指導計画の一部である。
出典：図4-2と同じ

このとき、主任やミドルリーダーの保育者は、担任の保育者が自由に発想を広げることができるようにサポートしていきましょう。さらに、栄養士や調理員からの提案も引き出していきましょう。

　ただ、実際の子どもの関心とこうした予測との間にズレが生じてしまうこともあるかもしれません。計画と実践のズレを発見するために目安としての計画が必要であることに気づいていけるように、リーダーがサポートしていくことができるとよいでしょう。また、計画と実践の間にズレが生じたときには、その実践のなかで、子どもが実際に興味をもつことに目を向け、子どもの興味・関心を広げ、新たな能力を引き出すことができるよう、保育者として関わることが大切です。

4 ｜ 食育の評価

　食育の計画の改善においては、保育所等全体の職員が一体となって実践過程を振り返って評価することが必要です。食育の計画の評価の際には、計画には位置づけられていなかった点や、日々の活動のなかで気づきにくくなっている点にも目を向け、計画－実践－評価、そして再計画という保育活動の循環的なプロセスの一環のなかで行うことが大切です。

　また、計画の評価・改善のためには、保育者の援助と子どもの育ち（子どもがどんなことに気づいたのか、発見があったのかなど）の両面をていねいに把握する記録が重要です。

　評価の内容については、まず、量的に評価すること（量的評価）ができるもの、たとえば子どもの栄養素等摂取量をはじめ、身長・体重などの目に見える変化があります。もう一方で、数値では表しにくいものですが、食を通した子ども一人ひとりの育ち、"食を営む力の基礎"についての質的側面（質的評価）もあります。

　日常的な食育の評価では、「指導計画」に位置づけられる食育の計画に掲げた「ねらい」を視点として用います。また、年度末や保育所修了時点などの長期的な視点からの評価は、保育所等の全体的な計画に位置づく食育の計画、「保育所保育指針」「食育指針」に示された発達過程の「ねらい」を参考にするとよいでしょう。同時に、小学校に送付される子どもの育ちの評価である「保育所児童保育要録」「幼稚園幼児指導要録」「幼保連携型認定こども園園児指導要録」との関わり、また、その前段階の発達過程区分別の評価も視野に入れておくことが重要です。以上のように、食に関わる活動を含めた総合的な保育により、「幼児期の終わりまでに育ってほしい姿」につながるそれぞれの時期での姿が育っているのかも確認しましょう。そのためには、食に関わる活動が「幼児期の終わりまでに育ってほしい姿」のどのような観点の育成をめざしたものか、それぞれの時期の特性に合わせて食育のねらいを再確認し、修正が必要な場合には、再計画をする必要があります。

また、評価の対象を子どもだけではなく、保育者自身に向けることも大切です。エンドレスな再計画化の取り組みを導くためには、子どもの評価以上に、保育者の自己評価を重視することが必要です。子どもの育ちを確認しつつ、子どもの発達に応じた環境構成や援助ができたかどうかを振り返ります。さらに栄養士や調理員がつくる食事の評価・改善も行っていくことが大切です。

いずれにしても、保育所等での目標を踏まえて評価の観点を整理し、評価項目を設定し、自らの保育をとらえる力を高めていくことが重要です。食育の評価のポイントは以下の通りです。

①評価の方法は、量的評価と質的評価がある。
②評価の対象は、子どもの育ちをとらえる評価と、保育者の保育をとらえる評価の両面がある。
③日常的な評価の視点は、「指導計画」に位置づけられた食育の計画の「ねらい」を用いる。
④長期的な子どもの評価は、「全体的な計画」に位置づけられた食育の計画の「ねらい」を活用する。
⑤計画の評価・改善にあたっては、記録を通した実践のていねいな把握が必要となる。

5 | 計画・実践・評価のための体制づくり

■1 職員で話し合いの場をつくる

食育の計画・実践・評価、いずれの段階でも、職員が協力・連携して実施することが不可欠です。食育が保育の一環として全園的に取り組むなかで充実が図られるものであることを考慮すれば当然のことです。ただ、協力、連携とは、全職員が同じことをするのではなく、おのおのの専門性を生かすなか、互いの役割を理解、尊重し、支え合うことです。次の点を踏まえて、それぞれの職員が多様な視点に出合うことのできる機会をつくり出す会議を行うことが望ましいでしょう。

①「食育活動のどこに子どもは興味を示し、どこに示さなかったか」を議論し合う（このとき、「よい・悪い」「正しい・正しくない」という評価にしない。多角的な見方が子どもの食育実践に貢献するとの気持ちで、お互いに聞き合う態度をもってのぞむ）。
②直接の実践者以外の職員も、実践者に対して「実践から自分自身が学んだこと」を述べる（子どもと自分との関係のなかから語れるように意識し、職員同士が学び合う体制をつくる）。
③参加者全員が最低一言は発言するなど、民主的討議をめざす（あく

までも強制的ではなく、主題を決めて語り合ったり、主題を決めずに1日の保育を食育との関係から語り合ったりするような、柔軟な雰囲気づくりを心がける）。

　こうした会議などと並行し、評価・改善を充実させるためには職員の日常的な自己学習や研鑽も不可欠です。実践経験および研修を通じて深められた知識や技術は、豊かな食育実践を展開していく原動力となっていきます。

　ひとくくりに「食育」といっても、計画から、子どもの発達に応じた環境構成や援助のあり方、評価、さらに再計画と、個々の知識・技量を高めることとともに、園内でのコミュニケーションを高めるための円滑な交流が不可欠なのです。

2 保育士だけでなく、栄養士・調理員も育てる

　次のレッスン5とも関連しますが、保育所等では3歳未満児の食事について外部搬入が容認されていないこともあり、多くの保育所等では園内に調理室を設置し、栄養士や調理員を人事採用し、食事の提供をしています。

　栄養士や調理員は、1年後、3年後、10年後にどのような人材に育ってほしいでしょうか。めざす栄養士像、調理員像はどのような姿でしょうか。栄養士や調理員は保育士に比べ人数が少ないこともあり、キャリアアップの段階や方向性が不透明です。保育士にとってはその業務内容がわかりにくいこともあり、関わりが難しい面もありますが、食育の計画・実践・評価を進めていくうえで、保育士と栄養士・調理員が一体となった体制づくりは不可欠です。

　キーポイントは栄養士や調理員は食べものという「モノ」と向き合うことが仕事ではなく、子ども、それも育ちゆく「人」と向き合うことが仕事であることに気づくことができるよう、栄養士や調理員と子どもとの関わりを増やすことが大切です。

　一方で、栄養士や調理員も、毎日の食事を時間どおりに提供することに追われ、「あの先輩のように、こんなことができるといいな」とめざすモデルを探せないことも多くあります。目標となり、かつ身近に感じられるモデルを見つけることができるよう、他園の栄養士・調理員との交流をもつ機会をつくっていきましょう。また、保育士からだけでなく、栄養士や調理員からも、食育の活動の提案ができるようになることが望まれます。子どもの発達に応じて、どのように展開していくことができるか担任の保育士と相談し合っていくことができるように、主任やミドルリーダーの保育士が支援します。

　栄養士や調理員は、食育を計画・実施・評価するうえで欠かすことのできない存在です。想いが職員同士で共有できると、それは具体物である食事そのものにも大きく影響してきます。栄養士や調理員自身が、「おいしく食べてもらう」ために自分に何ができるのかを考えることができるように、園全体で育てていきましょう。

保育士も一人ひとりの個性があるように、栄養士・調理員も得手不得手があります。一人ひとりの宝物（長所）探しをし、その宝物を引き出しながら、食育の取り組みの評価や改善を職員同士が連携して推し進め、チームワークを高めることが大切です。このことが、園内外の研修システムを構築していくことにつながります。

■3 保護者や地域の関係機関と連携する

食育の方針や取り組みを、園だよりやブログ、掲示板などで保護者や関係機関に伝え、計画を改善する際にその意見を取り入れることも大切です。たとえば青果店など給食の食材の仕入れ業者に、仕入れた食材を使った調理体験の写真を渡すなど、活動の様子を伝えてみましょう。そして、「次はこんな食育をしたいのですけれど、いつの時期がいいですか？　来週は仕入れることができますか？」など、具体的な相談をしていくことで、食育を介して地域とつながっていくことができます。さらに、市町村の広報誌やホームページなどに、いろいろな活動の写真をのせたり、子どもの絵やことばを添えて発信したりしていると、「こんな活動を一緒にやってみたい」という連携先も増えてくるのではないでしょうか。地域との連携を深めること、そうした内外のやり取りを通して、保育力を高めることも、特にミドルリーダーの立場の保育者の役割の一つといえます。

そのことは保育所等での食育の評価・改善に役立つことであると同時に、保育所等が地域に向けた食育の発信拠点としての役割を果たすことにもつながるからです。以下に体制づくりのポイントをまとめます。

①協力・連携とは互いの役割を理解、尊重し、支え合うことである。
②協力・連携を推進するためには、会議を設けることが不可欠である。
③計画を作成した期間終了時点で定期的な会議を設け、評価する。
④専門的力量の維持・向上を目的とした研修システムを構築する。
⑤保護者や地域に向けて食育の方針や取り組みを伝え、食育の評価・
　改善に役立てる。

事例　食育の計画様式って、どのような様式がいいの？

A保育所は、開園してようやく1年が過ぎましたが、まだ食育計画を作成していません。そこで、栄養士は姉妹園数園の食育計画を集めました。すると形式も内容もバラバラで、どの様式を参考にしてよいのか困ってしまいました。そこで主任保育士に相談をしたところ、3歳未満児の保育者と、3歳以上児の保育者を集めて打ち合わせをもつことができ、以前勤務していた園で使っていた計画などをもち寄ってくれることになりました。打ち合わせでは、それぞれの様式のよい点、参考にしたい点などを話し合い、全体的な計画や指導計画とどのような関連づけをしていくのかも話し合うことができました。そして、話し合いに基づいて作成したものを第1

レッスン **4**

食育の計画および評価

案として、全体の職員会議に提案することができました。

　いくらほかの保育所等の食育の計画の事例を集めてみたところで、完璧な計画などどこにもありません。自園の状況を理解したうえでの食育の計画づくりを進めることが大切です。そのためには、当然のことながら計画の様式についても、自園の実態に合わせたものをつくり出していくことが必要となります。上記の事例にあるような、同じ法人内でのほかの保育所等の食育の計画を収集することなどは、クラス担当の保育士や栄養士・調理員ではしにくいものです。ぜひ、主任保育士に携わってほしいことです。

　また同時に、複数集めても、どのように違うのかそれぞれの様式の特徴を把握し、今の園のメンバーで実現可能な様式を選定し、活用できるように職員の意見を集約していくことも主任保育士の重要な役割といえるでしょう。こうしたなかで交わされる議論から、保育者一人ひとりの保育観・食育観を引き出し、園全体のものへと形づくっていくことを期待したいものです。

　食育の計画を立てることで終わるのではなく、実践しつつ振り返ることで、新たな計画へとつなげていくことのできる保育者、保育所をめざしていきましょう。各保育所等において、それぞれの保育所等の子どもと保育者ならではの食育を、創意工夫のもとに展開していくことが大切です。「食」に目を向けることはその地域に生きること、地域に開かれた保育所としての保育の質を高めていくことになるはずです。

ワーク

　食育の計画様式を収集し、以下の点について話し合ってみましょう。
①現在、食育の計画と実践との間で困っていることはどのようなことですか。
②収集したほかの保育所等の食育計画様式を見て、組み込むことが望ましい視点、参考にしたい点をあげてみましょう。
③園全体での食育の計画づくりの体制をつくっていくための工夫を話し合ってみましょう。

食育のための環境づくり

写真提供：河内からたち保育園

生活自体が食育のための環境といえる。

ポイント

1 食育のための環境づくりと保育の環境づくりの考え方は同じである。
2 子どもの「食を営む力」は、ほかの子どもや大人との関わりのなかで深まり、豊かになる。
3 日常的に子どもが食に関われるように人的、物的環境を意識する。

1 | 食育のための環境づくりとその考え方

　食育のための環境というと、まず給食や調理活動といった場面が思い浮かび、保育者は、そうした活動に合わせた環境を考えようとします。しかし、子どもの食育のための環境づくりと、日常の保育の環境づくりの基本は同じであり、特別なものではありません。子どもは、子ども自身と環境との相互的な働きかけのなかで発達していきますが、食育も同じです。子どもたちは、自身の感覚や体験を通して環境に働きかけ、環境に働きかけられながら、自分の興味や関心、好奇心が満たされ成長していきます。そして、食べることは人間が生きていくための生活そのものですから、生活が食育のための環境ともいえるのです。自然のなかで育ち収穫された食材や、その食材の生産から流通、調理、食べさせてくれる人、ともに食べる人に至るまでに子どもが十分に関わり、自然への関心の芽生えや感謝の気持ちを育み、そうした力がその後も伸びていくような環境を考え、工夫できるようにすることが大切です。

　このような食育の環境づくりのためのポイントを、レッスン3で紹介し

た「めざす子どもの像」の視点からまとめてみました。各園でも、この視点を踏まえて環境がどのようになっているのかを、職員全体で話し合ってみてください。

2 │ 「めざす子ども像」と食育の環境

1 「お腹がすくリズムのもてる子ども」

　食事をおいしく食べるには、まずお腹がすいていることが大切です。空腹は最高のごちそうという言葉もありますが、食欲こそが食に向かう原動力となります。では、子どもたち一人ひとりがお腹のすくリズムを感じられる環境は整っているのでしょうか。保育所等は集団生活ですから、個別の対応は難しいところもありますが、子ども一人ひとりの生活時間は違いますので、当然、お腹がすくリズムも異なります。家庭の状況により、とても早い時間に朝食を食べている子どももいれば、朝、食べないで登園してくる子どももいます。園としての個別対応の可能性を職員間で話し合い、連絡帳などを通して子どもの生活リズムを把握し、「子ども一人ひとりのちょうどよい時間」に柔軟に対応できる環境づくりを大切にしましょう。

　そして、子ども自身が空腹や食欲を感じ、その空腹感を満たす心地よさを感じることも大切です。「空腹感を満たす心地よさ」は大人にも共通します。こういった心地よさについて意識して話す機会はなかなかないものです。保護者とともに食事の心地よさについて話し合ってみるのもよいでしょう。こうした話し合いのなかで、家庭とともに子どもの「空腹感を満たす心地よさ」についての共通認識をつくり、子どもにとって心地よい生活リズムをつくっていく環境を整えていきましょう。また、園のなかで子どもが空腹感を感じ、給食が待ち遠しくなるような期待感も大切です。そのためには、十分な睡眠と朝食がとれており、午前中、夢中になって活動しているなかで、調理室からいい匂いがしてくる、そのなかで子どもが空腹を感じ、食事に向かえるような環境が求められます。

写真提供：杉水保育園

▌2▐　「食べたいもの、好きなものが増える子ども」

苦手な食べものを食べなければならない食事というのは、子どもにとっても、大人にとってもつらいものです。そのため、苦手なものを無理に食べるというよりは、食べたいもの、好きなものを増やしていくというプラスの発想が求められます。たとえば、私たちが物事を好きになっていくとき、まずは何かきっかけがあり、そのものと出合い、関わり、深く知っていくことにより好きになっていきます。食べものも同じです。子どもが食べものと出合い、関わるなかで、親しみや愛着が生まれます。私たちは、子どもたちに何でも食べて大きくなってほしいと願いますが、それが強制につながるのではなく、子ども自らが食べてみたいと思うような環境を整えることが大切です。まずは、そうした気持ちの芽生えを大切にしたいものです。そのためには、子どもが食に関わるさまざまな体験のなかで、おもしろいと思うことや、得意なこと、好きなことをたくさん増やしていくことです。

たとえば、子どもと一緒に調理活動を行うと、いつもは嫌いな食べものも食べて周囲の大人が驚くという場面を目にします。子どもたちが仲間と一緒に力を合わせたり、考えたり、ときには葛藤し、工夫しながら調理をする。そのなかで、子どもの食べてみたいと思う気持ちが芽生えるのだと考えられます。わかりやすい例として調理活動をあげましたが、子どもの何かきっかけとなるような食の関わりは、遊びや絵本のなかなど、生活のなかに無数にあります。保育者は、子どもたちが今、どのようなことに興味があるのか、どのようなことに挑戦しているのかなど、常にアンテナを張り、この無数のきっかけをつなげ、子どもたちの食べたいもの、好きなものをたくさん増やしてほしいと思います。

写真提供：杉水保育園　　　　　　　写真提供：筆者

▌3▐　「一緒に食べたい人がいる子ども」

園のなかに、子どもが一緒に食べたい人がいるということは、食べる場そのものが心地よいということではないでしょうか。慣れ親しんだ安心できる環境のなかで、自分の食欲が満たされていく心地よさとともに、子ども同士、子どもと大人が食事を楽しみ合っていく。このような毎日が繰り返されるなかで、子どもは人に対する愛情や信頼感を得ながら、一緒に食事をすることの楽しさを経験し、一緒に食べたいという気持ちが育まれます。昨今、孤食や個食の問題なども取り上げられていますが、同じものを

仲間と一緒に食べる給食であるからこその利点、仲間と大いに語らい、気持ちを自由に共有できる環境も大切にしていきたいものです。

　しかし、食事中はおしゃべり禁止という保育所等も見かけます。そこからは時間的制約のあるなかで、完食させたい、させなければならないという大人の願いや都合がみえてきます。今一度、子どもたちがともに食事をするなかで、どのような姿を育んでいきたいのかということを考え、環境をつくっていきましょう。

　そして、子どもの人間関係はまずは身近な大人から、そして友だちとの関係へと広がっていきます。その広がりのなかに、毎日の食事を整えてくれる栄養士や調理員、食材の生産者を含む地域の人々などに出会える機会をつくっていくことも大切です。食事をつくる人だからこそ、生産者やともに暮らす地域の人だからこそ、できる話題や会話があります。そのなかで子どもの興味や関心も広がり、社会化の扉へとつながっていきます。保育所等を拠点として、子どもと大人の双方向のつながりのなかで、食事を楽しみ合う姿を育み、支えていきましょう。

写真提供：河内からたち保育園

■4■ 「食事づくり、準備にかかわる子ども」

　子どもが食事づくりや準備に関わるなかでも、子どものさまざまな力が育まれていきます。そう考えると、用意された食事を食べるだけというのは、実にもったいないことです。食事づくりは、子どもが身体の感覚を通じてさまざまなことを体験できるまさに宝庫です。たとえば、給食に使う食材にじかに触れることによって、そのずっしりとした重さやフワッとした軽さ、硬さや柔らかさ、ヌメヌメとした感触やボコボコとした形、鮮やかな色、甘い香りや酸っぱい匂いなど、自然界のなかで育ったもののもつさまざまな違いを子どもが直接感じることができるのです。そして、野菜の筋を取ったり、皮をむいたり、米を研いだりして、その形や色の変化を見たり、調理をして匂いや形が変化していくのを感じたりすることもでき、興味や関心が広がっていきます。こうした気づきの芽が、友だちと協同することにより気づきや会話としてさらに広がり、仲間と一緒に協力し合って準備を行い、調理することを楽しむようになっていきます。

　こうして、自ら食事づくりや準備に関わることで食への関わりが豊かに

なり、第2項で述べたような「食べたいもの、好きなものが増える子ども」へとつながっていきます。そのためには、日常的に子どもたちが給食をつくる場面を見たり、食材に触ったりすることができることが大切です。また、日常的に食事づくりに関われるように、子どもが調理しやすい調理器具や机などの物的環境や、子どもが安全に衛生的に調理に関われるようなマニュアルを作成し、全職員で共有するなどの人的環境も整えていくことが必要です。こうして、子どもたちが日常的に食事づくりや準備に関わることで、食事を整えてくれる人への関心とともに、感謝の気持ちなども深めることができます。

写真提供：杉水保育園

写真提供：筆者

5 「食べものを話題にする子ども」

　ここまでめざす子ども像について述べてきましたが、これは一つひとつが独立しているものではなく、子どもの姿としてのすべてが含まれているイメージです。そうして考えていくと、お腹のすくリズムがあって、好きなものや食べたいものがたくさんあって、一緒に食べたい人がいて、食事づくりや準備に関わる機会があると、自然と食べものを話題にする子どもの姿が見えてきます。保育者は、子どもが食べものを介して人と関わったり話したりする環境を、意識してつくっていくことが望まれます。

写真提供：河内からたち保育園

3 「食を営む力」を育む環境づくり

　これまで、5つのめざす子ども像の視点から食育の環境を考えてきました。ここでは、この子ども像を踏まえながら、子どもたちの食を営む力を育む環境について考えてみましょう。

1 子どもが安心して過ごせる環境づくり

　まずは、安心して過ごせる環境づくりが基本です。子どもたちが安心して遊び、食べ、眠るスペースが十分に確保され、そのなかで子どもの「飲みたい／もう飲みたくない」「食べたい／もう食べたくない」という欲求や気持ちが表出されます。今一度、そうした視点（子どもの目）で環境を見直してみてください。特に年齢が低ければ低いほど、子どもがくつろげるような温かい雰囲気のなかで信頼する保育者の姿が常に見えるなど、安心できる安定した環境が必要です。また、保育室での食事は空間を区切るなど工夫して、子どもたちが落ち着いて食事ができる環境を用意しましょう。

コラム1 「抱っこは空間移動」

　はいはいやつかまり立ちのころの子どもは、保育室のなかで遊んでいる場所から食事の場所までどのように移動しているのでしょうか。
　以下は、ある園の乳児クラスの様子です。
　保育者に支えられ、両手をあげてよちよちと歩くゆいちゃんは、箱から布を引き出す遊びに夢中です。保育室のなかに、昼食のいい匂いや食器が触れ合う音がしてきています。保育室は、ゆるやかに遊びの空間と食事の空間が分けられています。遊んでいるゆいちゃんのところに、担当の保育者がやってきます。布を上手に引っ張れたところで、保育者と目が合いました。「上手に引っ張れたね。ゆいちゃん、お待たせ。ごはんの用意ができたよ」と、保育者が声をかけます。ゆいちゃんも納得の様子で遊びをやめます。同時に自分の食事の番だという表情が読み取れます。保育者に両手を支えられながら、よちよちと歩きながら自分の食事の場所に向かいます。
　日常の何げない風景のように見えますが、印象的な場面でした。子どもの気持ちから推測してみると、何となくいい匂いがしてきてお腹がすいてくる、担当の保育者が自分のところにやってくる、保育者が、今自分がやっていることを十分に待ってくれる、共感してくれる、そして「自分の食事だな」と感じ、保育者に支えられて歩いて自分の席まで行く。そのようにして食事への期待が高まるなか、エプロンをしたり、手を拭いたりして食事が始まるのです。
　子どもが歩くその後ろ姿に食事への意欲や期待が感じられました。
　食育のための環境づくりにおいては、まずこうした当たり前の日常を

「子どもの心地よさ」の視点から見直してみることも必要です。食事は準備をしてくれる人（栄養士、調理師）がいて、それを食べさせてくれる人（保育者）がいます。こうしたなかで「時間」という制限が生まれ、大人の都合で子どもを動かしてしまい、食事の前の子どもの遊びをいきなり中断させてしまったりせかしてしまったりするなかで、食事に向かう気持ちや食べる意欲を育んでいくのはなかなか難しいことです。子ども自身が、食べたいと手を伸ばし、食べものに触れたり食べたりするなかで新しいものに出合い、心を寄せる保育者に受け止められ共感などのやりとりのなかで空腹を満たしていくというように、まさに食事の時間は子どもの自らの感覚や体験を通して、ものや人と関わり、その力が育まれていきます。

　乳児の事例からみてきましたが、改めて保育のなかでの子どもの姿から、人との関わりのなかで子どもの食を営む力を育む環境となっているのかを見直し、環境を整えていくことが大切です。

■2■　人との関わりを育む環境づくり

　食事（授乳を含む）は、月齢、年齢によって人との関わり方が変化します。授乳や離乳の前半期ぐらいまでは食べさせてくれる人（保育者）との1対1の関係ですが、徐々にまわりの子どもたちの様子を見るようになり、しだいに子ども同士の関わりも出てきます。そのため、子どもの発達に合わせて食事環境も変えていく必要があります。

　授乳期、離乳期には、子どもが心を寄せる保育者とゆったりと心ゆくまで食事を味わえる環境をつくっていきましょう。この時期は、ほかの遊んでいる子どもの姿などが見えすぎないよう、食べさせてくれる保育者と子どもが落ち着いて食事ができる空間づくりを工夫しましょう。離乳期の終盤からは、食事中の他児との関わりを意識して、徐々に皆で囲む食卓の楽しさを子どもが感じられるように環境をつくっていくことも大切です。また、2歳頃からは、子どもが一緒に食べたい人を見つけ、選ぼうとする姿もみられるようになります。このように人への関心の広がりなどにも配慮が必要になります。

　人間は生まれたそのときから食べる（飲む）ということが始まりますが、母乳やミルクを、安心した環境のなかで飲みたいだけゆったりと飲んだり、安心できる環境のもと、心ゆくまで食事を楽しみ、人との関わりとともに食べることを楽しんだりする経験のなかで、人に対する愛情や信頼感が育まれていきます。このように、心を寄せる保育者との関係から、自分と友だちとの関係に広がっていくような環境づくりを意識していくことで、子どもの一緒に食べたいという気持ちや、食事を楽しみ合う姿が育まれていくのです。そのため、前項で述べた子どもが安心して過ごせる環境づくりと、人との関わりを育む環境づくりは連動して考える必要があります。

コラム2 「子どもの主体性と食事」

　「子どもの主体性を大切に」という言葉をよく聞きます。筆者自身もよく使います。しかし、長年使いながら、「主体性を大切にした食事」とは実際にはどういうことだろうかと疑問をもち続けてきました。「主体」といいながら、子どもは用意された食事をとるわけですから、自分のリクエスト通りの食事が出てくるわけでも、自由な時間に食べられるわけでもありません。そうしたなかで行き着いたのが、授乳中の子どもです。

　授乳中の子どもは、飲みたいときに飲みたいだけ飲む自律授乳であり、途中、眠くなったら寝てしまったとしてもかまわないのです。これぞまさに子どもが主体で食事をしていて、始まりも終わりも量も子どもが決められるのです。信頼している大人に抱かれながら、心ゆくまで母乳やミルクを飲み、ウトウトしたら「もう飲まないの？」という聞き慣れたやさしい声とともに、手をやさしく握られたり、ほっぺを触られたりします。そして、また飲むことを再開したり、ウトウトを繰り返して眠っていくのが授乳期です。授乳期の子どもの姿から、改めて子どもの主体性を大切にした食事について考えてみてください。

３　食事と自然（いのち）との関わりを育む環境づくり

　毎日の食事から、子どもたちが自然（いのち）との関わりを感じられるようになるには、どのようにしたらよいのでしょうか。倉田新は『食農保育——たべる・たがやす・そだてる・はぐくむ』（農山漁村文化協会、2006年）のなかで、「命は命あるものからしか学べない」と述べています。栽培などでは、収穫の喜びに目が向きがちですが、大切なのは、そこにある自然（いのち）を子どもが感じることです。そのためには、まずは保育者が身近な自然に対して親しみや愛情をもって関わる姿が大切になります。

　たとえば、子どもと散歩中に保育者が「お花さんいい子、いい子だね」と声をかけます。そうすると、子どもは自分がいい子いい子されたことを重ねながら、そこにある命を感じるようになっていきます。そうした日常の繰り返しがあることで、子どもたちが自ら育て収穫した食材に自然（いのち）を感じ、大切に思うようになります。そして収穫した食材を調理し食べる経験により、子どもは食事と自然（いのち）のつながりを感じ、生命尊重概念の萌芽にもつながっていきます。そのため、園庭や近隣の農家と連携して子どもの栽培や収穫に関わる機会を増やし、その食材を給食や家庭の食事に出すなどの工夫をするとともに、栽培するものとして食材につながるものを選ぶことが必要です。保育者は、身近な自然（いのち）と子どもをつなぐ存在であることを意識していくことが求められます。

事例　焼きいもの匂いに誘われて

　多くの保育所等ではいも掘りの活動があり、収穫したサツマイモをふか

したり、焼きいもなどにしておやつとして食べています。Ａ園でも毎年子どもたちによるいも掘りが行われ、掘ったサツマイモはおやつになります。少し違うのは、そのおやつをつくってくれるのが、地域の高齢者の方たちということです。おやつづくりの前日には、園庭に米のもみ殻の山をつくります。おやつづくりの当日は、子どもたちが午睡から目覚める時間を計算して、サツマイモの蒸し焼きを始めます。これは、サツマイモが低温でじっくり調理するほど甘くなるという特性を活用した、先人の知恵といえるでしょう。子どもたちはサツマイモが蒸され、園内に広がるよい匂いのなかで目覚め、おじいちゃんやおばあちゃんたちとのおやつの時間が始まります。

ワーク

　上記の事例体験を通して、子どもたちのどのような気づきにつながるでしょうか。グループに分かれて話し合ってみましょう。

◆参考資料◆　「保育所保育指針」のなかの保育の環境についての記載

「保育所保育指針」第1章1（4）「保育の環境」
　保育の環境には、保育士等や子どもなどの人的環境、施設や遊具などの物的環境、更には自然や社会の事象などがある。保育所は、こうした人、物、場などの環境が相互に関連し合い、子どもの生活が豊かなものとなるよう、次の事項に留意しつつ、計画的に環境を構成し、工夫して保育しなければならない。
ア　子ども自らが環境に関わり、自発的に活動し、様々な経験を積んでいくことができるよう配慮すること。
イ　子どもの活動が豊かに展開されるよう、保育所の設備や環境を整え、保育所の保健的環境や安全の確保などに努めること。
ウ　保育室は、温かな親しみとくつろぎの場となるとともに、生き生きと活動できる場となるように配慮すること。
エ　子どもが人と関わる力を育てていくため、子ども自らが周囲の子どもや大人と関わっていくことができる環境を整えること。

　子どもが保育所等の給食をおいしく楽しく食べるためには、計画的に環境を構成し、工夫していくことが大切です。そのためには、温かくゆとりのある空間と時間のなかで、心を寄せる保育者や栄養士、友だちなどと関わりながら、食べやすくおいしく調理された給食を食べ、空腹が満たされていく心地よさを味わうことのできる環境を整えていきましょう。
　さらに、子どもが食材に興味をもったり、育てたり、地域の人と関わったり、食文化に出合う機会もつくっていきましょう。

食を通じた子育て支援

写真提供：河内からたち保育園

日常的な食についての悩みや疑問を話せる機会を大切にする。

ポイント

1 日常的な食についての悩みや疑問などを気軽に話せる機会が大切である。
2 保育者は保護者とともに子どもの成長を担うパートナーである。
3 保育所等の特性を生かした食を通じた子育て支援が望まれる。

1 | 食を通じた子育て支援の考え方

　食事は毎日の営みですが、多くの保護者が子どもの食に関する悩みや心配ごとをもっています。2015（平成27）年度の「乳幼児栄養調査」（厚生労働省）によると、約8割以上の保護者が、子どもの食事について何らかの悩みをもっていることがわかります（図6-1）。また、図6-2で示すように、7割以上の保護者が離乳食についても何らかの困りごとをもっており、「相談する人がいない、もしくは、わからない」「相談する場所がない、もしくは、わからない」という回答も少なからず存在しています。子どもの食べる機能は、発達により変化していくため、その発達に合わせた内容に変化させていく難しさがあります。また、子どもの食べる量は計量的に目に見えやすいこともあり、保護者は「子どもがあまり食べない」という結果から、子育てへの自信をなくすことや不安につながることにもなります。そのため、保育者は、子どもの豊かな食を営む力の基礎づくりを行うと同時に、保護者の養育力の向上や不安軽減をめざすことも必要です。そのためには、専門家（栄養士や調理員）などが子どもの食の悩みについ

て相談の時間をもつことだけでなく、保育者が保護者とともに子どもの成長を担うパートナーとして信頼関係を深めていくなかで、日常的な食についての悩みや疑問などを気軽に話せる機会を意識的につくっていくことが大切です。

図6-1　現在子どもの食事で困っていること

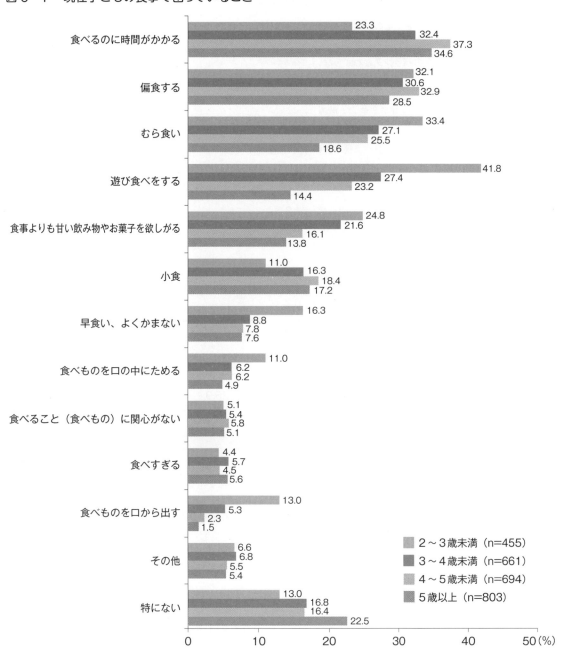

※複数回答
　回答者：2〜6歳児の保護者
出典：厚生労働省「平成27年度乳幼児栄養調査」2016年をもとに作成

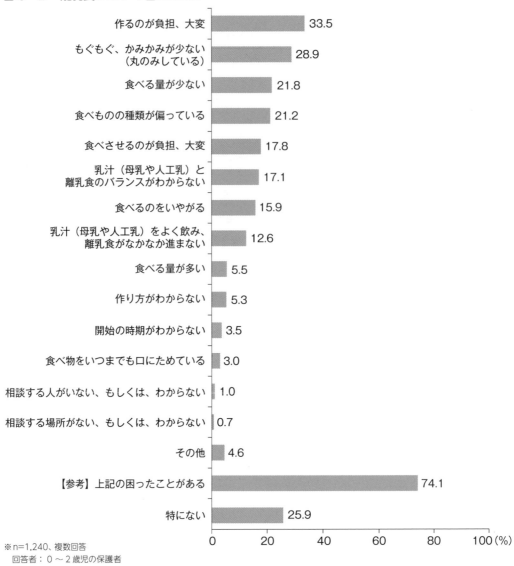

図 6-2 　離乳食について困ったこと

項目	%
作るのが負担、大変	33.5
もぐもぐ、かみかみが少ない（丸のみしている）	28.9
食べる量が少ない	21.8
食べものの種類が偏っている	21.2
食べさせるのが負担、大変	17.8
乳汁（母乳や人工乳）と離乳食のバランスがわからない	17.1
食べるのをいやがる	15.9
乳汁（母乳や人工乳）をよく飲み、離乳食がなかなか進まない	12.6
食べる量が多い	5.5
作り方がわからない	5.3
開始の時期がわからない	3.5
食べ物をいつまでも口にためている	3.0
相談する人がいない、もしくは、わからない	1.0
相談する場所がない、もしくは、わからない	0.7
その他	4.6
【参考】上記の困ったことがある	74.1
特にない	25.9

※n=1,240、複数回答
　回答者：0〜2歳児の保護者
出典：図6-1と同じ

2 ｜ 保育所等に求められる保護者支援

　「保育所保育指針」では、「保育所の役割」として、「保育所は、入所する子どもを保育するとともに、家庭や地域の様々な社会資源との連携を図りながら、入所する子どもの保護者に対する支援及び地域の子育て家庭に対する支援等を行う役割を担うものである[1]」とし、「保育所等に入所して

参照　＊1　「保育所保育指針」第1章1（1）「保育所の役割」ウ

いる子どもの保護者に対する支援」と「地域に対する子育て支援」とを分けて示しています。また「保育の方法」では、「一人一人の保護者の状況やその意向を理解、受容し、それぞれの親子関係や家庭生活等に配慮しながら、様々な機会をとらえ、適切に援助すること*2」と示されています。近年、核家族化も進むなかで、女性の晩婚・晩産化の傾向もみられ、祖父母の協力の得にくさや、地域との関係性の希薄さから身近に相談できる人がいないという孤立した状態での子育てになっているケースも多くみられます。そのため、保育所等に通っていない地域の子育て家庭に対しての支援も求められています。

　保育所等のなかに地域の子育て支援の拠点を設けることにより、地域の子育て家庭とのつながりが生まれます。親子が安心して過ごせる場所の提供だけではなく、保育所等という利点を生かし、日々のちょっとした心配事や悩みなどが話せることで、保護者の不安を和らげることができます。そのなかで、食に関わる悩みや相談も出てくることと思います。

　また、保育所等が身近に感じられるように、保育体験や園庭開放、給食やおやつの試食会などの機会を設けたり、ホームページや園の掲示板などを利用して情報を発信したりしていくことも大切です。今、園でどのような行事を行っているのか、子どもたちが読んでいる絵本や好きな遊び、人気のあるメニューやレシピなどのお知らせが掲示されていると、地域の子育て家庭も保育所等を利用しやすくなります。地域のニーズに応じて、さまざまな形があるかと思います。まずは、どの家庭も利用しやすい雰囲気づくりを大切にしていきましょう。

事例 1　**園長先生からのおたより**

　以前、とある園を訪問したときに、園長先生のおたよりを読ませてもらったことがあります。その園では、保護者たちの忙しさ、お迎えのときの余裕のなさそうな様子が課題となっていました。保育者たちから、もし保護者に夕食のおかずを一品提供できれば、帰宅してからも保護者に余裕が生まれ、親子でホッとできる時間ができるのではないかという案が出て、試しにやってみることになりました。原文のままではありませんが、そのときのおたよりです。

　「サバの味噌煮は大きなお鍋でたくさんつくると、とてもおいしいという話を聞きました。園でもつくってみようと思います。ご希望の方はご連絡ください。有料でお分けします」。このおたよりのあと、ほとんどすべての家庭から希望が寄せられたそうです。

参照　＊2　「保育所保育指針」第1章1（3）「保育の方法」カ

3 | 食を通じた保護者支援のポイント

　前述したように、子どもの食べる機能は変化していくため、保護者はその発達に合わせて食事内容を変化させていく難しさを感じたり、食べる量、食べさせ方などに不安を抱いたりしやすいといえます。特に離乳期は、一生のなかでも口腔機能の変化が著しく、母乳や人工乳を吸うところから、食べる機能へと変化していく時期です。保護者の不安も大きいため、この時期に合わせた支援体制をつくることも必要です。

　たとえば、保育所等で実際に提供している離乳食を保護者が試食する機会を設けたり、保育者が子どもに食べさせているところを見せたりする機会をつくることも効果的です。同時に、子どもの咀嚼機能や消化吸収が発達していく様子、そしてその発達に応じた調理形態の変化などを、ときには栄養士や調理員などを交えながら保護者に伝えておくことで、食べている子どもの様子をどのように観察すればよいのかなど、保護者自身の気づきも生まれていきます。

　また、子どもの様子を観察する場合には、自分の子どもと同年齢の子どもだけではなく、さまざまな年齢の子どもの様子を見ることをすすめるのもよいでしょう。それにより、改めてわが子の成長を感じることもできますし、これからの成長を見通すこともできます。そうしたポイントを示しながら、子どもの成長を喜ぶ気持ちに共感し、不安を受け止め、保護者の子どもの発達をとらえる視野を広げていくことが大切です。

　それから、ほかの保護者との交流の場も積極的につくっていきたいところです。悩みの多い離乳食や卒乳などについて、保護者同士で悩みを共有し、話し合える機会を設けるのもよいでしょうし、先輩の保護者たちを交えて体験談などを話してもらうことで、自分らしい子育ての方法が見つかっていくことも考えられます。食を通じて、保護者が互いの子育てについて分かち合い、知恵を出し合いながら支え合えるような場づくりを大切にしていきましょう。最終的には、それぞれの保護者が自信をもって、子どもの食事に関われるように支援していきましょう。

事例2　車座になって話してみたら

　これまで、さまざまな保育所等で保護者講座を担当する機会がありました。車座になって話すと話しやすいのか、いろいろな話が出てきます。ある講座で離乳食について話したとき、離乳や授乳の話のなかで、卒乳が心配だとあるお母さんが話しました。そうするとほかのお母さんたちからも同じような声が次々にあがりました。すると、参加者のなかに卒乳経験のあるお母さんがいらしたので、その日は皆でそのお母さんの体験を聞く会になりました。このときがいちばんの盛り上がりをみせました。

ワーク2

　事例2の車座になっての講座で印象的だったのは、参加している皆の表情がいきいきと輝いていたことです。一方的に話すよりも、皆で分かち合えた時間をもてたことがとてもよかったのではないかと思っています。保護者が安心して話せる場づくりについて、皆さんも話し合ってみてください。

4　保育所等の特性を生かした食を通じた子育て支援

　保育所等の特性として、調理室があることがあげられます。調理室があることで、子どもだけでなく、保護者や地域の人々とともに、参加型・体験型の活動をつくることができます。たとえば、多くの保育所等には園庭がありますから、園庭を利用して野菜などの栽培も可能です。保護者や地域の人を土づくりから巻き込んでいくなどの工夫もしながら、多くの人たちの手でつくられた野菜が子どもたちの給食に出されたり、ともにつくり・食べる行事などに使われることで、保育所等や給食がより身近な存在となっていきます。

　また最近では、外国にルーツをもつ子どもたちも増えてきました。慣れ

ない土地や異なる文化のなかでの子育ては大変なことです。言葉の壁もあるなどほかの保護者とのコミュニケーションもとりにくいなか、「食」を窓口にした取り組みなども一部でみられるようになってきました。それぞれの国の郷土料理などを中心に、皆でつくり食べるというような取り組みです。こうした取り組みを通じて、お互いの文化や風習を理解することにもつながります。また、同じ日本のなかでも、その土地の郷土料理や地域の文化をよく知らないということもあると思いますので、紹介する機会をつくるのもよいでしょう。

　こうした食の交流の機会をつくることができるのも、調理室がある保育所等ならではの特性です。保護者同士の横のつながりや、地域と子育て家庭をつないでいくことで、この地で子育てをしてよかったと感じる保護者が増えていくことを期待したいと思います。

事例3　5分間のカフェタイム

　以前伺ったA園には、保護者の「カフェタイム」がありました。保護者がお迎えに来てから、保育室に入るまでの5分間だけのカフェタイムです。仕事が終わり急いで園に駆けつける保護者たちの、仕事の顔から、お父さん、お母さんの顔に戻っていく時間をつくるためです。

　筆者も子育て中、園に向かう道中、その後の段取りで頭がいっぱいでした。子どもを迎えに行って、帰りにスーパーに行って、冷蔵庫のあれを使って……、おそらく、とても一生懸命な、必死な表情をしていたと思います。A園のカフェタイムについて園長と話しているとき、そうした筆者自身の姿を思い出していました。

　5分間だけのカフェタイムでは、暑いときには冷たいお茶、寒い日には温かいコーヒーなどが楽しめて、保護者たちはそのとき、話したいことを話します。その場にいる保護者同士のこともありますし、保育者と保護者のこともあるようです。仕事のこと、子どものことを話す保護者、静かにお茶を楽しむ保護者など、それぞれの楽しみ方でその5分間を過ごすうちに、保護者の表情はだんだん緩み、柔らかくなるそうです。そうして、「そのままの顔で保育室に向かっていかれるんですよ」と園長は話していました。

ワーク3

　皆さんは、事例3の取り組みにどのような効果があると思いますか。ぜひお茶を飲みながら、話し合ってみてください。

第 2 章

食育のための環境づくり

子どもたちは、食を通してさまざまな出会いがあり、そのなかで大きく成長していきます。子どもたちが豊かに食体験を重ねていくために、私たちはどのような環境をつくっていけばよいのでしょうか。この章では、保育所等の特性を最大限に生かした食育のあり方について考えを深め、自らの保育をとらえる力を高めていくことを期待しています。

保育所等における食事の提供の意義

写真提供：杉水保育園

子どもにとって食事や食事の時間とは何かを考える時間である。

ポイント

1 子どもにとっての食事の役割を考える。
2 食事に関わる人、時間や環境の構成を整理する。
3 食事の提供ガイドラインを理解する。

1 | 子どもと食事を取り巻く人や環境

　保育所等における食は、子どもと食事を中心として、さまざまな人やもの、事柄が関係しつつ、その背後には文化的な背景をもちながら、日々営まれています（図7-1）。生活・遊びのなかで、食事に関わる活動や事柄は保育のなかで必然的に、また偶発的に起こっていることでしょう。日本という国での生活や食の文化を基盤として、それぞれの地域で培われてきた風土や文化によって、食材の選定や食事づくりは異なってきます。それらを日々の生活の食事提供に関わる事柄ととらえると、一人の子どもと食事との関係だけで、食事の提供の役割を考えることは難しいといえます。

　そして、日々の遊びの時間から子どもたちはゆるやかに食事の時間に移行し、食事で心身を豊かに満たし、また生活、遊びの時間へと戻っていきます。遊びと食事の時間をつなぐ時間、空間も食事の提供に含まれます。さらに、食事をする時間には、子どもと食事の1対1の関係だけでなく、一緒に食べる友だちや保育士等の、時間や空間を共有する「他者」がいます。

図7-1　生活のなかの子どもと食事との関わり

　以上のように、食事の提供は、多様な視点をもって営まれる必要があるといえます。また、これらの具体的な提供方法の考え方は、「保育所における食事の提供ガイドライン」（厚生労働省、2012年）に示されています。ここには、食事の提供について、①発育・発達のための役割、②教育的役割、③保護者支援の役割があると書かれています。そこでレッスン7では、食事に関わる時間ごとにそれぞれの役割をみていきたいと思います。

2 ｜ 食事の役割

　まず食事そのものの役割をみていきましょう。この時期の子どもの心身の発育発達は著しいため、保育所等での昼食・間食・夕食などの食事は重要な役割を果たします。子どもが日々食べる食事には、さまざまな役割があり、子どもの体をつくる栄養素としての役割だけでなく、機能の発達や心の栄養となる役割もあります。

1 栄養としての食事

　図7-2に示すように、食事を構成する「料理」、料理をつくる「食材」、食材に含まれる「栄養素」が子どもの体をつくっていきます。そのため、それぞれの子どもの体格、活動量等に合わせた個別として適した食事、ま

図7-2　食事と栄養の関係

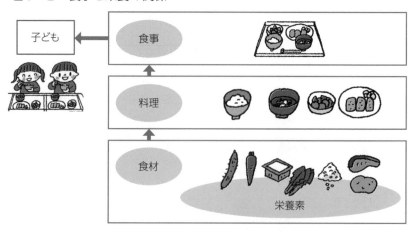

たその個人が集まった園という集団として適切な食事の提供が大切です。

　各施設の栄養士等によって定められた給与栄養目標量から献立が立てられ、食事が提供されます（→詳細はレッスン9を参照）。子どもは1年の間に大きく成長することから、年間を通して提供される食事は変化します。また、通常1か月単位で献立は作成され、各月の子どもの様子や保育内容、季節による食欲等を配慮して食事が提供されます。栄養バランスがよい食事は、1種類だけではありません。さまざまな要因によって、その日、そのときの子どもにとって最も適切な食事は異なります。このことから、栄養士や食事をつくる人だけで、日々最高の食事の提供を実現することは難しいといえます。

2 機能や味覚の発達に関わる食事

　食事は、口腔や手指などの機能や、嗜好などの味覚の発達に大きく関わります。特に離乳期は、毎日子どもの発達状況に変化がみられるため、子どもの現在の機能の状態を把握し、発達を見通した食事を提供する必要があります。口腔機能に影響を及ぼすものとして、料理の形態（固さ、大きさ、飲み込みやすさなど）があります。また、手指の発達では、手づかみで食べる料理の食材の切り方や、食具や食器が関わります。そのほか、食べる姿勢には、机やいすが関与しています。また、食事によって子どもの味覚も変化します。すっぱいものや苦いものなど、食感や匂いに過敏な子どももさまざまな経験を通して受け入れられるようになっていきます。子どもらしい嗜好に寄り添いながら、多様な食経験を積むことができる料理を提供し、料理の組み合わせからさまざまな食事の経験ができるようにすることが必要です。これらのことから、食事を構成する物的環境、人的環境が子どもの機能や味覚の発達にどのような影響を及ぼすか、園の食事を見直してみましょう。

3　心を満たす食事

　図7-1に示したように、子どもたちは登園後、真剣な遊びの時間で大いに活動し、食事の時間に休息をとります。落ち着いた気持ちで、安心して食事をすることで心が満たされ、また次の生活や遊びの時間に戻っていきます。さらに、食事には文化が大きく関わります。日本の四季折々の旬の食材や、行事食から感じる季節の変化を通して情緒豊かに食文化を感じることができます。そのほか、郷土料理を通して、地域への親しみや住んでいる地域の文化を感じることもできます。心を満たす食事とは、どのようなものか、各園ではどのように考えられて提供されているかみてみましょう。

ワーク1

　食事の役割の、①栄養、②発達、③心を満たす食事とはどのようなものだと考えますか。まずは、自分で1枚の食事の絵を描き（図7-3）、グループで紹介し合い、気づいたことをまとめましょう。

図7-3　子どもに提供したい食事を描くためのシート

食事のイラスト	献立
栄養に関する配慮	発達に関する配慮	心を満たす配慮
食器・食具の配慮	机・いすの配慮	

3 | 食事の時間の役割

では、次に食事の役割だけでなく、食事の時間としての役割を考えてみましょう。食事をする時間は、食事以外に何で構成されているでしょうか。

1 食事を介した他者との思い、時間、空間の共有

保育所等の食事の特性は、基本的に同じ献立の料理を他者と一緒に食べ、食べた気持ちや流れる時間、雰囲気を共有することです。以下のような、「保育所保育指針」に書かれている"食事を楽しみ合う"子どもになるためには、どのような食事提供が必要なのでしょうか[*1]。

> 子どもが生活と遊びの中で、意欲をもって食に関わる体験を積み重ね、食べることを楽しみ、食事を楽しみ合う子どもに成長していくことを期待するものであること。

離乳食など、低年齢児の食事には保育者の援助が欠かせません。子どもたちはまず保育者と食べ物の三項関係を築いたのちに、子ども同士や保育者と一緒に同じものを食べる喜びを感じます。そのため、まずは食事の援助の方法が心落ち着くものである必要があります。子どもが落ち着き、安心感をもつためには、ふだんの生活のなかでの保育者や子ども同士の信頼関係が基盤となります。また、援助の仕方（スプーンの使い方、タイミングなど）によって、食べやすさも異なるため、自身の援助方法を職員同士で話し合いながら、振り返ってみることが大切です。

事例1 苦手なものも理由もみんなそれぞれ

カナちゃん（3歳児）は、苦手な野菜が多く、保育所の給食には、毎日何かしら苦手な食べ物が入っていました。苦手なものでも少しでも食べられるように、毎日保育者と残さない約束をしてから配膳をします。ある日の給食のとき、カナちゃんは友だちと苦手な食べ物についての話で盛り上がっていました。「カナは、ぐにゃってするこんにゃくが苦手。ユイちゃんは、固いからたけのこ苦手なんだって。カナは大好きだけど、ケイくんは、トマトが嫌なんだって」と話しています。カナちゃんは、友だちにも苦手な食べものがあるということに気づき、それぞれの食への思いについて食事を通して共有していました。

毎日の食事のなかには、苦手な食材が入っていることもあります。自分

 参照 ＊1 「保育所保育指針」第3章2（1）「保育所の特性を生かした食育」イ

が苦手なもの、友だちが苦手なもの、それぞれの味覚は異なり、苦手な理由もそれぞれ違います。苦手な食べものの話でも、気持ちを共有することで、ある意味では、食事を楽しみ合っているととらえることができます。

2 遊びから食事の準備、後片づけなどの生活のなかのゆるやかな流れ

　遊びの時間から子どもたちが食事の時間に移り、食事の準備を終え、食事をし、さらに片づけをしてまた異なる遊びや生活の時間に戻っていきます。食事は「食べる」時間だけが食事の時間ではありません。遊びの時間からどのように移行していくのか、子ども自らが食卓へ向かう、保育者が連れて行くなど、園によってさまざまであるでしょう。食事を終え、そのあとはどのような時間を過ごすのでしょうか。食事の準備、後片づけも子どもにとって食事の時間であり、場面の移行として重要な時間です。食事の時間が切り離されるのではなく、生活の流れのなかに位置づいているか、各園で振り返ってみましょう。

4 ┃ 食事の時間以外の役割

　食事の時間以外も食事の提供の時間に含まれます。図7-4にも示す通り、食事づくりは、園内の人だけが関わっているわけではなく、食材の流通、生産に関わる人も食事づくりに関わっています。また、子どもが今日のお昼ご飯に思いをはせたり、食材に関わったり、降園時にその日食べた園での食事を保護者と一緒に話したりすることも食事の提供の一部です。これら全体を食事の提供の一つととらえ、そのための環境構成や保育者の

図7-4　食事ができあがるまでに関わる人

食事をつくる人

食材を売る人

食材をつくる人

関わりも考えてみましょう。

◾1 食事をつくる人との関わり

保育士、栄養士、調理員などの食事づくりや食事の準備、食事の時間に携わる人同士の連携が重要となります。食事の計画、実施、振り返り、改善を、栄養士や調理員だけで行っていては、よい食事の提供にはなり得ません。「保育所保育指針解説」の下記の箇所においても書かれている通り[*2]、職員同士が連携を図り、全職員が同じ目線で食事提供に関わり、食育を推進することが必要です。

> 　各保育所は、保育の内容の一環として食育を位置付け、施設長の責任の下、保育士、調理員、栄養士、看護師等の職員が協力し、健康な生活の基本として食を営む力の育成に向けて、その基礎を培うために、各保育所において創意工夫を行いながら食育を推進していくことが求められる。

皆さんの園では、事例2のように、子どもたちが食事をつくってくれる人を思い浮かべながら食事をし、食事をつくっている人も子ども一人ひとりの顔を浮かべながら食事をつくっているでしょうか。

事例2　今日のカレーは誰がつくった？

　毎月必ずあるカレーの日。同じ食材や分量、つくり方でも、カレーのルーや味つけを担当する人が変わると、何となく違うカレーになります。「今日は、はなさんがつくったカレーだ！」と子どもたちが話しています。食事時間に、カレーを担当した調理員のはなさんが見回りに行くと、「はなさん、今日のカレーははなさんがつくったんでしょ！」「はなさんのは黄色なんだよね～」「はなさんのはちょっと甘い感じ」という子どもたちの声に、はなさんもにっこり。はなさんは、前回のカレーのときにつけ合わせのサラダが苦手だったリンちゃんのところへ見に行きました。今回は保育士と話して、野菜の切り方を変え、酸味を抑える工夫をしたのです。リンちゃんは、前回より食べられるようになっており、はなさんは、保育士、栄養士と一緒にその様子を確認してまたにっこりしました。

◾2 食材に関わる流通、生産者との関わり

食事づくりのためには、商店などから食材を仕入れる必要があります。流通する人によって、生産者とつながることができます。近くに納品をしてくれる商店があれば、お店の人と子どもたちが交流を図ることで、商店

参照　*2　「保育所保育指針解説」第3章2（1）「保育所の特性を生かした食育」

の人もどんな子どもたちが食べているか、顔を思い浮かべて食材を選ぶことができます。また子どもたちも、食材が誰によって運ばれ、どのようなところで誰がどのようにつくっているのか、感じることができるでしょう。

■ 3 ■ 生活のなかの食に関わる体験とのつながり

　食材の下処理を、子どもたちが担当する活動として行っている保育所等もあります。この活動は、「何歳児クラスはこれくらいの口の大きさ」など、食べる相手を想う気持ちの芽生えにつながります。食事の提供をする側の体験も子どもたちにとっては重要な経験になります。また、子どもたちのいつも身近にある調理をする匂いや音、つくる人の姿は食事への思いを膨らませ、想像力や表現力にもつながるでしょう。子どもたちがさまざまに感じている思いや表現を保育者も楽しみ、共有することで、皆の食事の時間がつくられていきます。

5 ｜ 子育て支援の役割

　子どもが心身ともに豊かに健全に成長していくためには、家庭との相互協力が欠かせません。子どもの食事に関する悩みを抱える保護者や、食事をていねいにとることが難しい家庭もあります。一方的に正しい知識やスキルの情報を提供しても、それぞれの保護者の背景や事情、重要性は異なるため、より保護者の負担が増える可能性があります。そのため、下記にも示す通り、「保育所保育指針解説」に述べられている子育て支援の基本事項に基づき、保護者と保育士等が協力して子どもの育ちを喜び合える関係づくりが必要です*3。

> 　家庭と保育所が互いに理解し合い、その関係を深めるためには、保育士等が保護者の置かれている状況を把握し、思いを受け止めること、保護者が保育所における保育の意図を理解できるように説明すること、保護者の疑問や要望には対話を通して誠実に対応すること、保育士等と保護者の間で子どもに関する情報の交換を細やかに行うこと、子どもへの愛情や成長を喜ぶ気持ちを伝え合うことなどが必要である。

　食事に関する保護者支援は、「朝ごはんを食べさせてきてくださいね」「箸を正しくもてるようにしてください」などと保育者が保護者に要望を伝えてしまいがちです。子どもの育ちのめざす姿を共有し、保護者の状況を把握したうえで各家庭にどのような支援が必要か、また集団でみたときに保育所等の食事としてどのような支援ができるかを考える必要がありま

参照　＊3　「保育所保育指針解説」第4章2（1）「保護者との相互理解」

す。また、これらの思いの共有方法には連絡帳やおたよりなどがあります。特に食事に関するおたよりでは、保護者が求めている情報や必要な情報を把握したうえで作成する必要があります。食材が栄養的働き別に分類された献立は、どのような子育て支援の役割をねらっているのかなど、献立表の内容について園全体でその意図や役割を把握・共有しているでしょうか。皆さんの園での取り組みを振り返ってみましょう。

ワーク2

　それぞれの園の家庭に配布する食のおたよりをグループで見せ合い、以下について話し合いましょう。
①保護者支援としてどのような役割があるか、話し合いましょう。
②各家庭の食事状況に対して、どのような食に関する情報が必要か、またどのように支援できるとよいか話し合いましょう。

食事の場面における食事の援助・食事の提供における質の向上

子どもにとって心地よい食事の場をつくっていく。

写真提供：河内からたち保育園

ポイント

1 栄養管理の観点から、園での食事を1日の生活のなかでとらえる。
2 家庭と園での食事の考え方をしっかりと確認する。
3 職種間の理解を深めることが、食事の質の向上につながる。

---

1 食事の場面における食事の援助

　子どもの食生活が家庭と集団生活の両方にあるため、家庭と集団生活の連携が何よりも大切です。1日全体の栄養管理の観点からも、家庭と毎日連携をとりながら保育所等での食事を1日の生活のなかでとらえることに十分に配慮し、個人差に対応しながら食事計画を立てることが必要です。この節では、保育所等と家庭の両方を生活の場としている子どもの食事の援助について述べていきます。

1 子どもの食生活の変化と社会的背景

　近年、子どもの食生活を取り巻く環境は変化し、各家庭における食生活の内容や、意識、考え方なども多様化しています。ベネッセ教育総合研究所「第5回幼児の生活アンケート報告書」（2016年）によると、10年前よりも、4歳児以降において箸を使える子どもの割合が減少していることを報告しています（図8-1）。同時に、家族やまわりの人へのあいさつ、「おはよう」や「おやすみ」などが言える子どもの減少も報告されており

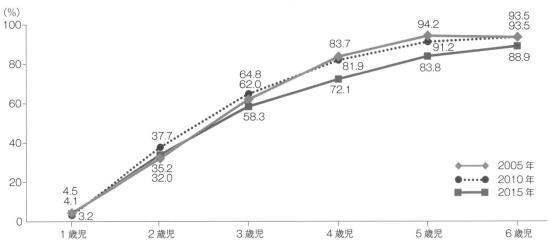

図8-1　「お箸を使って食事をする」項目の達成率（子どもの年齢別・経年比較）

※縦軸は箸を使って食事をすることができる%。
　0歳6か月～6歳11か月の年齢層で分析する際のウェイトを用いて集計した。
出典：ベネッセ教育総合研究所「第5回幼児の生活アンケート報告書」2016年をもとに作成

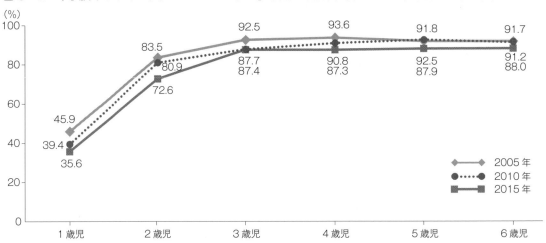

図8-2　「家族やまわりの人にあいさつをする」項目の達成率（子どもの年齢別・経年比較）

※縦軸は家族やまわりの人にあいさつをすることができる%。
　0歳6か月～6歳11か月の年齢層で分析する際のウェイトを用いて集計した。
出典：図8-1と同じ

（図8-2）、その原因として、箸の使用やあいさつなど習慣的なものが薄れてきていることや、箸を使わなくても食べられる料理が食卓に並んでいるのではないかということが示唆されていました。こうした例からみても、食卓のあり方や生活習慣が変化していることがうかがえます。

2　家庭との連携

　このような環境の変化のなかでは、子どもの食事援助について考えるうえで、子どもの発育・発達の状況、栄養状態、家庭での生活状況を把握することが必要となります。特に、家庭と園での食事の考え方が異なると、

子どものストレスにつながっていきます。食事のなかでの子どもへの関わり方は、大人の価値観が影響し、同じ園の職員であっても意外にその関わり方は異なるものです。保護者がどのようなことを大切にしたいと思っているのかなども含めて、家庭での食事の様子をていねいに聞き取っていくことが大切です。そのためには、保護者が安心して家庭のことを話せる信頼関係が何よりも大切になってきます。

　保育者の傾向として、保護者への食事の指導という観点から、望ましい食事の内容や、こうあるべきだという「正しさ」を伝えがちですが、保護者の食に対する考え方を理解したうえで、園として大切にしていることを伝えながら、家庭と園とがともに子どもの育ちを支えていく意識づくりが入園のときから求められます。また、授乳や離乳のころは、保護者の食に関する不安感や心配も高く、この時期にこそ、保護者と子どもの食に関する悩みや気持ちを受け止め、関わりを重ねておくことが今後につながっていきます。

　子どもの様子を把握するためには、連絡帳の活用も有効ですが、就寝時刻や、朝食の内容などを記入しにくい保護者も少なからず存在します。保護者の視点に立ちながら、書きやすく、相談しやすい雰囲気のなかで進めていくことが大切です。

> **ワーク1**
>
> 　保護者が書きやすい連絡帳の工夫にはどのようなものがあるでしょうか。現在の連絡帳を見ながら、話し合ってみましょう。
>
> **ワークのアドバイス**
>
> 　たとえば、就寝時刻などの記入の場合には、「布団に入った時刻」と「眠りに入った時刻」、食事内容の場合には、「用意した食事」と「子どもが実際に口にしたもの」の2列があれば、記入しやすいことも考えられます。保護者が書きやすい連絡帳づくりが求められます。

2 ｜ 食事の提供における質の向上

　食事の提供における質の向上を考えるうえで欠かせないのは、調理室との連携です。家庭の食事と、保育所等の食事の提供の大きな違いは、調理をする人と食べさせる人が異なる点です。家庭では多くの場合、調理をする人と食べさせる人（保護者）は同じですが、保育所等では調理室で調理員や栄養士が調理をして、子どもに食べさせるのは保育室で保育者が行うということになります。

　当たり前のようですが、ここがとても大切なところです。実際の子ども

の食べる様子を見たり、食べさせたりするなかで、今日の献立（食事）が子どもにとって食べやすいものであったのか（料理の見た目、味、具材の大きさ、固さ、切り方、温度、食器、食具など）を把握することができ、さらなる工夫や改善点を直接感じることができます。しかし保育所等の食事の場合、その日の子どもの食べ具合や食事内容の適切さを感じるのは保育者ということになります。子どもの食べ具合は、献立の良し悪しだけではなく、子どもの体調であったり、家での過ごし方であったり（就寝や起床時刻、朝食時間など）、午前中の活動やまわりの子どもとの関わり、天気や気温、室温などさまざまなことが関係していますので、子どもの様子を把握している保育者と、食事づくりに関わる調理員、栄養士との連携が何より大切になってきます。

　また、保育者と、調理員・栄養士はこれまでの学びの過程が異なるため、それぞれの専門性、業務内容や想いに至るまで、共通理解は難しいこともあります。養成課程のなかでの学びも異なり、たとえば栄養士養成校では、栄養学に重きをおいて学ぶため、子どもの発育・発達や、具体的な関わり方などの学びは浅くなる傾向にあります。実習においても、子どもとの直接的な関わりというよりは、調理室のなかの業務中心になるため、実際に保育所栄養士として就職した場合に、乳幼児を前にしてとまどうケースも見られます。保育職としては、日常的で当たり前のことも、調理員・栄養士にとっては、はじめての経験であることも多々あるのです。

　そのため、まずはお互いの職種理解から始めることが必要です。たとえば、ある園では、就職した最初の研修で、保育職が数日間調理室に勤務し、調理従事職（調理員・栄養士など）が保育室に勤務し、互いの職種を理解することからスタートしています。「保育所保育指針」をともに読み合う機会などを設けてもよいでしょう。そのなかで、子どもに対するまなざしや、声かけ、立ち位置、環境構成などに気づき、保育用語にも慣れ、さまざまな知識とともに、保育の視野も広がります。しかし同時に逆もいえるのだということも忘れてはなりません。

　以上のように、互いの職種の違いを理解し、そのうえで子どもの育ちをともに支え、「子どもにとって心地よい食事の場」をどのようにつくっていくのか、それぞれの専門性を生かしながら、子どものために何をすべきなのか、言葉を重ね、想いをぶつけ、知恵を出し合っていくことが、食事提供の質の向上につながります。子どもの「食を営む力」が育まれるための食事の提供と、その質を高めていくためには、園全体で取り組むことが必要です。

ワーク2

　ある日、1歳児クラスの給食に大きく切られたスイカが提供されました。子どもたちがドロドロになって食べていた様子から、調理員に、次は子どもの食べやすい大きさで出してほしいと保育者が伝えたところ、今度は一口大に切った状態で出てきました。

保育者と調理員・栄養士で、1歳の子どもたちが食べるスイカの形や大きさは、どのようなものがよいか、話し合ってみてください。

ワークのアドバイス

一口大に切って提供した調理室は、子どもの食べやすさを重視したのだと思います。そして、食べやすい大きさで出してほしいと伝えた保育者は、子どもに三角のスイカの形を楽しんでほしい、両手でもって食べてほしい、種があることにも気づいてほしいという願いをもっていました。

ワーク3

スイカの形一つにも、それぞれの職種の見方や願いがあります。給食を通して、子どものどのような力を育みたいと考えるのか、話し合ってみましょう。

ワークのアドバイス

実際にスイカを食べながら話すとイメージがつかみやすいでしょう。

コラム　はるいろケーキ

これは筆者が子ども（4歳児）と調理活動をしていたときの話です。子どもたちに「次の調理活動では『はるいろケーキ』をつくるよ」と伝えたところ、連絡帳に保護者から次のような記載がありました。

「はるいろケーキはどんなケーキなのか、家族でそれぞれ絵に描いてみて、想像を膨らませました。娘は春は木から新しい芽が出てくるからとケーキの上にチョコレートの木があって、緑色の新芽が出たものを描きました」

「はるいろケーキ」という一つの料理名から、子どもとその家族が想像力を膨らませ、家庭で話題にしながら絵を描いています。調理活動なので、給食とは異なりますが、改めて給食について考えるヒントになると思います。このように、次の調理活動が待ち遠しいものとなったのは、そこに関わる保育者の働きかけや、活動自体の魅力があったからだと思います。

保育所等の給食が子どもたちや保護者にとって、おいしく、魅力的であるためにはどのような工夫ができるのか、話し合ってみましょう。

ワーク4

保育所等・園における「食の提供・質向上のためのチェックリスト」（表8-1）を用いて、自身が勤務する園についてそれぞれの職員で評価し、お互いの結果の違いについて話し合ってみましょう。

表 8-1　保育所等・園における「食の提供・質向上のためのチェックリスト」

1〜9までの評価項目について、①〜の評価ポイントを参考にガイドラインの趣旨を踏まえ、年1〜2回自己評価を行いましょう。評価は、1.よくできている　2.できている　3.少しできている　4.あまりできていない　5.できていないの5段階で行い、その原因や課題も明確にし、保育所等や関係者で検討・共有し、改善・実践につなげましょう。

		評価項目と評価のポイント	評価
1		保育所・園の理念、目指す子どもの姿に基づいた「食育の計画」を作成しているか。	1　2　3　4　5
	①	保育所・園で作成された全体的な計画・指導計画の中に「食育の計画」が位置付いている。	（課題・改善点）
	②	「食育の計画」が全職員で共有されている。	
	③	食に関する豊かな体験ができるように「食育の計画」が作成されている。	
	④	食育の計画に基づいた食事が提供され、体験が実践され、その評価改善を行っている。	
2		調理員（栄養士・調理師）の役割が明確になっているか。	1　2　3　4　5
	①	調理員が、子どもの食事の状況をみている（保育室へ見に行っている）。	（課題・改善点）
	②	調理員が、保育内容を理解し考慮した上で、献立作成や食事の提供を行っている。	
	③	喫食状況、残食（個人と集団）などの評価をふまえ調理を工夫している。その内容が記録に残されている。	
3		乳幼児期の発育・発達に応じた食事の提供になっているか。	1　2　3　4　5
	①	年齢や個人差に応じた食事の提供をしている。	（課題・改善点）
	②	子どもの発達に応じた食具（食器・箸・スプーンなど）を使用できている。	
	③	離乳は、保護者と連携し、発育・発達の段階に応じて進めている。	
	④	特別な配慮が必要な子ども（体調不良・食物アレルギー・障害など）の状況に合わせた食事を提供している。	
4		子どもの生活や心身の状況に合わせて食事が提供されているか。	1　2　3　4　5
	①	子どもが食事をする場所は衛生的に管理されている。	（課題・改善点）
	②	子どもが落ち着いて食事のできる環境になっている。	
	③	子どもの生活リズムや日々の保育の状況に合わせて、柔軟に食事の提供をしている。	

5		子どもの食事環境や食事の提供方法が適切か。	1	2	3	4	5	
	①	衛生的な食事の提供を行っている。	（課題・改善点）					
	②	友達と、一緒に食事を楽しんでいる（時には、大人と一緒に）。						
	③	食事のスタイルに工夫がされている（時には、外で食べるなど）。						
	④	温かい物、できたての物など、子どもにとって最も良い状態で食事を提供している。						
6		保育所の日常生活において、「食」を感じる環境が整っているか。	1	2	3	4	5	
	①	子どもが食事をつくるプロセスにふれ、調理をする人の姿を見ることができる。	（課題・改善点）					
	②	食事を通して五感（見る・聞く・匂う・味わう・触れる）が豊かに育つよう配慮している。						
	③	身近な大人や友達と「食」が話題になるように環境を整えている。						
	④	食材にふれる活動を取り入れている。 （具体的に　　　　　　　　　　　）						
7		食育の活動や行事について、配慮がされているか。	1	2	3	4	5	
	①	6－④で「ふれた食材」について、学ぶ機会をつくっている。	（課題・改善点）					
	②	子どもが「食」に関わる活動を取り入れている。 （具体的に　　　　　　　　　　　）						
	③	食の文化が継承できるような活動を行っている。 （具体的に　　　　　　　　　　　）						
	④	行事食を通して、季節を感じたり、季節の食材を知らせている。 （行事食名　　　　　　　　　　　）						
8		食を通した保護者への支援がされているか。	1	2	3	4	5	
	①	一人ひとりの家庭での食事の状況を把握している。	（課題・改善点）					
	②	乳幼児期の「食」の大切さを、おたよりや「食育ひろば」などを開催することを通じて保護者へ伝えている。						
	③	保育所で配慮していることを、展示食や試食会を通して伝え、関心を促している。						
	④	レシピや調理方法を知らせる等、保護者が家庭でもできるような具体的な情報提供を行っている。						
	⑤	保護者の不安を解消したり、相談に対応できる体制を整えている。						
9		地域の保護者に対して、食育に関する支援ができているか。	1	2	3	4	5	
	①	地域の保護者の不安解消や相談に対応できる体制を整えている。	（課題・改善点）					
	②	地域の保護者に向けて、「食」への意識が高まるような支援を行っている。						
	③	地域の子育て支援の関係機関と連携して、情報発信や情報交換、講座の開催、試食会などを行っている。						

★今回の話合いに参加した職員に○をして下さい【施設長・主任保育士・調理士・栄養士・担任（0・1・2・3・4・5歳）・管理員・その他】

出典：厚生労働省「保育所における食事の提供ガイドライン」2012年

（縦書き右側）
レッスン **8**

食事の場面における食事の援助・食事の提供における質の向上

子どもの食事の理解：献立作成から栄養の基礎知識まで

毎日の食事も食育の一環として提供する認識を全職員がもつ。

写真提供：河内からたち保育園

1 | 食事提供の位置づけ

　「保育所保育指針」では、乳幼児期の保育所等における食事提供のあり方を、以下のように述べています[1]。つまり食事の提供は調理室が単独で行うものではなく、園全体の計画のなかで職員全員の共通理解のもとに実施されるべきものです。では、保育所等の食事を職員全体で考えていくために、どのような視点があるのかみていきましょう。

> 　乳幼児期にふさわしい食生活が展開され、適切な援助が行われるよう、食事の提供を含む食育計画を全体的な計画に基づいて作成し、その評価及び改善に努めること。栄養士が配置されている場合は、専門性を生かした対応を図ること。

 ＊1 「保育所保育指針」第3章2（1）「保育所の特性を生かした食育」ウ

2 ｜ 食事ができるまで

1 子どもの食生活把握

　子どもたちは保育所等において、どのような食生活を送っているのでしょうか。まずは子どもの体格や、保育所等や家庭での食事の内容や様子を調べましょう。園での子どもの食べる様子を調べる方法には、検食簿、残食量、給食日誌、保育者から調理者への伝達などがあります。家庭での食事の様子を知る方法は、連絡帳、送迎時の会話、食事調査、子どもに直接聞くなどがあります。今の子どもの姿から保育所等がめざす子ども像に向けて、どのような食事を提供する必要があるのか、調理担当者だけでなく園全体で食事の提供（食事内容、配膳、食べる環境など）を議論します。

2 提供する食事の給与栄養目標量

　保育所等における食事は、1〜2歳児、3〜5歳児で**給与栄養目標量**が設定されることが多く、子どもの性別、年齢、体格から園ごとに1日にめざす給与栄養目標量が算出されます。なお、「授乳・離乳の支援ガイド（2019年改定版）」（厚生労働省、2019年）でも述べられている通り、0歳児は個人差が大きいため個別に対応します。

　食事やおやつ（間食）を1日のうちの何％提供するのかは、子どもの食生活をみて設定します。一般に1〜2歳児は、昼食と午前中・午後のおやつも含め50％程度、3〜5歳児は、昼食と午後のおやつで45〜50％程度提供されています。また、おやつは10〜20％／日で設定されます。

　次に、全エネルギー量（kcal）における炭水化物、たんぱく質、脂質のエネルギー割合を決め、三大栄養素のバランスを決めます。それぞれ、炭水化物50〜65％、たんぱく質13〜20％、脂質20〜30％が適当とされています。体重1kg当たりの栄養量は表9-1の通りです。

表9-1　体重1kg当たりの栄養量

	エネルギー (kcal)		たんぱく質 (g)		カルシウム (mg)		鉄 (mg)	
	男児	女児	男児	女児	男児	女児	男児	女児
1〜2歳児	83	82	1.7	1.8	39	36	0.4	0.4
3〜5歳児	79	78	1.5	1.6	36	34	0.3	0.3

出典：厚生労働省「日本人の食事摂取基準（2020年版）」2019年をもとに作成

 用語 **給与栄養目標量**
　特定多数の対象者に対し、提供される給食（食事）のエネルギー・各栄養素の基準値のこと。対象の集団によって必要量は異なることから、対象者の性別、年齢、活動量、体格などを勘案して施設ごとに適切なエネルギー・栄養素量を定める。

ワーク1

次の課題について、小グループに分かれて話し合ってみましょう。

子どもの現在の食生活の把握や、保育所等における食事提供の評価をしたうえで、保育所等の食事のあり方を全職員で話し合うことが求められます。では、子どもの食生活を把握する方法や、保育所等での食事提供の評価方法や評価内容（項目）には、どのようなものがあるとよいでしょうか。

3 食事（献立）の構成

　まず、保育所等で提供されている食事を「主食（ごはん、パン、麺）・主菜（肉、魚、卵、大豆料理）・副菜（野菜、きのこ、いも、海藻料理）・汁物・その他（果物、牛乳・乳製品等）」の料理に分けてみましょう。それぞれの料理はどのような調理法で、食材はどのような形に切られ、味はどのような調味料で整えられているでしょうか。それぞれの料理に甘味・酸味・鹹味（塩味）・辛味・苦味の濃淡があり、彩りがよく、食事全体で満足感のある献立になっているでしょうか。

　「児童福祉施設における『食事摂取基準』を活用した食事計画について」（厚生労働省、2020年）によると、「子どもの食に関する嗜好や体験が広がり、かつ深まるよう、多様な食品や料理の組み合わせにも配慮する」とあります。日々の食事の積み重ねが体験の広がりや深まりとなるため、身体感覚を使って食事ができているかなど、子どもたちに感じてほしいことを明確にし、子どもが感じた様子を職員間で共有できるようにしましょう。表9-2に、食事（献立）における確認項目の例をあげます。

表9-2　食事（献立）の確認項目例

項目	内容	確認点
調理法	焼く・ゆでる・蒸す・煮る・和える・炒める・揚げる・生・漬けるなど	・1食だけでなく日々多様な組み合わせになっているか
切り方	みじん切り、角切り、乱切り、せん切り、スティック、切れ込み、切らないなど	・すべての料理で同じ切り方になっていないか ・発達段階に合っているか
調味料	砂糖、みりん、醤油、塩、味噌、酢など	・同じ味つけで調味していないか
味	甘味・酸味・鹹味（塩味）・辛味・苦味	・子どもの味覚に合わせてバランスよく料理ごとに濃淡があるか
彩り	赤・白・黒・緑・黄	・彩りに富んだ食事になっているか
使用食材	主菜の主材料：肉、魚、卵、大豆・大豆製品	・日々使用する食材に偏りがないか（例：魚が週1回しかないなど）
	野菜類：淡色野菜・緑黄色野菜・根菜類・葉物野菜・きのこ類、旬の野菜 果物：季節の果物	・1食のなかで同じ食材が各料理に使われていないか（例：すべての料理ににんじんが入っているなど）

4 食材の選定と栄養

　それぞれの料理に使われる食材をみてみましょう。食材は、多様で季節感があり、地域の特色のあるものを選びます。子どもや保護者は毎日使われる食材を実際に見たことがあるでしょうか。またその食材がどんな人によって運ばれてくるのか、どんな人がつくっているのか知っているでしょうか。食べものの生産から流通、調理者、食卓づくりまで、目の前の食事ができあがるまでの流れがわかるような献立表や調理室のあり方、配膳時の表示とはどのようなものでしょうか。このように子どもが「食の循環・環境」を感じることができるように意識した食事提供の「見える化」も大切です。

　また、各食材には多くの栄養素が含まれており、栄養素にはそれぞれ主な働きがあります。図9-1の献立を、食材の形に表し（図9-2）、栄養素ごとに（図9-3）主な働きを当てはめてみると、表9-3のようになります。

図9-1　料理の組み合わせ例

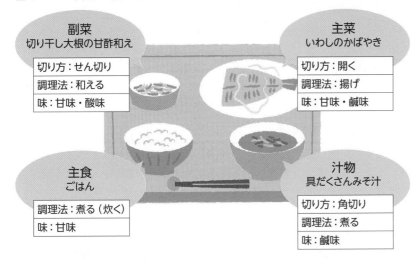

図9-2　各料理の食材例

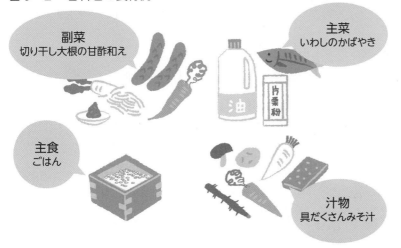

図9-3　各食材に多く含まれる栄養素

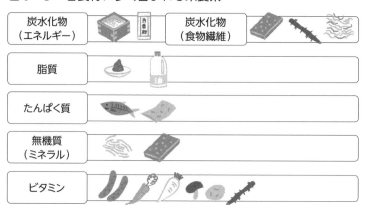

	炭水化物（エネルギー）		炭水化物（食物繊維）		
脂質					
たんぱく質					
無機質（ミネラル）					
ビタミン					

表9-3　各栄養素の主な働き

	主に熱や力になる	主に血や肉や骨になる	主に体の調子を整える
炭水化物（エネルギー）	◎		
炭水化物（食物繊維）			◎
脂質	◎	○	
たんぱく質	○	◎	○
無機質（ミネラル）		○	◎
ビタミン			◎

■5　食器具の選定

　子どもの発達段階に合わせて、食器具の選定が必要になります。食器の材質、大きさ、重さ、形状など多様な組み合わせがあります。また、0歳児クラスなどで自分で食べたい思いと可能な動作に差があるときなどは、子ども用と保育者の補助用の食器具を準備するなど、本数や補助のことも考える必要があります。

　食器を大切にする心を育みたいときはどのような食器を選ぶとよいでしょうか。置き場所などスペースの問題もありますが、めざす子どもの姿に向けた食器の選定（図9-4）も重要なポイントです。

図9-4　子どもの食器

離乳食用フィーディングスプーン　　3歳未満児用スプーン・フォーク　　ランチプレート　　　　陶器汁椀

6 個別性・発達段階に応じた対応

　子どもは一人ひとり体格が異なり、食べられる量が違います。また、食事への意欲や嗜好にも個性があります。子どもの豊かな食事経験を担保しながら、一人ひとりに寄り添った食事の提供方法について、配膳方法も含め検討しましょう。

　また、食事の提供では、発達段階によって食べ方や嗜好が異なります。副菜の野菜の長さ、汁物の具材の大きさ、果物の切り方や種や皮の有無、味つけなど意図的につくられているでしょうか。1年を通して同じ切り方や味つけになっていませんか。子どもは常に変化していきます。食事も常に見直しをしながら提供しましょう。

3 | 年中行事や郷土の食文化

　「保育所保育指針解説」【食事の提供に関する留意点*2】は、行事食や地域の食文化について、食事の内容の工夫の例のなかで以下のように述べています。

> 　食事の内容を工夫したり、行事において食育に関する取組を行ったりするなど、子どもが地域の様々な食文化等に関心をもつことができるようにすることも大切である。

　では次に、年中行事や郷土の食文化についてくわしくみていきましょう。

1 年中行事や季節の食事

　日本の食文化には、さまざまな年中行事やそれぞれの季節らしい料理があります。なぜ年中行事や季節の食事があるのでしょうか。子どもは年中行事の意味を知り、どんなことを感じるのでしょうか。たとえば、寒い冬に外でたくさん遊んだあと、お昼の食事が温かなあんかけだったり、おやつがおしるこだったりしたら子どもはどんなことを思うのでしょう。保育者が「今日は寒いから」と言わなくても、きっと子どもは自身の身体感覚でその意味を感じ取り、豊かな感性で表現してくれることでしょう。

2 郷土料理

　各地域に伝わる伝統的な食事、料理、食材があります。農林水産省では全国の郷土料理百選をまとめ、食文化の継承を図っています。では、子どもが郷土料理に触れる意味とは何でしょうか。たとえば、郷土料理に触れることで自分が育つ土地の特徴や風土を知り、地域に親しみをもったりす

参照　＊2　「保育所保育指針解説」第3章2（1）「保育所の特性を生かした食育」【食事の提供に関する留意点】

ることができ、郷土料理への想いを地域の生産者や高齢者から聞いたり、一緒に考えたりするきっかけになるかもしれません。このことは、「社会生活との関わり（10の姿)*3」の一歩になるかもしれません。

4 ┃ 食事のPDCAサイクル

1 計画（評価含む）

提供する食事や子どもの体格や食事の様子は、全職員で共有し計画（Plan）へとつなげましょう。

2 実施

計画された予定献立を調理室でつくります（Do）。食材や調味料について、予定と異なる臨機応変な対応が求められることもあります。次回の見直しに活用するため、記録を忘れずにとりましょう。

3 検証・改善

皆さんの勤務する園では、提供した食事がどうであったかについて、どのくらいの頻度で、どのような場でどのような書式を用いて検証（Check）を行っているでしょうか。また、その検証に携わる職員は誰で、職員全員がその情報を共有し、改善（Action）に向けた提案をうまく集約することのできるしくみになっていますか。計画した献立は、栄養価が目標通りであっても、実際には子どもの口に合わず食べられていないことも考えられます。そのような場合、なぜ口に合わなかったのかを調理室内だけで考えるのではなく、園全体で原因と改善方法を提案し合い、おいしさが保障される食事の提供をめざしましょう。

> **事例 1** おうちで何を食べるの？
>
> ある園で、子どもの家庭での食生活について、0～2歳児クラスは連絡帳や送迎時の保護者との話から、3～5歳児クラスでは家庭へのアンケートと子どもとの会話などから把握を行いました。その結果、夕食はカレーやうどんなどの単品、朝食はチョコスナックパンなどの菓子パンのみなどの家庭が3割程度あることがわかったのです。家庭からは、「食事をつくる時間が足りない」「朝食は食べさせなければいけないと思い、子どもが好きで簡単に食べられる菓子パンを与えてしまう」などの声があり、保護者もわかっているけれどできないという思いを抱えていることがわかりました。これを受けて、園では、まずどのような食事を提供していくのかについて職員で話し合いをすることになりました。

 参照 ＊3 「保育所保育指針」第1章4（2）「幼児期の終わりまでに育ってほしい姿」オ「社会生活との関わり」

家庭の現状や保護者の気持ちにまず寄り添い、子どもの豊かな食経験を保障するために園でできることを職員全員で考えることが必要です。

ワーク2

事例1について、小グループに分かれて話し合ってみましょう。

子どもの食生活の把握や、食事提供の評価をしたうえで、各園のめざす子ども像に向かった計画が必要になります。たとえば、事例1のような食事経験をしている子どもたちには、どのような食事の提供が計画できるでしょうか。

事例2　みんな同じタイミング・内容・量なの？

現在0歳児クラスでは、期ごとに決められた食事内容や量を一律に提供しています。5月、9か月児のたかしくんは、朝早い登園のため昼食時間にはお腹が空き、眠気もあるせいか機嫌が悪い様子がみられます。8か月児のそらくんは、手で食べたい様子がみられますが、離乳食の形状は中期食で手づかみできない内容です。また、12か月児のゆうちゃんは、体格もよく今月から完了食になり、毎日完食しミルクも140ml飲んでいます。

「保育所保育指針解説」の「一人一人の生活のリズムに応じて、安全な環境の下で十分に午睡をする＊4」においては、個別性について以下のように述べられています。この記述を手がかりに、0歳児の個別的な食事提供方法について考える必要があります。

楽しい食事の時間を過ごして、お腹が満ち足りてくると、その心地よさは子どもを眠りに誘う。以上のような個別的なリズムに応じた生活を十分に経験した後に、子どもたちの目覚めている時間が次第にそろってきて、概ね同じ時間帯に食事や睡眠を取るようになっていく。こうして、保育所における一日の生活の流れが、徐々に出来上がっていく。

ワーク3

事例2を参考に、0歳児クラスの食事提供の方法について、子ども一人ひとりの健やかな伸び伸びした食事を実現するにはどうしたらよいか、小グループに分かれて話し合ってみましょう。

参照　＊4　「保育所保育指針解説」第2章1（2）「ねらい及び内容」ア（イ）「内容」④

　各園の毎月の献立表、1日の昼食の写真（食器、食具等を含める）、検食簿を持ち寄り、小グループで各園の食事の様子について情報交換をしましょう。その際、自園のおすすめの献立やこだわっているところなどについても紹介しましょう。

ワークのアドバイス
・献立表：献立の周期、使用食材の表示方法、保護者に提供する情報内容等
・昼食の写真：食材の切り方、彩り、盛りつけ方、使用食器・食具等
・検食簿：記載内容、記入者、検食簿の内容の情報共有方法や活用方法等

レッスン
10

衛生管理に必要な基礎知識と保育での実践

写真提供：ひまわり保育園

衛生管理を踏まえたうえで、安心安全な食に関する体験ができるように配慮する。

ポイント

1 食中毒の年間患者数は２万人前後である。
2 食中毒の種類、原因、発生過程を理解する。
3 食中毒予防の３原則をもとにさまざまな場面での対策を考える。

1 食中毒の発生原因と予防

食中毒の原因となる微生物や物質、二次汚染、食中毒が発生した場合に原因を究明するための保存食や食事提供前の検食、予防の三原則等、食中毒に関わる原因と対策についてみていきましょう。

1 食中毒とは

食中毒とは、有害な微生物や化学物質、自然毒などを含む飲食物を食べた結果生じる健康障害です。食中毒の発生には、以降で学習していくように、さまざまな要因があげられます。

2 食中毒の発生状況

近年、食中毒による年間患者数は、１万5,000～２万人前後となっています。2019年度をみると、細菌性食中毒の事件数が最も多く、患者数では、ウイルスによるものが最も多い結果でした。月別の発生状況をみてみると、細菌性食中毒は高温多湿となる６～９月に多く、ウイルスによるものは12

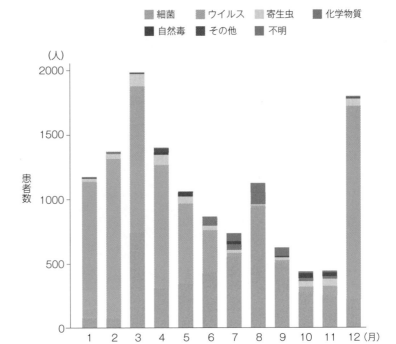

図10-1　病因物質別月別食中毒患者数発生状況（2019年度）

凡例：細菌　ウイルス　寄生虫　化学物質　自然毒　その他　不明

出典：厚生労働省「食中毒統計資料」各年版をもとに作成

～翌3月に多いことがわかります（図10-1）。月ごとの環境の状況など、食中毒の原因別に対策をとり、子どもの健やかな生活を保障することが必要です。

3　食中毒の原因

食中毒の原因となるものについてみていきましょう。

①化学物質

化学物質には、農薬、水銀などの金属類などがあげられます。そのため、食材の選定に気をつける必要があります。また、サバ、イワシなどの赤身の魚に多く含まれるアミノ酸であるヒスチジンが、時間とともにヒスタミンに変化し、それを食すとアレルギー様症状を引き起こすことがあります。ヒスタミンは調理の加熱では分解されないため、赤身魚は新鮮なものを購入することや、食材の鮮度を保つために購入後はすぐに冷蔵するなど、保存方法が重要となります。

②自然毒

じゃがいもが光に当たって緑色になった表面の部分や、芽またはそのつけ根部分には「ソラニン」という毒素が含まれるため、食中毒の原因になります。また、自然毒には、フグの卵巣や肝臓に含まれる「テトロドトキシン」などもあります。そのほか、山で採集してきたきのこに含まれる毒や、ニラなどと間違えてスイセンの葉を食べる、料理の飾りにあるアジサイの葉や花を食べることによって、食中毒が発生することもあります。

③寄生虫

　代表的なものとして、海産の魚類に寄生するアニサキスがあります。サケやカツオなどを生食することによって、生きたままアニサキスを食べることになり、胃壁や腸壁に侵入することで発症します。−20℃以下の冷凍や十分な加熱で死滅するため、食材の保存方法や調理方法が重要です。

④微生物

　多くの食中毒の原因は、細菌やウイルスです。それぞれ原因となりやすい食品や特性があります。たとえば細菌では、菌が体内に入って発病する感染侵入型、腸管内で細菌が増殖するなどの際に産生する毒素によって発病する感染毒素型、食品中で産生された毒素を摂取することで発病する毒素型があります。それぞれ予防方法も異なるため、使用食材や感染経路等の予測を立てて、調理に従事することが求められます（表10-1）。

　食中毒の事件数では、細菌ではカンピロバクター、ウイルスではノロウイルスが例年多く、患者数ではノロウイルスが最も多く推移しています。ノロウイルスは1か所で発生すると、患者数が拡散するという特徴があります。ノロウイルスは、腸管内で増殖し、悪心、嘔吐、下痢、腹痛などの症状が出ます。1週間から長いと1か月、患者の便中からウイルスが排出されるため、検査が陰性になるまで患者は調理に従事しないようにします。また、感染しても発症しない場合があるため、このような患者が調理に携わることで、知らないうちにウイルスが拡散されることがあります。調理従事者はもちろんのこと、保育者の家族の有病者の情報共有や、地域の発生状況等も含めた対策が必要です。

⑤二次汚染

　二次汚染とは、食材やできあがった料理のなかで食中毒菌が増殖するな

表10-1　主な食中毒の特性

種　類		病因物質	主な原因食品等	特性と予防方法
細菌性	感染侵入型	サルモネラ属菌	生肉（主に鶏肉）、生卵	熱に弱いためしっかり加熱。低温で増殖しにくい。
		腸炎ビブリオ	海産魚介類	熱に弱いためしっかり加熱。室温で一気に生育するため、わずかな時間でも冷蔵する。
		カンピロバクター	主に鶏肉、牛肉、豚肉、飲料水	ほとんどの動物が保菌。少量の菌で発症。熱に弱いためしっかり加熱。
	感染毒素型	腸管出血性大腸菌	牛肉、レバー、野菜の浅漬け、生野菜	少量の菌で発症。熱に弱いためしっかり加熱。
		ウェルシュ菌	煮込み料理	空気がなくても増殖するため、加熱後すぐに食べない場合は急冷して低温保存。
	毒素型	黄色ブドウ球菌	おにぎり等穀類、化膿創	低温で増殖しにくい。増殖して産生される毒素のエンテロトキシンは熱に強い。傷口がある手指等から食品への接触を回避する。
		ボツリヌス菌	からし蓮根、いずし等魚類製品、真空食品	菌も産生毒素も熱に弱く、空気がないところで増殖するため、しっかり加熱する。また乳児ボツリヌス症予防のため1歳未満児にハチミツを与えない。
ウイルス		ノロウイルス	二枚貝、感染者の排泄物による二次汚染	少量の菌で発症。中心温度85℃で1分以上の加熱をしっかり行う。カキの生食をしない。ウイルス感染者は調理等に従事しない。

どしたものを食して食中毒になるのではなく、調理中に食品が調理器具や調理従事者などを介して食中毒菌に汚染されることを指します。たとえば、生の肉を触った手で、生で提供する食材を触ったり、生の肉を切った包丁やまな板を生食用に使用するなどがあります。そのため、これらの対策として、生の肉を素手で触らないようにビニール手袋をつける、生肉を触る人はさらに使い捨てのビニールのエプロンをつける、肉用と生食用の包丁やまな板を準備するなどがあります。

４ 食中毒予防

　化学物質、自然毒による食中毒の予防は、それらを含む食材を「食べない」ということにつきます。しかし微生物の場合は、調理などで食材と関わる各段階で食中毒を予防するための三原則があります。表10-2の三原則を当てはめながら、それぞれの微生物の特徴を踏まえた予防を考える必要があります。

表10-2　食中毒予防の三原則

①食べ物に**食中毒菌等**をつけない
②食中毒菌等を増やさない
③食中毒菌等をやっつける

　ではこの三原則についてくわしくみていきましょう。

①つけない
　まず、扱う食べもの自体に食中毒の原因となる食中毒菌等を「つけない」ことが重要です。しっかりと手洗いを行う、食材の保管場所や方法を決め、取り扱い方を統一する、食材を加熱するもの、しないもので調理台や器具を変える、生肉など食中毒菌等が多くいる可能性のある食材を触る際には手袋やエプロンをつけるなど、調理従事者全員の共通理解が必要です。

②増やさない
　食中毒は、少しでも体内に入ると発生するものもありますが、基本的には増殖した多量の菌によって発生します。そのため、調理後すぐに提供される料理以外は、菌の増殖を抑制するために、10℃以下または65℃以上で管理したり、調理終了後から2時間以内に喫食したりすることが望ましいとされています。また、菌によって増えやすい温度帯や、空気のありなしなど条件が異なるため、特性を知ったうえで対策をとりましょう。

③やっつける
　菌は加熱することで死滅するため、料理の中心温度が75℃以上であり、

 食中毒菌等
厚生労働省のホームページ（https://www.mhlw.go.jp/stf/seisakunitsuite/bunya/kenkou_iryou/shokuhin/syokuchu/index.html［2020年7月27日確認］）では「食中毒菌」となっているが、実際にはウイルスも対象となるため「食中毒菌等」とした。

かつ1分以上となったかについて、料理の3点以上で計測し、記録をつけておく必要があります。記録しておくことが、万が一の食中毒発生時の原因究明に役立ちます。

2 ｜ 食事提供における衛生管理

基本的に保育所等における規模の食事提供では、施設設備の観点からも「大量調理施設衛生管理マニュアル」（厚生労働省、1997年）の完全な適用は難しいのですが、可能な限り遵守できるように努力することが求められています[*1]。また、各施設において衛生管理体制を確立し、表10-3に示す重要管理事項について、日々点検・記録を行い、改善をしていく必要があります。

表10-3　大量調理施設衛生管理マニュアルの重要管理事項

①原材料受入れ及び下処理段階における管理を徹底すること。
②加熱調理食品については、中心部まで十分加熱し、食中毒菌等（ウイルスを含む）を死滅させること。
③加熱調理後の食品及び非加熱調理食品の二次汚染防止を徹底すること。
④食中毒菌が付着した場合に菌の増殖を防ぐため、原材料及び調理後の食品の温度管理を徹底すること。

出典：厚生労働省 「大量調理施設衛生管理マニュアル」1997年

1 原材料受入れおよび下処理
原材料の納品のときには、調理従事者等が立ち合いのうえ、品温や品質などについて点検を行い、記録をつけます。生鮮食品については、1日で使い切る量を当日に仕入れるようにします。

2 加熱温度管理
先述した通り、加熱調理のものについては、中心温度計を用いるなどして、細菌が死滅する温度に達しているか、中心部の温度を計測し記録します。基本的には、75℃で1分間以上です。

3 二次汚染の防止
①手洗い
調理従事者は、下記の場合は必ず流水・石鹸による手洗いをしたり、使

 ＊1　厚生労働省「児童福祉施設における食事の提供ガイド」2010年、厚生労働省「『大量調理施設衛生管理マニュアル』の改正について」2017年

レッスン
10

衛生管理に必要な基礎知識と保育での実践

い捨て手袋を活用したりするなどして二次汚染の防止に努めます。

1）作業開始前および用便後
2）汚染作業区域から非汚染作業区域に移動する前（保育所等では、調理室が区域に分かれていることは少ないが、下処理から別の作業に移る際など作業が変わるときには基本的に手洗いを行う）
3）食品に直接触れる作業にあたる直前
4）生の食肉類、魚介類、卵殻等、微生物の汚染源となるおそれのある食品等に触れたのち、ほかの食品や器具等に触れる場合
5）配膳の前

②原材料の保存

冷蔵庫のなかの食材の保管は、食肉類、魚介類、野菜類など、食材ごとに区分して場所を決めましょう。また、蓋つきの容器に入れ替えるなどして食品の包装の汚染をもち込まないようにします。冷蔵庫の上段・下段などの置き方に注意し、基本的に肉、魚、卵などの汚染食材は下段に置き、上段に置いて下段の食材が液漏れなどで汚染されないように気をつけます。

③作業区分

下処理は、汚染作業区域で行うことが原則ですが、設備の関係上、区分が難しい場合には、下処理後に一度洗い場を洗い上げて対応しましょう。

④器具などの用途別および食品別区分と管理

包丁、まな板などの器具は、下処理用、魚介類用、食肉類用、野菜類用、加熱済みや生食用などの用途や使用する食品ごとに分けて用い、混同しないようにしましょう。また、使用後は洗浄したのち、80℃で5分間以上の加熱をし、十分殺菌と乾燥をさせ、清潔な場所で保管しましょう。

4 原材料および調理済み食品の温度管理

①原材料の管理

納品された食材は、室温、冷凍、冷蔵などそれぞれに適した温度で保存します。また、冷蔵庫などから出した食材は速やかに調理を行うようにしましょう。

②調理後の管理

調理後ただちに提供されるもの以外は、食中毒菌の増殖を抑制するために10℃以下または65℃以上で管理するようにしましょう。菌は約20〜50℃の温度でよく増殖するといわれています。また、調理終了後から2時間以内に食べることが望ましいとされています。

5 保存食

万が一食中毒が発生した場合の原因と、その後の対策を立てる際に役立つよう、使用した食材（納品された状態で洗浄等をする前）と調理後の料理をすべて50gずつ清潔な容器か、ビニール袋に入れて2週間冷凍庫で保管します。食中毒が発生した場合には、保健所に提出します。この食材と料理を保存しておくことで、調理前の食材については、納品された段階ですでに食材に原因があったのか、食材の保存方法が不適切だったためなの

かがわかり、調理後の保存食からは、調理過程に原因があったのか、もしくは調理室から出て食べるまでに原因があったのかなどを検討できます。

6 検食

　施設長（園長）または給食責任者等が食事を提供する前に、味、彩り、固さなどが子どもに適しているかどうかを確認します。また、料理の味、匂いなどから衛生的に大丈夫かを確認し、**検食**簿に記録して捺印します。

3 | 保育実践における衛生管理

　保育のなかで行われる、食に関する実践では、すべて衛生管理を考える必要があります。食中毒のリスクを理解したうえで、園ごとの対応や対策を職員全体で話し合い、園がめざす子ども像に向けた、豊かな食経験を保障していきましょう。また、対応に迷う場合には、管轄の保健所、市町村保健センターに相談し、子どもの経験の保障と安全との折り合いを園で決めましょう。また、事前に保護者には、園がめざす子ども像と子どもの育ちを見据えた経験の担保について説明をし、保育活動の協力・理解を得られるようにしましょう。

> **ワーク1**
>
> 　あなたの勤務する園では、クッキング活動などで、栽培・収穫したものを食べるとき、園行事で食事を提供するときなどの衛生管理のルールは決まっているのでしょうか。また、そのルールはどのような対策のために実施されているでしょうか。小グループに分かれて、各園での実施のルールなどを話し合ってみましょう。
> ※このワークの回答のためのヒントが150頁に掲載されています。

写真10- 1　クッキング活動

写真提供：杉水保育園

用語　検食
「大量調理施設衛生管理マニュアル」（厚生労働省、1997年）では、前述の保存食のことを「検食」と表示している。

■1 クッキング（調理体験）における衛生管理

　厚生労働省「児童福祉施設における食事の提供ガイド」（2010年）に、クッキング（調理体験）などにおける食中毒予防のための衛生管理の留意点が記載されています。クッキングは、調理室以外での調理の制約された環境での実施となるため、さまざまなリスクが伴うことに留意して、園ごとに注意事項リストを作成するなどしましょう。活動ごとに想定されるリスクは異なることから、計画段階で関係の職員で想定されるリスクを話し合い、対策等を共有し連携を図る必要があります。衛生概念の獲得など、発達段階によっても理解度は異なることから、保育者の関わり方も子どもたちの様子に応じて検討する必要があります。

> **事例1**　みんなで楽しくおいしいお泊り！
>
> 　5歳児クラスの子どもたちは、7月下旬、保育所でお泊り会をします。これまで、夕食のメニューは毎年カレーライスとサラダでした。食事のあとは、すいか割りや園内の宝探し大会をし、お風呂に入ってから就寝です。翌朝は、ロールパン、ウィンナー、野菜スープ、サラダ、バナナ、ヨーグルトでした。子どもたちは、去年の5歳児クラスの子どもたちの様子を見たり話を聞いていたりしたので、カレーづくりを楽しみにしています。引き継ぎノートには、昨年の反省点として、生食のサラダと加熱料理のカレーライスをつくる順番と動線について「要検討」と書かれていました。
>
> 担当者に聞くと、「昨年はカレーを煮込んでいる間にサラダづくりをしたが、カレー用の肉などを切った包丁とまな板しか残っておらず、急きょ調理室で生食用を借りるなど慌てた。また、肉を触った手をエプロンで拭こうとするなどしたため、衛生概念の理解が不十分であった」ということでした。

> **ワーク2**
>
> 　今年はお泊り会の準備や対策をどのようにしたらよいでしょうか。事例1の課題について、小グループに分かれて話し合ってみましょう。
> ※このワークの回答のためのヒントが150頁に掲載されています。

■2 栽培・収穫における衛生管理

　食育の一環として、栽培・収穫活動は各園で多く行われています。栽培・収穫を通して子どもにはさまざまな想いが芽生え、さらに育てたものを食べるという機会を得ることで、食の循環について、体験を通して感じることができると考えられます。収穫後に子どもがクッキングをしたり、調理室で栄養士や調理員が簡単に加熱するなどして調理をして食べたりする園も多いでしょう。子どもが経験する楽しい時間を安全に保障するため、各園で収穫したものを食べることに関する対策と方法を決めておきましょう。

> **事例2**　散歩中にもらった大きなみかん
>
> 　保育所の近所の家に、庭から通りにはみ出すような夏みかんの木があります。2歳児クラスの10人の子どもたちは、毎日の散歩でその木になっている大きな黄色いみかんを眺めながら通ります。子どもたちは、「大きいね」「たくさんあるね」「どんな味かな」と興味津々です。ある日、その家の人が、子どもたちが毎日眺めているのを知って大きなみかんを2つくれました。「みんなで食べてね」と言われ、子どもたちは大喜びです。「いい匂いがするね」「早く食べたいね」と子どもたちは今にも食べだしそうです。

ワーク3

　事例2について、小グループに分かれて話し合ってみましょう。
　あなたのグループでは、どのような衛生管理に気をつけ、この後どのような対応を子どもたちにとりますか。衛生管理の対策をとった結果、得られる子どもたちの食の経験は、どのようなものになるでしょうか。また、衛生管理を実施することで、軽減される食の経験の内容があれば記録して話し合いましょう。
※このワークの回答のためのヒントが150頁に掲載されています。

3　食事を扱う園行事における衛生管理

　保育所等では、さまざまな食事を扱う行事が催されていることでしょう。園内の職員だけでなく、保護者の参加や地域の人との交流活動などもあり、この場合、園で定めた衛生管理のルールについて、職員の周知徹底だけでは対策が不十分となることがあります。また、一緒に運営に関わる保護者や地域の人と円滑に行事を進めるために、十分な準備を行う必要があります。夏祭りや餅つき大会などで取り扱う食材、調理方法などさまざまなリスクを想定し、対策を考えましょう。

ワーク4

　小グループに分かれ、次の課題のなかから衛生管理で注意すべき点や、対策としてどのような準備をしたらよいか話し合ってみましょう。
①夏祭り
　皆さんは夏祭りの担当になりました。昨年度提供した飲食物は、焼きそば、綿あめ、ポップコーン、かき氷、お茶、各ゲームコーナーの景品のお菓子でした。昨年の保護者からの感想のなかには、もう少し小さい子どもにも食べやすい食事があるとうれしいというものもありました。また、当日は有志の保護者が手伝いに参加してくれます。
②焼きさんま会

毎年、園では保護者が参加して丸ごと1匹のさんまを焼いて食べる日が設けられています。有志の保護者が焼き係りなどを担ってくれます。

③地域公開餅つき大会

　　毎年、12月末に地域にも開放した餅つき大会を実施しています。せいろで蒸した餅米をきねとうすでつき、つきたての餅をふるまいます。餅つきには保護者も参加し、餅つきのベテランの近所の人が指導してくれます。昨年度は、その時期に胃腸炎が流行しており中止になりました。

※このワークの回答のためのヒントが150-151頁に掲載されています。

第3章

アレルギー疾患の
理解とその対応

　保育所等においても、アレルギーのある子どもたちの食の体験が豊かに展開されるよう、環境を整えることが重要です。アレルギーのある子どもたちへの対応が、必要以上に慎重になってしまうことのないように、この章ではアレルギー疾患の対応について学び、理解を深めます。子どもの安心・安全な食に関する経験のためには、全職員の連携も不可欠です。保育に関わるすべての職種が、その専門性を生かしながら連携していくための組織づくりについて学びます。

アレルギー疾患の理解

子どもたちにクイズや人形劇を用いてアレルギー疾患を説明。

写真提供：白梅学園大学

1 | アレルギー疾患とは

　アレルギーは**免疫反応**の一つですが、感染症を克服する働きをする免疫反応とは異なり、その反応が人体に不利に働いた場合をアレルギーといいます。感染症の場合、人体に不利な作用を起こし免疫反応を起こす原因となるものは、細菌やウイルスなどです。一方で、アレルギーの場合は症状を起こすのは花粉や食べものなどで、この原因となる物質をアレルゲン（抗原）と呼びます。

　また、感染症の場合、感染した細菌やウイルスに対し再度感染しないように抗体ができます。抗体とは、**免疫グロブリン**の一種であるIgGという物質が関与するものですが、アレルギーの場合は、IgEという免疫グロブ

用語 **免疫反応**
人間の体に備わっている自己以外のものから自己を守るためのしくみのこと。

免疫グロブリン
血清中のたんぱく質の一つで免疫に関与しているもの。

リンが作用します（図11-1）。

　アレルギー疾患の発症は、遺伝的体質や環境により影響を受け、年齢・季節・体調により症状が変化したり、いろいろなタイプのアレルギー疾患を繰り返したりします。遺伝的にアレルギーになりやすい素質があると、年齢を重ねるにつれて異なるアレルギー疾患を次々と発症したり、かかっていたアレルギーが改善して寛解になったりする「アレルギーマーチ」を起こすこともあります（図11-2）。

図11-1　免疫とアレルギー

出典：独立行政法人環境再生保全機構「ぜん息予防のためのよくわかる食物アレルギー対応ガイドブック2014」2014年をもとに作成

図11-2　アレルギーマーチ

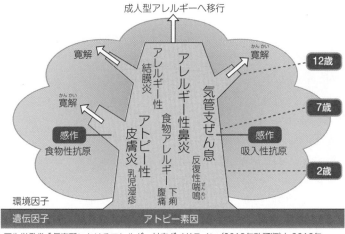

出典：厚生労働省「保育所におけるアレルギー対応ガイドライン（2019年改訂版）」2019年

乳幼児がかかりやすいアレルギー疾患は年々増加しており、保育所等でも対応が必要な子どもが増えてきています。特に食物アレルギーは、アナフィラキシーなどの重篤な症状になることもあり、注意が必要です。

なお、注意しなければならないのは、給食や食物を扱う活動のときだけではありません。食後すぐに運動をすることで誘発される運動誘発アナフィラキシーもあります。気管支ぜん息では、発作が起こりやすいきっかけが一人ひとり異なっていることもあります。アトピー性皮膚炎の場合は、皮膚を掻くことで、皮膚感染症の原因になることもあります。花粉症は、アレルギー性結膜炎やアレルギー性鼻炎とも診断され、最近幼児でも増加中です（表11-1）。

第1～3項では、各アレルギー疾患について、症状、対応方法、予防方法を説明します。食物アレルギーはレッスン12で、アナフィラキシーはレッスン13で詳述します。

表11-1　各アレルギー疾患と関連の深い保育所等での生活場面

生活の場面	食物アレルギー・アナフィラキシー	気管支ぜん息	アトピー性皮膚炎	アレルギー性結膜炎	アレルギー性鼻炎
給食	○		△		
食物等を扱う活動	○		△		
午睡		○	△	△	△
花粉・埃の舞う環境		○	○	○	○
長時間の屋外活動	△	○	○	○	○
プール	△	△	○	△	
動物との接触		○	○	○	○

○：注意を要する生活場面　△：状況によって注意を要する生活場面
出典：図11-2と同じ

 1 気管支ぜん息

気管支ぜん息では、アレルギー反応により気管支の**平滑筋**が収縮し、気道が狭窄することにより、呼気性の呼吸困難となる症状が現れます。原因となるアレルゲン（抗原）は**吸入抗原**の主にダニやハウスダストなどですが、ペットなどの動物やたばこなどの場合もあります。また、運動で誘発されたり、低気圧が近づくと発作が起きたりするなど気候に影響されたり、

用語 平滑筋
消化管や呼吸器、血管などの壁にある筋肉で、意思とは無関係に働く。

吸入抗原
空気中から呼吸によって体に入る抗原のこと。

図11-3　ぜん息発作時の観察のポイント

ポイント1　日常生活の様子を観察しましょう

食欲や遊び方、睡眠などは普段とくらべてどうですか？

呼吸が苦しいと遊んだり、話したり、食べたりなどの動作はより呼吸に負担がかかります。また強い発作になると、座った姿勢を好むようになります。横になることも呼吸を苦しくしますので、横になって眠ることが難しくなります。

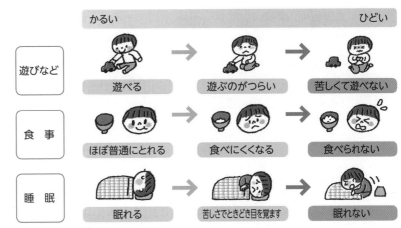

ポイント2　呼吸の様子を観察しましょう

ゼーゼーや息苦しさはどうですか？

発作が強くなるとヒューヒュー、ゼーゼーがしっかり聞かれるようになり呼吸の苦しさが強くなります。

胸の動きはどうですか？

ぜん息発作のときには、のどとやろっ骨の間が息を吸うときにへこむ陥没呼吸がみられます。強い発作ではこの様子がより明らかになります。

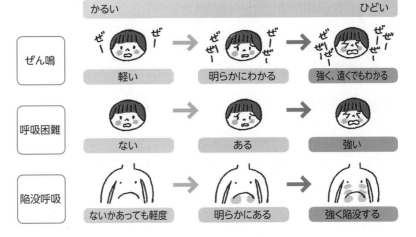

出典：独立行政法人環境再生保全機構「おしえて先生！子どものぜん息ハンドブック」2016年

感染症にかかったあとや疲れたときに症状が出ることもあります。

　咳が多くなるなど、**ぜん鳴**の発作がひどく出ているときには、日常生活のなかでも遊ぶ様子や食事、睡眠の様子を観察し、呼吸の様子をよく見て、発作の程度を判断しましょう（図11-3）。

　ぜん鳴の症状がひどくなり呼吸が苦しそうなときは水分をとらせ、体を起こしてなるべく腹式呼吸をさせ、保護者に連絡します。気管支拡張剤の吸入薬がある場合は、吸入して改善すれば自宅で様子を見ることもできますが、発作を繰り返したり、水分がとれなかったり、話ができないくらい呼吸が苦しくなるなどの症状があるときには、医療機関を受診します

 用語　ぜん鳴
呼吸をするとき、ぜいぜいという音がすること。

図11-4　ぜん息発作が起きたときの対応の方法

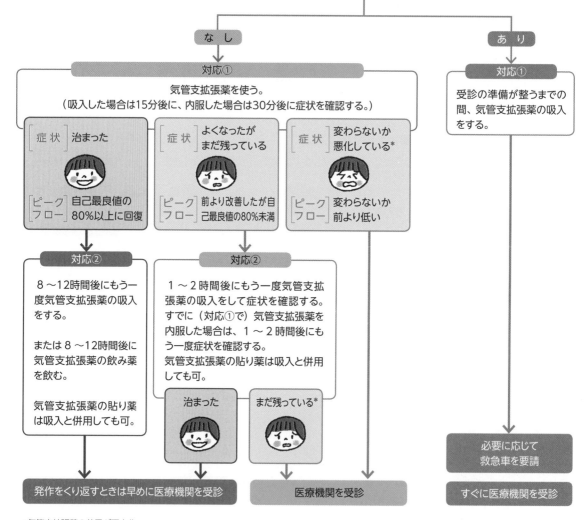

＊気管支拡張薬の効果が不十分
出典：図11-3と同じ

（図11-4）。
　日常生活では、アレルゲンとなるほこりや動物の毛をなるべく吸い込まないようにする、住居ではなるべくほこりがたまりやすい絨毯（じゅうたん）を使わない、ペットを屋内で飼わないなどの配慮が必要です。発作が起きていないときには、気温の温度差に耐えられるように皮膚を鍛えるためになるべ

図11-5　ピークフロー

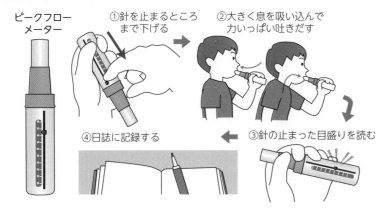

く薄着にします。また、息を吐き出す力を鍛えるためにピークフロー（図11-5）を測定し、数字を記録することで自分の状態を知ることもできます。さらに、腹式呼吸が上手にできるように、腹筋を鍛えることも大切です。

2　アトピー性皮膚炎

　乳幼児期の湿疹から始まり、皮膚がかさかさになり、かゆみを伴うようになる皮膚炎です。子どもの場合、皮膚を掻き壊すことにより皮膚のバリア機能が壊れ皮膚感染症になったり、アトピー性皮膚炎の症状が悪化したりすることがあります（図11-6）。アトピー性皮膚炎では、皮膚が乾燥することでかゆみが出やすいので、冬場など湿度が低いときは特に保湿が必要です（図11-7）。

　また夏場は、汗によって悪化することがありますので、汗をシャワーで流すことが大切です。皮膚を清潔にし、外用薬である保湿剤やステロイド剤、タクロリムス軟膏などの塗り薬を症状により使い分け、皮膚症状を悪化させないようにします。保湿剤は、皮膚を乾燥させないように、皮膚を清潔にしたあと使います。皮膚のかゆみがひどくなって、赤く炎症が起きたときには、ステロイド剤を使います。ステロイド剤は、症状によって効力の強さの違うものを用います。タクロリムス軟膏は2歳未満では使えま

図11-6　アトピー性皮膚炎のバリア機能障害

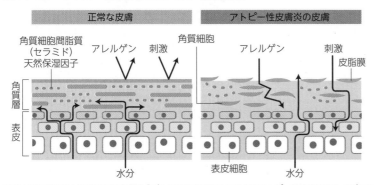

出典：独立行政法人環境再生保全機構『ぜん息悪化予防のための小児アトピー性皮膚炎ハンドブック』2009年をもとに作成

レッスン
11

アレルギー疾患の理解

図11-7　乾燥肌における悪循環

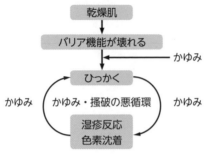

出典：図11-2と同じ、58頁

図11-8　アトピー性皮膚炎における外用薬の塗り方

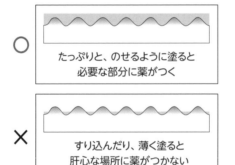

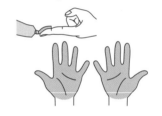

大人の両手のひら分の面積に塗る量
＝チューブの薬を、大人の人差し指の
先から第一関節まで出した量
＝0.3～0.5g程度

○ たっぷりと、のせるように塗ると
必要な部分に薬がつく

× すり込んだり、薄く塗ると
肝心な場所に薬がつかない

出典：独立行政法人環境再生保全機構「すこやかライフ」No.52、2018年
https://www.erca.go.jp/yobou/pamphlet/form/02/pdf/sukoyaka52.pdf（2021年3月9日確認）

せんが、ステロイド剤と同様にかゆみや炎症を抑えるものです。皮膚が薄い顔や首などに使います。塗り薬は、たっぷり塗るようにすることが大切です（図11-8）。

3　花粉症

　花粉症の症状は、くしゃみ・鼻水などのアレルギー性鼻炎が主体となりますが、目がかゆくなる、涙目などのアレルギー性結膜炎の症状もしばしば伴います。アレルゲンはスギ花粉が多く、1～2月ごろから春先まで症状が出ます。さらに、ヒノキなどほかの花粉にも反応するときは、長期間症状が続きます（図11-9）。以前は年長児になってから突然発症することが多かったのですが、最近はさらに低年齢化しています。
　症状を和らげるための点鼻薬や点眼薬、飲み薬がありますが、マスクをしたり、外出から帰宅したときには手洗いやうがいをするなど、花粉を家にもち込まないことも大切です。

図11-9　主な花粉症の発症時期

花粉名	地域	1月	2月	3月	4月	5月	6月	7月	8月	9月	10月	11月	12月
ハンノキ属（カバノキ科）	北海道												
	東北												
	関東												
	東海												
	関西												
	九州												
スギ	北海道												
	東北												
	関東												
	東海												
	関西												
	九州												
ヒノキ科	北海道												
	東北												
	関東												
	東海												
	関西												
	九州												
シラカンバ（カバノキ科）	北海道												
	東北												
	関東												
	東海												
	関西												
	九州												
イネ科	北海道												
	東北												
	関東												
	東海												
	関西												
	九州												
ブタクサ属（キク科）	北海道												
	東北												
	関東												
	東海												
	関西												
	九州												
ヨモギ属（キク科）	北海道												
	東北												
	関東												
	東海												
	関西												
	九州												
カナムグラ（アサ科）	北海道												
	東北												
	関東												
	東海												
	関西												
	九州												

木本の花粉凡例：　0.1〜5.0個／cm²／日　　5.1〜50.0個／cm²／日　　50.1〜個／cm²／日
草本の花粉凡例：　0.05〜1.0個／cm²／日　　1.1〜5.0個／cm²／日　　5.1〜個／cm²／日

出典：鼻アレルギー診療ガイドライン作成委員会『鼻アレルギー診療ガイドライン2016年版』2016年

表11－2　保育所におけるアレルギー疾患生活管理指導表

（表面）

保育所におけるアレルギー疾患生活管理指導表（食物アレルギー・アナフィラキシー・気管支ぜん息）　提出日　　年　　月　　日

名前　　　　　　　　　　男・女　　　　年　　月　　日生（　　歳　　ヶ月）　　　組

※この生活管理指導表は、保育所の生活において特別な配慮や管理が必要となった子どもに限って、医師が作成するものです。

	病型・治療	保育所での生活上の留意点
食物アレルギー（あり・なし）アナフィラキシー（あり・なし）	**A. 食物アレルギー病型** 1. 食物アレルギーの関与する乳児アトピー性皮膚炎 2. 即時型 3. その他（新生児・乳児消化管アレルギー・口腔アレルギー症候群・食物依存性運動誘発アナフィラキシー・その他：　　　　） **B. アナフィラキシー病型** 1. 食物（原因：　　　　　　　） 2. その他（医薬品・食物依存性運動誘発アナフィラキシー・ラテックスアレルギー・昆虫・動物のフケや毛） **C. 原因食品・除去根拠**　該当する食品の番号に○をし、かつ（　）内に除去根拠を記載 　[除去根拠]　該当するものを全て（　）内に番号を記載 　①明らかな症状の既往 　②食物負荷試験陽性 　③IgE抗体等検査結果陽性 　④未摂取 1. 鶏卵　（　） 2. 牛乳・乳製品　（　） 3. 小麦　（　） 4. ソバ　（　） 5. ピーナッツ　（　） 6. 大豆　（　） 7. ゴマ　（　） 8. ナッツ類*　（　）　（すべて・クルミ・カシューナッツ・アーモンド・　　　） 9. 甲殻類*　（　）　（すべて・エビ・カニ・　　　） 10. 軟体類・貝類*　（　）　（すべて・イカ・タコ・ホタテ・アサリ・　　　） 11. 魚卵*　（　）　（すべて・イクラ・タラコ・　　　） 12. 魚類*　（　）　（すべて・サバ・サケ・　　　） 13. 肉類*　（　）　（鶏肉・牛肉・豚肉・　　　） 14. 果物類*　（　）　（キウイ・バナナ・　　　） 15. その他　（　　　　　　　　　　） ［＊は（　　）の中の該当する項目に○をするか具体的に記載すること］ **D. 緊急時に備えた処方薬** 1. 内服薬（抗ヒスタミン薬、ステロイド薬） 2. アドレナリン自己注射薬「エピペン®」 3. その他（　　　　　）	**A. 給食・離乳食** 1. 管理不要 2. 管理必要（管理内容については、病型・治療のC. 欄及びD. 欄を参照） **B. アレルギー用調整粉乳** 1. 不要 2. 必要　下記該当ミルクに○、又は（　）内に記入 　ミルフィーHP・ニューMA-1・MA-mi・ペプディエット・エレメンタルフォーミュラ 　その他（　　　　　　　） **C. 除去食品においてより厳しい除去が必要なもの**　病型・治療のC. 欄で除去の際に、より厳しい除去が必要となるもののみに○をつける ※本欄に○がついた場合、該当する食品を使用した料理については、給食対応が困難となる場合があります。 1. 鶏卵：　　卵殻カルシウム 2. 牛乳・乳製品：乳糖 3. 小麦：　　醤油・酢・麦茶 4. 大豆：　　大豆油・醤油・味噌 5. ゴマ：　　ゴマ油 6. 魚類：　　かつおだし・いりこだし 7. 肉類：　　エキス **D. 食物・食材を扱う活動** 1. 管理不要 2. 原因食材を教材とする活動の制限（　　　） 3. 調理活動時の制限（　　　） 4. その他（　　　） **E. 特記事項** （その他に特別な配慮や管理が必要な事項がある場合には、医師が保護者と相談のうえ記載。対応内容は保育所が保護者と相談のうえ決定）
気管支ぜん息（あり・なし）	**A. 症状のコントロール状態** 1. 良好 2. 比較的良好 3. 不良 **B. 長期管理薬**（短期追加治療薬を含む） 1. ステロイド吸入薬 　　投与量（日）： 2. ロイコトリエン受容体拮抗薬 3. DSCG吸入薬 4. ベータ刺激薬（内服・貼付薬） 5. その他（　　　） **C. 急性増悪（発作）治療薬** 1. ベータ刺激薬吸入 2. ベータ刺激薬内服 3. その他（　　　） **D. 急性増悪（発作）時の対応（自由記載）**	**A. 寝具に関して** 1. 管理不要 2. 防ダニシーツ等の使用 3. その他の管理が必要（　　　） **B. 動物との接触** 1. 管理不要 2. 動物への反応が強いため不可 　　（　　　　　） 3. 飼育活動等の制限（　　　） **C. 外遊び、運動に対する配慮** 1. 管理不要 2. 管理必要 　　（管理内容：　　　　　　） **D. 特記事項** （その他に特別な配慮や管理が必要な事項がある場合には、医師が保護者と相談のうえ記載。対応内容は保育所が保護者と相談のうえ決定）

【緊急連絡先】
★保護者
　電話：
★連絡医療機関
　医療機関名：
　電話：

記載日　　年　　月　　日
医師名
医療機関名
電話

記載日　　年　　月　　日
医師名
医療機関名
電話

● 保育所における日常の取り組み及び緊急時の対応に活用するため、本表に記載された内容を保育所の職員及び消防機関・医療機関等と共有することに同意しますか。

・同意する
・同意しない

保護者氏名

108

（裏面）

保育所におけるアレルギー疾患生活管理指導表（アトピー性皮膚炎・アレルギー性結膜炎・アレルギー性鼻炎）　提出日＿＿年＿月＿日

名前＿＿＿＿＿　男・女　＿＿＿年＿月＿日生（＿歳＿ヶ月）＿＿＿組

※この生活管理指導表は、保育所の生活において特別な配慮や管理が必要となった子どもに限って、医師が作成するものです。

アトピー性皮膚炎（あり・なし）

病型・治療

A. 重症度のめやす（厚生労働科学研究班）
1. 軽症：面積に関わらず、軽度の皮疹のみみられる。
2. 中等症：強い炎症を伴う皮疹が体表面積の10％未満にみられる。
3. 重症：強い炎症を伴う皮疹が体表面積の10％以上、30％未満にみられる。
4. 最重症：強い炎症を伴う皮疹が体表面積の30％以上にみられる。
※軽度の皮疹：軽度の紅斑、乾燥、落屑主体の病変
※強い炎症を伴う皮疹：紅斑、丘疹、びらん、浸潤、苔癬化などを伴う病変

B-1. 常用する外用薬
1. ステロイド軟膏
2. タクロリムス軟膏
　（「プロトピック®」）
3. 保湿剤
4. その他（　）

B-2. 常用する内服薬
1. 抗ヒスタミン薬
2. その他（　）

C. 食物アレルギーの合併
1. あり
2. なし

保育所での生活上の留意点

A. プール・水遊び及び長時間の紫外線下での活動
1. 管理不要
2. 管理必要（　）

B. 動物との接触
1. 管理不要
2. 管理必要（管理内容：　）
3. 動物への反応が強いため不可　動物名（　）

C. 発汗後
1. 管理不要
2. 管理必要（管理内容：　）
3. 夏季シャワー浴（施設で可能な場合）

D. 特記事項
（その他に特別な配慮や管理が必要な事項がある場合には、医師が保護者と相談のうえ記載。対応内容は保育所が保護者と相談のうえ決定）

記載日　＿＿年＿月＿日
医師名
医療機関名
電話

アレルギー性結膜炎（あり・なし）

病型・治療

A. 病型
1. 通年性アレルギー性結膜炎
2. 季節性アレルギー性結膜炎（花粉症）
3. 春季カタル
4. アトピー性角結膜炎
5. その他（　）

B. 治療
1. 抗アレルギー点眼薬
2. ステロイド点眼薬
3. 免疫抑制点眼薬
4. その他（　）

保育所での生活上の留意点

A. プール指導
1. 管理不要
2. 管理必要（管理内容：　）
3. プールへの入水不可

B. 屋外活動
1. 管理不要
2. 管理必要（管理内容：　）

C. 特記事項
（その他に特別な配慮や管理が必要な事項がある場合には、医師が保護者と相談のうえ記載。対応内容は保育所が保護者と相談のうえ決定）

記載日　＿＿年＿月＿日
医師名
医療機関名
電話

アレルギー性鼻炎（あり・なし）

病型・治療

A. 病型
1. 通年性アレルギー性鼻炎
2. 季節性アレルギー性鼻炎（花粉症）　主な症状の時期：春、夏、秋、冬

B. 治療
1. 抗ヒスタミン薬・抗アレルギー薬（内服）
2. 鼻噴霧用ステロイド薬
3. 舌下免疫療法
4. その他（　）

保育所での生活上の留意点

A. 屋外活動
1. 管理不要
2. 管理必要（管理内容：　）

B. 特記事項
（その他に特別な配慮や管理が必要な事項がある場合には、医師が保護者と相談のうえ記載。対応内容は保育所が保護者と相談のうえ決定）

記載日　＿＿年＿月＿日
医師名
医療機関名
電話

● 保育所における日常の取り組み及び緊急時の対応に活用するため、本表に記載された内容を保育所の職員及び消防機関・医療機関等と共有することに同意しますか。
　同意する
　同意しない
　保護者氏名＿＿＿＿＿

※「緊急連絡先」欄の連絡医療機関には、発作が発生した場合等の緊急時の連絡先として、保育所の最寄りの救急医療機関等を記入することが考えられます。

生活管理指導表（特に食物アレルギー欄）に医師の記載した内容について、保育所から保護者に対し、関連する検査結果を求める必要はありません（医師の判断により血液検査等を行った場合を含む）。

出典：図11-2と同じ

3 | アレルギー疾患児への対応

　ここでは、さまざまなアレルギー疾患を発症した子どもの事例について、みていきましょう。

> **事例** 食物アレルギーがあって、アトピーがよくなったと思ったら、今度は気管支ぜん息に…
>
> 　4歳のミオちゃんは、乳児期から湿疹がひどく、卵アレルギーと診断され離乳食もゆっくり進めていましたが、1歳のときに、アトピー性皮膚炎と診断されました。保湿剤を塗り、ひどくなったところにはステロイド軟膏を塗らないと赤くただれてきました。夏にはとびひを合併して大変でした。
> 　年齢が上がり少しずつ改善してきましたが、今度はかぜを引いたあとにぜいぜいする症状を繰り返し、そのうち低気圧が近づいてくると咳込んでぜいぜいする症状が出るようになりました。医療機関を受診すると気管支ぜん息と診断され、発作時には気管支拡張剤の吸入が必要となり、救急外来の受診が必要になることがたびたび起こるようになりました。

　事例のように、年齢とともにいくつかのアレルギー疾患を新たに発症することがアレルギー素因のある子どもではしばしばありますので、毎年症状とその対応について保護者と面談して聞き取りを行うことが大切です。
　そのためにも、アレルギー疾患のある子どもの保育をする場合は、主治医が記載した「保育所におけるアレルギー疾患生活管理指導表」（表11-2）を提出してもらい、毎年更新しておきます。

ワーク

①以下のイラストを見て、気管支ぜん息やアトピー性皮膚炎のある子どもの生活環境として改善したほうがよい箇所を見つけ、話し合ってみましょう。

②次の課題のなかから1つを選び、小グループに分かれて話し合ってみましょう。

1）アレルギー疾患の対応は、個別的な配慮が必要となります。そのことを踏まえたうえで、110頁の事例について、保育における配慮と保護者や子どもの生活への影響を考えましょう。

2）アトピー性皮膚炎の子どもの保育における配慮を考えましょう。

3）気管支ぜん息の発作が起きた子どもへの対応を、症状と重症度に応じて考えてみましょう。

保育所等における食物アレルギーのある子どもへの対応

写真提供：白梅学園大学

食物アレルギーについて、クイズを交えながら、子どもたちに啓発。

1 ｜ 食物アレルギーの症状と診断

1 食物アレルギーとは

　ある特定の食物を食べたあとに、発疹などの皮膚症状が出たり、嘔吐、下痢などの消化器症状や気管支ぜん息の発作のようなぜん鳴が出るなど、さまざまな症状が誘発されることがあります。そのような症状のことを食物アレルギーといい、多くは食物に含まれるたんぱく質が原因となります。

2 子どもの食物アレルギーの現状

　近年、食物アレルギーのある子どもは増加傾向ですが、その年齢によって原因食物や症状は異なります（図12-1）。

　離乳食は、1980年代までは生後4か月から開始することが多かったのですが、食物アレルギーが増加し、厚生労働省が開始を遅らせることを推奨してからは、生後5～6か月から開始することが多くなりました。最近の研究では、それ以上離乳食の開始を遅らせても食物アレルギーは減少しないこと、発育の遅れや貧血の原因となる場合があることがわかり、生後7

図12-1　年齢によって変化する食物アレルギー

出典：独立行政法人環境再生保全機構「ぜん息予防のためのよくわかる食物アレルギー対応ガイドブック2014」2014年

図12-2　離乳食の開始時期

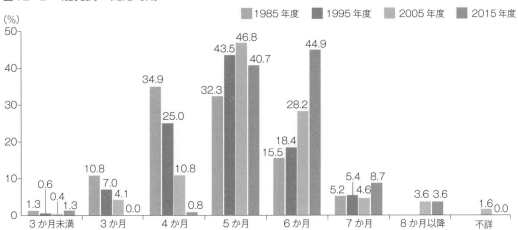

出典：厚生労働省「乳幼児栄養調査」2006年、2016年

図12-3　食物アレルギーの年齢別有病率

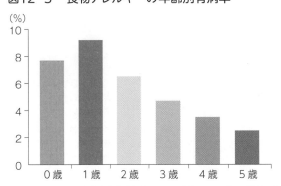

出典：日本保育園保健協議会「保育所における食物アレルギーに関する全国調査」2009年

　か月以上は遅らせない方針となっています（図12-2）。
　食物アレルギーは、一般的には年齢が上がると改善してきて食べられるようになることが多いのですが、重篤な症状となるアナフィラキシーは、年齢が上がっても認められる場合が多くあります（図12-3）。

3 食物アレルギーの症状

　食物アレルギーの症状はさまざまで、最も多いのは蕁麻疹などの皮膚症状、次いで目のかゆみなどの眼症状、腹痛・下痢などの消化器症状です。

　血圧が下がるショック症状のあるアナフィラキシーも1割ほどあるので、注意が必要です（図12-4）。

　年長児以上の学童期になるとみられる特殊な食物アレルギーとして、口腔アレルギー症候群と、食物依存性運動誘発アナフィラキシーがあります。

①口腔アレルギー症候群

　果物や野菜に対して症状が出ることが多く、食後数分以内に口の中、のどが腫れて、異和感を覚えます。花粉の一部のたんぱく質が、ある種の果物や野菜のなかのたんぱく質と類似しているため、その果物や野菜を食べると口の中がピリピリする過敏症状が起こることがあります。そのため、花粉症と関連して症状が出る場合が多いことが知られています（図12-5）。

②食物依存性運動誘発アナフィラキシー

　アレルギーの原因となる食物を摂取して1～2時間以内に運動したことで、アナフィラキシー症状を起こすものです。食べただけ、あるいは運動しただけでは症状は起きないので、食後の2時間は安静にするようにします。小学生から中学生に多くみられます。

4 食物アレルギーの原因食品

　食物アレルギーの原因となる食品は、乳児の場合、卵、牛乳、小麦が多

図12-4　食物アレルギーの症状

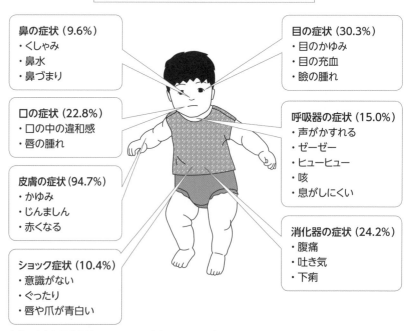

食物アレルギーの症状はとても多様です

鼻の症状（9.6%）
・くしゃみ
・鼻水
・鼻づまり

目の症状（30.3%）
・目のかゆみ
・目の充血
・瞼の腫れ

口の症状（22.8%）
・口の中の違和感
・唇の腫れ

呼吸器の症状（15.0%）
・声がかすれる
・ゼーゼー
・ヒューヒュー
・咳
・息がしにくい

皮膚の症状（94.7%）
・かゆみ
・じんましん
・赤くなる

ショック症状（10.4%）
・意識がない
・ぐったり
・唇や爪が青白い

消化器の症状（24.2%）
・腹痛
・吐き気
・下痢

出典：東京都福祉保健局ホームページ「食物アレルギー」（https://www.fukushihoken.metro.tokyo.lg.jp/allergy/knowledge/food_allergy.html [2020年6月30日確認]）

図12-5　口腔アレルギー症候群の発症機序

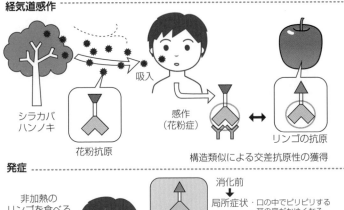

経気道感作

シラカバ
ハンノキ

花粉抗原

吸入

感作
（花粉症）

リンゴの抗原

構造類似による交差抗原性の獲得

発症

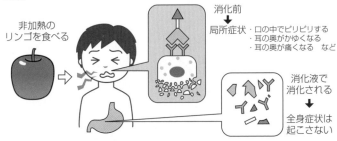

非加熱の
リンゴを食べる

消化前

局所症状 ・口の中でピリピリする
　　　　 ・耳の奥がかゆくなる
　　　　 ・耳の奥が痛くなる　など

消化液で
消化される

全身症状は
起こさない

出典：独立行政法人環境再生保全機構「ぜん息予防のためのよくわかる食物アレルギー
　　　対応ガイドブック 2014」2014年、8頁をもとに作成

表12-1　年齢別食物アレルギーの原因食品

	0歳 (884)	1歳 (317)	2,3歳 (173)	4-6歳 (109)	7-19歳 (123)	≧20歳 (100)
1	鶏卵 57.6%	鶏卵 39.1%	魚卵 20.2%	果物 16.5%	甲殻類 17.1%	小麦 38.0%
2	牛乳 24.3%	魚卵 12.9%	鶏卵 13.9%	鶏卵 15.6%	果物 13.0%	魚類 13.0%
3	小麦 12.7%	牛乳 10.1%	ピーナッツ 11.6%	ピーナッツ 11.0%	鶏卵 小麦 9.8%	甲殻類 10.0%
4		ピーナッツ 7.9%	ナッツ類 11.0%	ソバ 魚卵 9.2%		果物 7.0%
5		果物 6.0%	果物 8.7%		ソバ 8.9%	

年齢群ごとに5％以上を占めるものを上位5位まで表記
出典：日本医療研究開発機構（AMED）「食物アレルギーの診療の手引き2017」2017年

く、年長になるにしたがい、ピーナッツ、果物、そばなど症状が出る食品
が多くなってきます。一方で、年長になると幼少時に食べられなかった食
品が食べられるようになることもあります（表12-1）。

5 食物アレルギーの診断

　食物アレルギーの診断は、検査だけでなく、保護者に日々の食事の内
容を記録してもらう食事日誌（図12-6）が大切な情報となります。食事
日誌から疑わしい食物をみつけ、それを除去してみて改善するかどうかを
検討し、さらにもう一度その疑わしい食物を食べてみて症状が出現したら、

図12-6　食事日誌の一例

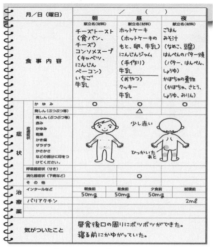

出典：東京都「食物アレルギーと上手につきあう12のかぎ」
(http://www.tokyo-eiken.go.jp/files/kj_kankyo/allergy/to_public/12nokagi25.pdf [2020年6月30日確認])

図12-7　食物アレルギーの診断手順

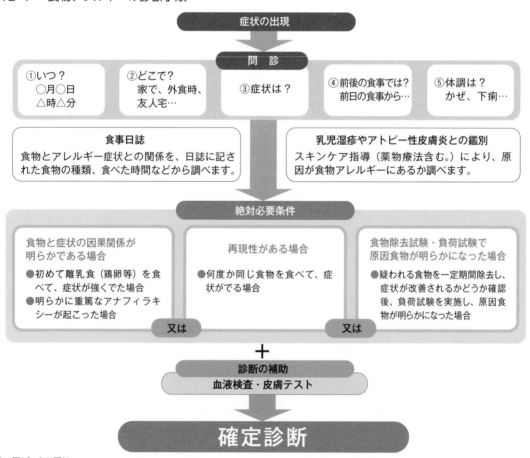

出典：図12-6と同じ

その食物が原因であることがわかります（図12-7）。診断は保護者の自己判断で行わず、医療機関で診断を受けるとともに除去した代わりの栄養がとれるように栄養指導も受けます。そのあと症状をみながら食物除去を解除していきます。保護者には生活管理指導表（→レッスン11参照）を毎年提出してもらい、それに沿った除去食を提供するようにします。生活管理指導表でアナフィラキシーありと診断されているときは、症状や対処方法について保護者からていねいに聞き取りをすることが大切です（→アナフィラキシーについては、レッスン13を参照）。

2 ｜ 食物アレルギーへの対応

1 食物アレルギーの症状発症時の対応

アレルゲンを含む食品を間違って食べたり触ったりしたときは、口をすすいだり洗い流したりします。それでも症状が進行した場合、対応する薬を預かっているときには主治医の指示に従って投与します。アナフィラキシーと思われる症状になったときの対応は、レッスン13で詳述します（図12-8）。

図12-8　食物アレルギーによる症状への対応

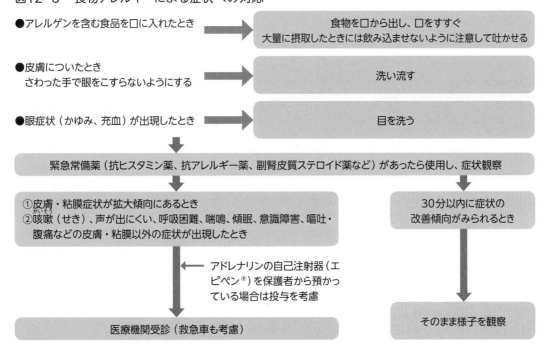

図12-9　アレルギー対応食の調理手順

途中まで**普通食**と「一緒に作り」、原因食物を加える前に「取り分ける」場合	調理開始から全て**普通食**とは「別に作る」場合

①食物アレルギー対応食について、調理担当者全員で調理手順を確認する。

②食物アレルギー対応食の担当者を決定し、調理器具や調理場所についても確認する。

③使用する食材を確認する。加工食品などは使用する前に商品の原材料表示を再確認する。
　食物アレルギー対応食の食材は別に保管する。

④・普通食の担当者は調理を開始する。
　・普通食を調理する際にも原因食物が他の調理器具や周囲に付着しないように注意する。
　・取り分け前までの調理が終わったら、原因食物を入れる前に「○○○（献立名）の○○（食材）を入れる前までの調理が終わりました。アレルギー対応食用に取り分けをお願いします」とアレルギー対応食の担当者に声を出して伝える。
　・普通食と食物アレルギー対応食を作る担当者が同じ場合は、他の調理担当者に原因食物が入っていないことを確認してもらう。

④担当者は、献立表を確認しながら調理を開始する。

⑤・原因食物の混入を防ぐため、基本的にアレルギー対応食を先に作る。
　・食物アレルギー対応食の担当者は、アレルゲンとなる食材が入っていないことを再確認し、対応食用に取り分けて、味付けを行い、完成させる。

⑥専用食器、専用トレイ、食札を用意する。

⑦食物アレルギー対応食の調理が終わったら、専用食器に盛り付け、ラップをしてラップの上からクラス名、名前、アレルギー名を書き、専用トレイに載せる。
　そのとき、他の調理担当者にも、「○○ちゃん、○○抜きの○○○（献立名）調理終わりました。○○に置きます」と対応食の調理が終わったことと、置いた場所について声に出して伝える。

⑧食物アレルギー対応食の準備が終わったら、普通食の盛り付けを行う。

⑨配膳時には、必要な人数分の食物アレルギー対応食が専用食器に盛り付けられていることを再確認する。
　専用トレイと食札に書かれた内容を複数で確認し、アレルギー対応食を先に保育士に渡す（引き継ぐ）。

食物アレルギー対応食の調理における注意点	1 食物アレルギー対応食を先に調理する。 2 調理器具を完全に分ける。 3 食器や調理器具類の洗浄と掃除を徹底する。 　・洗浄器具（たわし、スポンジなど）は区別して使用、管理しましょう。 　・十分にすすぎを行いましょう。

出典：東京都福祉保健局「子供を預かる施設における食物アレルギー日常生活・緊急時対応ガイドブック（平成30年3月改定）」2018年をもとに作成

図12-10　食物アレルギー対応食調理後の対応

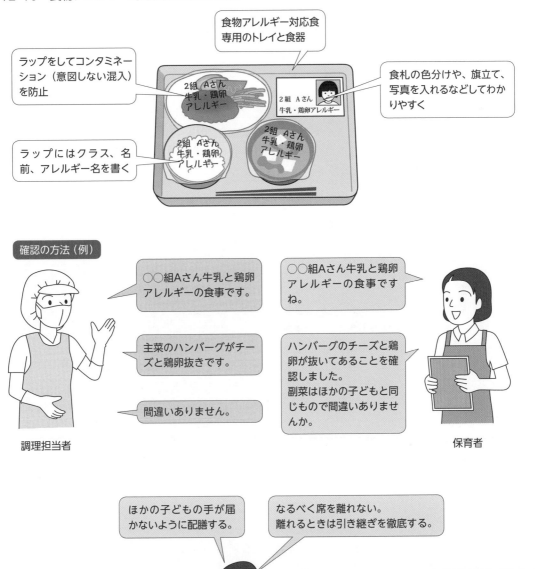

食物アレルギー対応食
専用のトレイと食器

ラップをしてコンタミネーション（意図しない混入）を防止

食札の色分けや、旗立て、写真を入れるなどしてわかりやすく

2組　Aさん
牛乳・鶏卵
アレルギー

2組　Aさん
牛乳・鶏卵アレルギー

ラップにはクラス、名前、アレルギー名を書く

2組　Aさん
牛乳・鶏卵
アレルギー

2組　Aさん
牛乳・鶏卵
アレルギー

確認の方法（例）

○○組Aさん牛乳と鶏卵アレルギーの食事です。

○○組Aさん牛乳と鶏卵アレルギーの食事ですね。

主菜のハンバーグがチーズと鶏卵抜きです。

ハンバーグのチーズと鶏卵が抜いてあることを確認しました。
副菜はほかの子どもと同じもので間違いありませんか。

間違いありません。

調理担当者

保育者

ほかの子どもの手が届かないように配膳する。

なるべく席を離れない。離れるときは引き継ぎを徹底する。

ほかの子どもへのおかわりの配膳も間違えないように注意する。

対象の子どもの座る位置は固定する。

ほかの子どもの食べ残し、食べこぼしを食べないか目を配る。

出典：図12-9と同じ

レッスン
12

保育所等における食物アレルギーのある子どもへの対応

2 食物アレルギー対応食の調理

　食物アレルギー対応食の調理は、途中まで普通食を一緒につくり原因食物を加える前に取り分ける方法と、調理開始から普通食とは別々につくる方法があります。どちらも食物アレルギー対応食を先につくり、調理器具やできれば調理場所も分けることと、食器や調理器具類を徹底的に洗浄することが大切です。調理手順を図12-9に示します。

　また、調理し終わった食事の盛りつけ方や調理担当者から保育者への受け渡し方、子どもたちが食事をしているときの保育者の座る位置や、目配りの仕方についても注意が必要です（図12-10）。

　ここで、ある食物アレルギーの子どもの事例についてみていきましょう。

事例　自己判断で除去してしまい、何を食べさせたらよいのかわからない！

　1歳のカズトくんは、湿疹がひどくなり医療機関を受診したところ、血液検査で乳製品、卵、小麦が疑われるといわれたため、食物除去を行っていましたが、湿疹が治らず、母親は心配して魚や大豆や果物も食べさせないでいると、体重がほとんど増えなくなってしまいました。このように、保護者の判断で食物アレルギーが疑われる食材を食べさせないでいると、栄養失調になって体重が増えなくなることがあります。食物除去は自己判断で行うのではなく、医療機関の指導を受け、除去した食品に代わる食材により栄養がきちんととれているか判断してもらうことが大切です。また、はじめは食べられなかったものも様子を見ながら食べさせていくうちに、少しずつ食べられるようになってくることも多くある、ということを覚えておきましょう。

ワーク

　あなたの勤務する保育所等の取り組みについて、表12-2のチェックポイントを使って、確認してみましょう。その後グループで、取り組みを進めるためにはどうしたらよいか話し合ってみましょう。

表12-2　チェックポイント

II 組織的な安全管理体制の構築	**1**	食物アレルギー対応委員会を設置します。
		☐　食物アレルギー対応委員会を設置し、定期的に開催している。
		☐　他の会議が食物アレルギー対応委員会の役割を兼ねている場合は、食物アレルギーについて検討する時間を定期的に設けている。
		☐　対応委員会で、基本方針、個別取組プラン、危機管理体制について検討し、決めている。
	2	各職員の役割分担を決めます。
		☐　職場内の役割分担を決めて、周知している。
		☐　職員各々は担当分野の能力の向上に努めている。
	3	誤食事故及びヒヤリ・ハット事例が発生した場合は、検証して再発防止策を講じます。
		☐　誤食事故やヒヤリ・ハット事例（軽微なものを含む。）は全て施設管理者に報告している。
		☐　誤食事故やヒヤリ・ハット事例の問題点を検証し、再発防止策を講じている。
		☐　再発防止策が機能しているかを評価している。
III 「個別取組プラン」の策定と取組の実施	**1**	食物アレルギーのある子供を把握します。
		☐　入所申込時や入所時健康診断等で食物アレルギーのある子供を把握している。
		☐　保護者に、施設における食物アレルギー対応の基本方針を説明している。
		☐　保護者が保育所などにおいて食物アレルギー対応を希望する場合は、「生活管理指導表」等の必要書類を渡し、面談時に提出するよう依頼している。
	2	保護者と面談を行います。（1回目）
		☐　食物アレルギーの状態を把握し、施設の基本方針を伝えるため保護者と面談を実施している。
		☐　面談には、施設管理者、担任、看護職員・保健衛生の担当者、栄養職員・調理責任者等が同席している。
		☐　医師の診断に基づいた「生活管理指導表」が提出されている。
		☐　家庭での食物除去の程度を把握している。
		☐　「個別取組プラン」を作成する上で必要な情報を聞き取っている。
	3	「個別取組プラン」の案を作成します。
		☐　保護者との面談の後に、「個別取組プラン」の案を作成している。
		☐　各職員が分担して作成し、複数の職員で確認している。
	4	「個別取組プラン」の案を検討し、決定します。
		☐　「個別取組プラン」の案を食物アレルギー検討委員会で決定している。
		☐　安全を最優先したプランの検討がなされている。
		☐　施設での生活を可能な限り楽しめるプランになるよう配慮している。
	5	保護者と面談を行います。（2回目）
		☐　「個別取組プラン」決定後、保護者に説明し了解を得ている。
		☐　「個別取組プラン」について、保護者と施設側の双方が署名し、コピーを保護者に渡している。
	6	「個別取組プラン」を職員全員へ周知します。
		☐　職員全員に「個別取組プラン」を周知している。
		☐　個別取組プラン、必要物品の保管場所や使用方法などを職員全員に周知している。
		「個別取組プラン」は中間評価や見直しを行います。
		☐　誤食事故やヒヤリ・ハット事例が発生した場合は、その都度評価を行っている。
		☐　「生活管理指導表」の変更があれば、その都度「個別取組プラン」の見直しを検討している。
		☐　定期的に医療機関の受診を求め、除去食物の追加など、指示の変更時には「生活管理指導表」の提出を依頼している。
		☐　除去解除の場合は、「除去解除申請書」を提出してもらっている。
		次年度に向けた準備を行います。
		☐　「生活管理指導表」などを毎年提出してもらう目的を保護者に説明している。

		☐ 次年度に向けて医師の診断に基づいた「生活管理指導表」の提出を求めている。
		☐ 次年度に向けて家庭における食物除去の程度について提出を求めている。
	1	給食やおやつの提供は原因食物の完全除去を基本とします。 （原因食物は食べられる量にかかわらず提供しない）
		☐ 安全確保のため、原因食物の完全除去対応（原因食物は食べられる量にかかわらず提供しない）を原則としている。
	2	食物アレルギーに対応した献立を作成します。
		☐ 献立表は、原材料確認が可能、かつ、関係者全員が認識できるよう工夫して作成している。
		☐ 食物アレルギー対応の献立表は、区別しやすいように個人別に作成している。
		☐ 献立表は、毎月、保護者と施設職員で除去食について確認している。
		☐ 献立表は、関係者全員で共有し、調理室及び保育室などに掲示している。
		☐ 献立をやむを得ず変更する場合は、保護者及び関係者全員で共有している。
	3	使用する食品の安全確認を行います。
		☐ 使用する加工食品や調味料などの原材料を確認している。
		☐ 委託会社や納入業者に、食物アレルギーの観点から安全な食品を提供できるか、繰り返し確認している。
		☐ 注文したとおりの商品が納品されているか、毎回確認している。
	4	調理前の確認をします。
IV 日常生活における配慮と管理		☐ 対象となる子供の当日の出席状況を確認している。
		☐ 職員の勤務体制を確認している。
		☐ 毎朝、献立表を栄養職員又は調理担当者と担任が確認している。
		☐ 事前に、作業確認の方法（確認者・声出し・指さし）、取り分けるときはそのタイミングを決め、それに基づいて確認を行っている。
		☐ 調理器具は完全に分けている。
		☐ 食器や調理器具類の洗浄と清掃を徹底している。
	5	調理中には原因食物のコンタミネーションに注意します。
		☐ 作業分担、工程、動線などを繰り返し確認（指さし・声出し）しながら調理している。
		☐ 調理中及び調理終了後もコンタミネーションを防ぐための対応をしている。
		☐ 食物アレルギー対応食が確実に対象の子供に届くように、専用の食器やトレイの使用、名前や原因食物の明記、色分けなどの工夫をしている。
	6	調理室から保育室へ受け渡す際には確認を徹底します。
		☐ 献立表の除去内容どおりに作ったかを複数の調理担当者で確認している。
		☐ 誤配膳がないように、各担当部署との連携、確認（指さし、声出し）をしている。
		☐ 記録に残すことを徹底している。
	7	保育室では誤食が起きないように注意します。
		☐ 配膳の都度、「誤配膳しない」ことを強く意識している。
		☐ 誤食が起きないように、配膳時だけでなく食事中にも注意している。
		☐ 食事後にも食べこぼしなどで原因食物に触れないように対応している。
		食物・食材を扱う活動での注意点
		☐ 職員全員が、食物・食材を扱う活動でも、原因食物に触れたり吸い込んだりすることで症状が誘発される可能性があることを理解している。
		☐ 各種活動において、食物アレルギーのある子供に配慮した活動内容を検討している。
	1	緊急時に備えましょう。
		☐ 職員全員が食物アレルギー及びアナフィラキシーに対する正しい知識を持っている。
V 緊急時		☐ 緊急時に備えた訓練を実施している。
		☐ 緊急時に必要な物品をすぐ使える場所に保管している。
		☐ 職員全員が緊急時にエピペン®、内服薬を確実に使用できる。
		☐ 緊急時の役割分担を決めている。

		緊急時の連絡方法を保護者と確認している。
へ の 備 え	☐	緊急時に受診する医療機関を主治医及び保護者と確認している。
	☐	地域の小児救急医療機関やアレルギー専門医がいる医療機関の情報をまとめている。
2		「食物アレルギー緊急時対応マニュアル」を活用します。
	☐	職員全員が「食物アレルギー緊急時対応マニュアル」の保管場所を知っている。
	☐	職員全員が「食物アレルギー緊急時対応マニュアル」の使い方を知っている。
3		原因食物に触れたときの対応
	☐	職員全員が原因食物は皮膚や粘膜からも吸収されアレルギー反応が起こることがあることを知っている。
	☐	少なくとも1時間は5分ごとに経過観察をする必要性を理解している。

出典：東京都福祉保健局「子供を預かる施設における食物アレルギー日常生活・緊急時対応ガイドブック（平成30年3月改定）」2018年を一部改変

レッスン **12**

保育所等における食物アレルギーのある子どもへの対応

アナフィラキシーの理解と対応

写真提供：白梅学園大学

アナフィラキシーの研修会で、エピペン®の使い方を学ぶ。

1 アナフィラキシーの症状と診断

1 アナフィラキシーとは

　皮膚症状や消化器症状、呼吸器症状などのさまざまな症状が複数同時に発症し、急激に進行してみられるアレルギー反応を、アナフィラキシーといいます。また、顔色が悪くなって血圧が下がり、意識がなくなるような状態をアナフィラキシーショックといい、ただちに治療して改善しないと生命に関わるおそれがあるため、保育者はその対応方法についてよく理解することが大切です。

2 アナフィラキシーの症状

　アナフィラキシーになると、アレルギーの原因となるアレルゲンに接触して数分から数時間以内に、全身に広がる蕁麻疹や紅斑が現れたり、口唇や口の中が腫れる粘膜症状が出たり、繰り返し嘔吐したり腹痛が続いたり、急に咳き込みぜいぜいしたり、のどが詰まったり、胸が締め付けられたりします（図13-1）。症状がひどくなると、顔色が悪くなって、意識がなく

図13-1　アナフィラキシーの症状

①皮膚症状（全身の発疹、瘙痒または紅斑）、または粘膜症状（口唇・舌・口蓋垂の腫脹など）のいずれかが存在し、急速に（数分〜数時間以内）発現する症状で、かつ下記a、bの少なくとも1つを伴う。

さらに、
少なくとも
右の1つを伴う

皮膚・粘膜症状

a. 呼吸器症状（呼吸困難、気道狭窄、ぜん鳴、低酸素血症）

b. 循環器症状
（血圧低下、意識障害）

②一般的にアレルゲンとなりうるものへの曝露の後、急速に（数分〜数時間以内）発現する以下の症状のうち、2つ以上を伴う。

a. 皮膚・粘膜症状
（全身の発疹、瘙痒、紅潮、浮腫）

b. 呼吸器症状
（呼吸困難、気道狭窄、ぜん鳴、低酸素血症）

c. 循環器症状
（血圧低下、意識障害）

d. 持続する消化器症状
（腹部疝痛、嘔吐）

③当該患者におけるアレルゲンへの曝露後の急速な（数分〜数時間以内）血圧低下。

血圧低下

収縮期血圧低下の定義：平常時血圧の70％未満または下記

生後1か月〜11か月 ＜70mmHg
1〜10歳 ＜70mmHg+（2×年齢）
11歳〜成人 ＜90mmHg

※①②③のいずれかに該当すれば、アナフィラキシーと診断する。
出典：一般社団法人日本アレルギー学会監修、Anaphylaxis対策特別委員会編「アナフィラキシーガイドライン」2014年をもとに作成

なるアナフィラキシーショックになります。この場合、血圧が下がって生命に関わるおそれがありますので、緊急の対応が必要になります。くわしくは、図13-5を参照してください。

　特に、呼吸器症状が出始めたときには、アナフィラキシーショックになりやすいので、注意が必要です。

3　アナフィラキシーの原因

　アナフィラキシーの原因物質は、食物、ハチなどの昆虫、医薬品が多いですが、ラテックスなどのゴムも原因になることがあります。また、運動、寒暖差、日光やストレスが誘因となることもあります。

　アナフィラキシーの原因となる食物は、鶏卵、乳製品、小麦などが多い

図13-2　ショック症状を誘発した原因食物

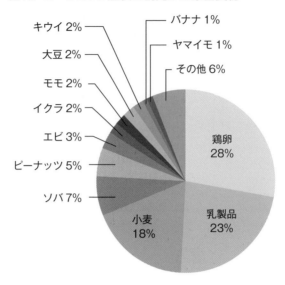

※n＝395
出典：図13-1と同じ

ですが、そばやピーナッツによるアナフィラキシーもしばしばあります
（図13-2）。

2 ┃ アナフィラキシー発症時の対応

1 アナフィラキシー対応の実施体制

　保育所等内におけるアレルギー対策では、保育士、調理担当者、看護師、栄養士、嘱託医、保護者との情報共有や研修を行い、事故予防のために連携しながら対策を立てることが大切です（図13-3）。

　また、以前アナフィラキシーを起こしたことのある子どもを預かるときは、緊急時に対応できるような体制を組んでおく必要があります。この場合、緊急時個別対応票に緊急時の連絡体制を個別に作成しておきます。緊急時個別対応票は表と裏に書き込む欄があり、表はエピペン®を預かった際に保護者と協議のうえ作成しておき（図13-4）、裏は実際に症状が起きたときに書き込みます（図13-5）。

2 アナフィラキシー発症時の役割分担

　アナフィラキシーを発症した場合には、アナフィラキシーショックに備えて施設内の人員を集め、役割分担を行い、緊急時対応を行います。ふだんからシミュレーションをして研修を行うとともに、あらかじめ決めた担当者が不在のときの対応も決めておくことも必要です（図13-6）。

図13-3　保育所内におけるアレルギー対策の実施体制（イメージ）

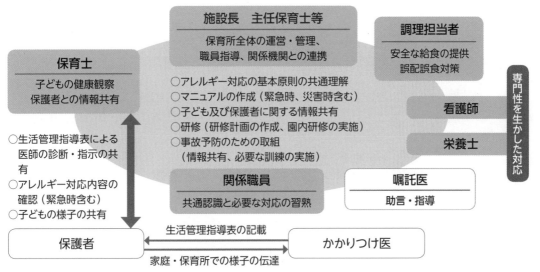

出典：厚生労働省「保育所におけるアレルギー対応ガイドライン（2019年改訂版）」2019年

3 アナフィラキシーの重症度別対応

　アナフィラキシーには、軽症、中等症、重症の３段階があります（表13-1）。軽症のときには、アナフィラキシーと診断されないことも多いですが、過去にアナフィラキシーを起こしたことがある場合は、医療機関で処方されている内服薬を飲ませます。中等症になってきたら、緊急時の対応の準備を行い、人を集め、エピペン®を処方されている場合には保管場所にとりに行き、保護者に連絡をします。重症に移行していると判断したら、エピペン®を打ち救急車を要請するとともに、AEDを用意します。

　緊急性の判断は５分以内に行います。前述のとおり、緊急性が高いと判断したときにはエピペン®を打ちますが、打つかどうか迷うような場合でも躊躇せずに打ちます。ぜん息などの発作と紛らわしい場合でも打ってかまいません。なぜなら、エピペン®には血圧を上げる作用がありますが、そのことで問題になる副作用が出ることは子どもの場合はまずないからです。エピペン®が処方されていなかったり、もってくるのを忘れた場合は、足を高くして仰向けに寝かせ、救急車の到着を待ちます。呼吸が停止したときには、心肺蘇生を行います（図13-7）。

図13-4　緊急時個別対応票（表）

年　　　月　　　日作成

組	名　前	原因食品
組		

緊急時使用預かり

管理状況	エピペン®	有・無
		保管場所 （　　　　　　　　　　　　　）　　　有効期限 （　　　年　　　月　　　日）
	内服薬	有・無
		保管場所 （　　　　　　　　　　　　　）

緊急時対応の原則

以下の症状が一つでもあればエピペン®を使用し、救急車を要請

全身の症状
- □ぐったり
- □意識もうろう
- □尿や便を漏らす
- □脈が触れにくいまたは不規則
- □唇や爪が青白い

呼吸器の症状
- □のどや胸が締め付けられる
- □声がかすれる
- □犬が吠えるような咳
- □息がしにくい
- □持続する強い咳き込み
- □ゼーゼーする呼吸

消化器の症状
- □持続する強い（がまんできない）お腹の痛み
- □繰り返し吐き続ける

緊急時の連絡先

医療機関・消防機関	
救急（緊急）	**119**
搬送医療機関	名　称
	電　話　　（　　　）
搬送医療機関	名　称
	電　話　　（　　　）

保護者連絡先		
名前・名称	続柄	連絡先

医療機関、消防署への伝達内容

1. 年齢、性別ほか患者の基本情報
2. 食物アレルギーによるアナフィラキシー症状が現れていること
3. どんな症状がいつから現れて、これまでに行った処置、またその時間

※特に状態が悪い場合は、意識状態、顔色、心拍、呼吸数を伝えられると良い

※その際、可能であれば本対応票を救急隊と共有することも有効

保護者への伝達・確認内容

1. 食物アレルギー症状が現れたこと
2. 症状や状況に応じて、医療機関への連絡や、救急搬送すること
3. （症状により）エピペン®使用を判断したこと
4. 保護者が園や病院に来られるかの確認
5. （救急搬送等の場合）搬送先を伝え、搬送先に保護者が来られるか確認

出典：図13-3と同じ

図13-5　緊急時個別対応票（裏）

経 過 記 録 票

（氏名）　　　　　　　　　　　　　　　　（生年月日）　　　年　　　　月　　　　日（　歳　か月）

1．誤食時間	年　　　月　　　日　　　時　　　分		
2．食べたもの			
3．食べた量			
4．保育所で行った処置	【エピペン®】	エピペン®の使用　あり・なし　　　　時　　　分	
	【内服薬】	使用した薬（　　　　　　　　）　　　時　　　分	
	【その他】	・口の中を取り除く　・うがいをさせる　・手を洗わせる　・触れた部位を洗い流す	

◆症状のチェックは緊急性が高い、左の欄から行う（　■　→　■　→　■　）

5．症状	全 身	□ぐったり □意識がもうろう □尿や便を漏らす □脈が触れにくいまたは不規則 □唇や爪が青白い		
	呼吸器	□のどや胸が締め付けられる □声がかすれる □犬が吠えるような咳 □息がしにくい □持続する強い咳き込み □ゼーゼーする呼吸	□数回の軽い咳	
	消化器	□持続する（がまんできない）お腹の痛み □繰り返し吐き続ける	□中程度のお腹の痛み □1～2回の嘔吐 □1～2回の下痢	□軽い（がまんできる）お腹の痛み □吐き気
	目・鼻・口・顔	**上記の症状が1つでも当てはまる場合**	□顔全体の腫れ □まぶたの腫れ	□目のかゆみ、充血 □口の中の違和感 □くしゃみ、鼻水、鼻づまり
	皮 膚		□強いかゆみ □全身に広がるじんま疹 □全身が真っ赤	□軽度のかゆみ □数個のじんま疹 □部分的な赤み
			1つでも当てはまる場合	**1つでも当てはまる場合**
		ただちに緊急対応	**速やかに医療を受診**	**安静にし、注意深く経過観察**

6．症状の経過 ※少なくとも5分ごとに注意深く観察	時間	症状	脈拍（回/分）	呼吸数（回/分）	その他の症状・状態等把握した事項
	：				
	：				
	：				
	：				
	：				
	：				
	：				

7．記録者名					
8．医療機関	医療機関名	主治医名	電話番号	備考（ID番号等）	

出典：図13-3と同じ

図13-6　アナフィラキシー発生時の施設内での役割分担

◆各々の役割分担を確認し事前にシミュレーションを行う

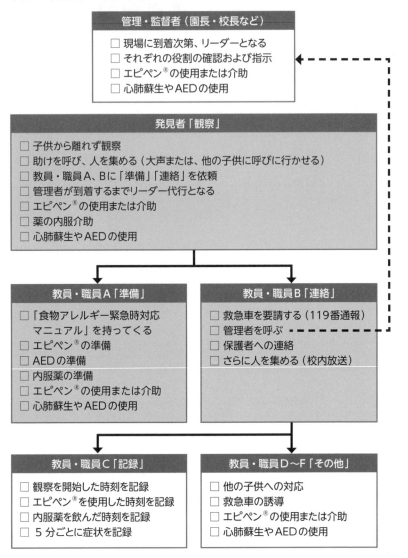

管理・監督者（園長・校長など）
- □ 現場に到着次第、リーダーとなる
- □ それぞれの役割の確認および指示
- □ エピペン®の使用または介助
- □ 心肺蘇生やAEDの使用

発見者「観察」
- □ 子供から離れず観察
- □ 助けを呼び、人を集める（大声または、他の子供に呼びに行かせる）
- □ 教員・職員A、Bに「準備」「連絡」を依頼
- □ 管理者が到着するまでリーダー代行となる
- □ エピペン®の使用または介助
- □ 薬の内服介助
- □ 心肺蘇生やAEDの使用

教員・職員A「準備」
- □ 「食物アレルギー緊急時対応マニュアル」を持ってくる
- □ エピペン®の準備
- □ AEDの準備
- □ 内服薬の準備
- □ エピペン®の使用または介助
- □ 心肺蘇生やAEDの使用

教員・職員B「連絡」
- □ 救急車を要請する（119番通報）
- □ 管理者を呼ぶ
- □ 保護者への連絡
- □ さらに人を集める（校内放送）

教員・職員C「記録」
- □ 観察を開始した時刻を記録
- □ エピペン®を使用した時刻を記録
- □ 内服薬を飲んだ時刻を記録
- □ 5分ごとに症状を記録

教員・職員D～F「その他」
- □ 他の子供への対応
- □ 救急車の誘導
- □ エピペン®の使用または介助
- □ 心肺蘇生やAEDの使用

出典：東京都「食物アレルギー緊急時対応マニュアル」（https://www.fukushihoken.metro.tokyo.lg.jp/allergy/measure/emergency.html［2020年7月7日確認］）

4　エピペン®の打ち方

　エピペン®は、過去に一度アナフィラキシーと思われる症状が出たことがある場合に処方されます。保護者から保育所等でエピペン®を預かってほしいと依頼されたときには、必ず全職員に保管場所を周知させ、使うときの判断と使い方について、エピペントレーナーを用いて研修会を行う必要があります。

　保管場所は、室温が高温にならないところが適しています。園で保管せず毎日持参する場合は、どこに置くのかをあらかじめ決めておきます。

　エピペントレーナーの研修では、役割分担をしてシミュレーションを

表13-1　アナフィラキシーの重症度分類

		グレード1 （軽症）	グレード2 （中等症）	グレード3 （重症）
皮膚・粘膜症状	紅斑・蕁麻疹・膨疹	部分的	全身性	←
	かゆみ	軽いかゆみ（がまんできる）	強いかゆみ（がまんできない）	←
	口唇、眼瞼腫脹	部分的	顔全体の腫れ	←
消化器症状	口腔内、咽頭違和感	口、のどのかゆみ、違和感	咽頭痛	←
	腹痛	弱い腹痛	強い腹痛（がまんできる）	持続する強い腹痛（がまんできない）
	嘔吐・下痢	嘔気、単回の嘔吐・下痢	複数回の嘔吐・下痢	繰り返す嘔吐・便失禁
呼吸器症状	せき、鼻汁、鼻閉、くしゃみ	間欠的なせき、鼻汁、鼻閉、くしゃみ	断続的なせき	持続する強いせきこみ
	ぜん鳴、呼吸困難	－	軽いぜん鳴、軽い息苦しさ	明らかなぜん鳴、呼吸困難、チアノーゼ、締め付けられる感覚、嗄声、嚥下困難
循環器症状	脈拍、血圧	－	頻脈（+15回/分）、血圧軽度低下、蒼白	不整脈、血圧低下、重度徐脈、心停止
神経症状	意識状態	元気がない	眠気、軽度頭痛、恐怖感	ぐったり、不穏、失禁、意識消失

血圧低下：1歳未満＜70mmHg、1～10歳＜［70mmHg+（2×年齢）］、11歳～成人＜90mmHg
血圧軽度低下：1歳未満＜80mmHg、1～10歳＜［80mmHg+（2×年齢）］、11歳～成人＜100 mmHg
出典：図13-1と同じ

行い、定期的に繰り返すことが大切です。実際に打つときには、子どもが嫌がって動くこともありますので、気持ちを落ち着かせる言葉かけをして、打つ場所の足が動かないようにしっかり固定することが必要です。また、実際に打つ場合は、エピペントレーナーではないことを確認してから使用し、打ったあとは誤って針が刺さる危険がないようすぐに片づけます（図13-8）。症状と処置の経過は、図13-5の経過記録票に記録し、救急隊に引き継ぎます。

　アナフィラキシーになり緊急事態と判断したときには、できるだけ大勢の職員で対応にあたりますが、ほかの子どもたちを安全な場所に移動させて、保育を継続することを担当する保育者も必要となります。

　ここで、あるアナフィラキシーを起こした子どもの事例について、みていきましょう。

図13-7　アナフィラキシーの判断と対応

◆アレルギー症状があったら5分以内に判断する！
◆迷ったらエピペン®を打つ！　ただちに119番通報をする！

緊急性が高いアレルギー症状		
【全身の症状】	**【呼吸器の症状】**	**【消化器の症状】**
□ ぐったり	□ のどや胸が締め付けられる	□ 持続する強い（がまんできない）お腹の痛み
□ 意識もうろう	□ 声がかすれる	
□ 尿や便を漏らす	□ 犬が吠えるような咳	□ 繰り返し吐き続ける
□ 脈が触れにくいまたは不規則	□ 息がしにくい	
□ 唇や爪が青白い	□ 持続する強い咳き込み	
	□ ゼーゼーする呼吸	
	（ぜん息発作と区別できない場合を含む）	

1つでも当てはまる場合	ない場合

緊急性が高いアレルギー症状への対応

①ただちにエピペン®を使用する！

②救急車を要請する（119番通報）

③その場で安静にする（下記の体位を参照）
立たせたり、歩かせたりしない！

④その場で救急隊を待つ

⑤可能なら内服薬を飲ませる

◆エピペン®を使用し10～15分後に症状の改善が見られない場合は、次のエピペン®を使用する（2本以上ある場合）
◆反応がなく、呼吸がなければ心肺蘇生を行う

ない場合

内服薬を飲ませる
↓
保健室または、安静にできる場所へ移動する

5分ごとに症状を観察し症状チェックシートに従い判断し、対応する
緊急性の高いアレルギー症状の出現には特に注意する

安静を保つ体位		
ぐったり、意識もうろうの場合	吐き気、おう吐がある場合	呼吸が苦しく仰向けになれない場合

血圧が低下している可能性があるため仰向けで足を15～30cm高くする	おう吐物による窒息を防ぐため、体と顔を横に向ける	呼吸を楽にするため、上半身を起こし後ろに寄りかからせる

出典：図13-6と同じ

図13-8　エピペン®の使い方

STEP 1　準備

オレンジ色のニードル（針）カバーを下に向けてエピペン®の真ん中を利き手でしっかりと握り、もう片方の手で青色の安全キャップを外します。

安全キャップ

STEP 2　注射

エピペン®を太ももの前外側に垂直になるようにし、オレンジ色のニードル（針）カバーの先端を「カチッ」と音がするまで強く押し付けます。太ももに押し付けたまま数秒間待ちます。

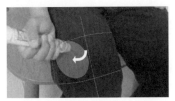

STEP 3　確認

注射後、オレンジ色のニードル（針）カバーが伸びたことを確認します。

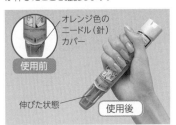

オレンジ色のニードル（針）カバー

使用前

伸びた状態　　使用後

STEP 4　片付け

①青色の安全キャップの先端を元の場所に押し込んで戻します。

②オレンジ色のニードル（針）カバーの先端を机などの硬い面の上に置きます。オレンジ色のニードル（針）カバーの両側上部を指で押さえながら、トレーナー本体を下に押し付けて収納します。

- -

患者本人以外が投与する場合

注射時に投与部位が動くと、注射部位を損傷したり、針が曲がって抜けなくなったりするおそれがあるので、投与部位をしっかり押さえるなど注意してください。

出典：マイランEPD合同会社「エピペン®ガイドブック」2019年

事例　　牛乳パックで工作をしていたら、ぜいぜいしだした！

　4歳のヤマトくんが洗った牛乳パックで皆と工作をしていたら、途中で顔色が悪くなって、ぜいぜいしだしました。牛乳アレルギーがあるということだったので、よく洗ったものを使用したのですが、アナフィラキシー症状を起こしてしまったようです。

　同様の例として、小麦粉が入っている粘土、大豆が入っていた袋などを活動に用いるときには、注意が必要です。このように、原因となるアレルゲンに対し、少量の接触でも症状が出る子どもは、食事以外でもアナフィラキシーの反応を起こすことがあります。たとえば、そばアレルギーのある子どもでは、そばをゆでたときの湯気で体調が悪くなることもあります。

　保育中にエピペン®を預かっている子どもが実際にアナフィラキシー症状を起こしたことを想定して、5人1組で役割を決めて模擬練習をしてみましょう。
　・子ども役
　・薬とエピペン®を取りに行く係
　・救急車を呼ぶ係
　・子どもを押さえる係
　・記録する係

1）子どもは、食後蕁麻疹が体全体に広がり、ぜん鳴が出てきた状態です。
2）子ども役の人は、実際の症状を想定して演技し、エピペン®を打たれるときには、嫌がって体を動かしてみましょう。
3）保護者に連絡する係、ほかの子どもを保育する係も決めます。
4）エピペン®は、どの役割の人が打つのがよいでしょうか。
5）最初に症状が起きてから対応できた時間を計り、記録しておきましょう。
6）終わったら、グループごとに反省点を出して発表し合いましょう。

	時間	症状
症状の経過 ※少なくとも 5分ごとに 注意深く観察	：	
	：	
	：	
	：	
	：	
	：	
	：	
記録者名		

第 4 章

子どもの食育・アレルギー 対応のための体制づくり

アレルギーの有無にかかわらず、子どもたちが安心して、食の体験を安全に豊かに積み重ねられるためには、職員間の連携が重要です。保育所等は、多様な職種がそれぞれの専門性を発揮しながら保育に取り組んでいるため、連携にはお互いの専門性を理解することが不可欠です。ここでは、全職員が同じ理念のもとで、協働的に子どもの食の経験を担保していくために、必要な体制づくりについて学びます。

レッスン **14**

「保育所におけるアレルギー対応ガイドライン」への理解

レッスン **15**

他職種との連携のための園内環境づくりと自己研鑽

14 「保育所におけるアレルギー対応ガイドライン」への理解

対象児の安全・安心な食事を基礎とし、豊かな食事経験を保障する。

ポイント

1 アレルギー対応の基本原則を理解する。
2 保育所等の食事提供に沿った対応や専門職の役割を理解する。
3 すべての子どもの豊かな食事経験を保障した安全な食事の提供を考える。

1 保育所等におけるアレルギー対応の基本

　保育所等は、食に関する経験を多く積み重ねることが望まれる時期の子どもたちが生活する場です。また、通う子どもたちに年齢幅もあり、1日2回以上の食事が提供される場でもあります。しかし、楽しいはずの保育所等での食事の時間が、食物アレルギーのある子どもにとっては安全ではない時間になってしまうこともあります。アレルギーのある子どもの食の経験の豊かさが損なわれないために、安全・安心でおいしい食事をほかの子どもたちと同様に提供できるよう、環境を整えることが求められます。

　たとえば、入園前の子どもの症状について、保護者、担当職員、施設長をはじめとする全職員、かかりつけ医、嘱託医、地域の専門機関等との連携を図り、対応を行っていくことが大切です。全員のコミュニケーションツールとして、かかりつけ医が発行するアレルギー疾患生活管理指導表（→レッスン11を参照）を用いて対応しましょう。

　さらに、表14-1に示すように、職員は基本原則に基づいた対応を遂行するため、施設内外の研修に定期的に参加し、最新の情報を入手するなど

表14- 1　保育所におけるアレルギー対応の基本原則

○全職員を含めた関係者の共通理解の下で、組織的に対応する
・アレルギー対応委員会等を設け、組織的に対応
・アレルギー疾患対応のマニュアルの作成と、これに基づいた役割分担
・記録に基づく取組の充実や緊急時・災害時等様々な状況を想定した対策

○医師の診断指示に基づき、保護者と連携し、適切に対応する
・生活管理指導表に基づく対応が必須
　※「生活管理指導表」は、保育所におけるアレルギー対応に関する、子どもを中心に
　　据えた、医師と保護者、保育所の重要な"コミュニケーションツール"。

○地域の専門的な支援、関係機関との連携の下で対応の充実を図る
・自治体支援の下、地域のアレルギー専門医や医療機関、消防機関等との連携

○食物アレルギー対応においては安全・安心の確保を優先する
・完全除去対応（提供するか、しないか）
・家庭で食べたことのない食物は、基本的に保育所では提供しない

出典：厚生労働省「保育所におけるアレルギー対応ガイドライン（2019年改訂版）」2019年

して知識、技術を高めることが求められます。園内の対応マニュアルを作成し、食事提供のあり方や食育活動等の方法について全職員が把握、理解し、定期的な見直しや改善を行いましょう。子どもの安全・安心な食に関する経験について、全園児に同様に保障されるよう、園ごとに話し合っていくことが大切です。

2 | 保育所等における食事提供の特徴とアレルギー対応のポイント

　保育所等における食事の提供は、安全・安心で、必要なエネルギーや栄養素が供給され、おいしく、楽しいことを前提とし、集団の食事提供である特性や注意点を踏まえて行われる必要があります。「保育所におけるアレルギー対応ガイドライン（2019年改訂版）」（厚生労働省、2019年）のなかの「対応の基本原則」にも書かれている通り、アレルギー対応の基本は完全除去対応です。つまり、原因となる食品を「完全除去」か「解除」かの二者択一とし、できるだけ単純化させる必要があります。表14-2の保育所等の食事提供の特徴と対応のポイントをみてみましょう。
　保育所等では、発達段階別、また個別の離乳食や昼食、おやつ、午前の

表14- 2　保育所等における食事提供の特徴とアレルギー対応のポイント

①食数は少ないが、提供回数や種類が多い
②対象年齢が低く、年齢の幅が広いため、事故予防管理や栄養管理がより重要
③経過中に耐性の獲得（原因食品除去の解除）が進む
④保育所において新規の発症がある
⑤保護者との相互理解が必要

出典：表14- 1 と同じ

図14-1　除去解除申請書（例）

除去解除申請書（定型①）	除去解除申請書（定型②）
年　　月　　日	年　　月　　日
（施 設 名）＿＿＿＿＿＿＿＿＿	（施 設 名）＿＿＿＿＿＿＿＿＿
（クラス等）＿＿＿＿＿＿＿＿＿	（クラス等）＿＿＿＿＿＿＿＿＿
（児童氏名）＿＿＿＿＿＿＿＿＿	（児童氏名）＿＿＿＿＿＿＿＿＿
本児は生活管理指導表で「未摂取」のため除去していた（食品名：　　　　　　　　　　　）に関して、医師の指導の下、これまでに複数回食べて症状が誘発されていないので、保育所における完全解除をお願いします。	本児は生活管理指導表で「未摂取」以外を理由に除去していた（食品名：　　　　　　　　　）に関して、医師の指導の下、これまでに複数回食べて症状が誘発されていないので、保育所における完全解除をお願いします。
（保護者氏名）＿＿＿＿＿＿	（保護者氏名）＿＿＿＿＿＿

出典：表14-1と同じ

おやつ、延長食や夕食など1日に多様な食事を提供しています。全園児が豊かな食事の経験をするためには、どのような食事づくりや食卓づくりをすればよいでしょうか。0歳児から5歳児は、心身ともに成長が著しい時期です。保育者の言葉だけで理解することが難しい時期の子どももいるなか、誤食等の事故予防を行っていく必要があります。

　また、成長するにつれアレルギーの耐性を獲得し、除去の解除がなされることもあります。解除の際には、図14-1に示すように申請様式を園で作成し、かかりつけ医に除去解除申請書を提出してもらい、書面で解除の決定を行うようにしましょう。定期的に保護者と連携し、年に1度は子どものアレルギー状況についてかかりつけ医に生活管理指導表を発行してもらい、情報の更新をします。子どもの状況が変われば体制も変えていく必要があります。食事提供の方法や体制のあり方なども柔軟に見直していくようにしましょう。

3 ｜ 保育所等の食事提供の工夫・注意点

　保育所等における食物アレルギーのある子どもへの対応として、表14-3に示すような食事提供の原則があります。また、図14-2に示すように、生活管理指導表の活用と運営方法を整理しましょう。まず、生活管理指導表をもとに、子どもの状況をかかりつけ医、保護者、職員が共通の

表14-3　保育所等における食事の提供の原則

①生活管理指導表を活用した組織的対応	・職員、保護者、かかりつけ医・緊急対応医療機関が十分に連携する。
	・食物除去の申請には、医師の診断に基づいた生活管理指導表が必須である（入所時または診断時および年1回以上、必要に応じての更新）。
	・アナフィラキシー症状が発生したとき、全職員が迅速、かつ適切に対応する。
②安全を最優先した完全除去による対応	・食物除去は、安全な給食提供の観点から、原因食品の完全除去を基本とする。
	・原因食品が調味料や油脂などに極少量含まれているだけの場合、除去の必要がないことが多い。なお、重篤なアレルギーで、少量の調味料等も摂取不可能な厳しい除去が必要な子どもについては、該当する食材を使用した料理について給食対応が困難となる場合があることについても考慮する。
	・除去していた食物を解除する場合は、医師の指示に基づき、保護者と保育所等の間で書面申請をもって対応する。
③安全に配慮した食事の提供	・給食の提供を前提として、食物アレルギーのない子どもと変わらない、安全・安心な生活を送ることができるよう、調理室の設備、人的環境など、安全に提供できる環境・体制を整備する。

出典：厚生労働省「保育所におけるアレルギー対応ガイドライン（2019年改訂版）」2019年をもとに作成

図14-2　生活管理指導表の活用の流れ

アレルギー疾患を有する子どもの把握

入園前の面接における保護者からの申請で子どもの状況を把握する

↓

保護者へ生活管理指導表の配付

保護者と話し合い、園で特別な配慮が必要な場合に配付する

↓

医師による生活管理指導表の記入

かかりつけ医に生活管理指導表の記載を依頼する

↓

保護者との面談

生活管理指導表をもとに園での生活の配慮や管理、食事の具体的な対応等について関係職員と保護者が話し合って対応を決める

↓

保育所内職員による共通理解

実施計画書等を作成し、子どもの状況を踏まえた園での対応について、全職員・嘱託医が共通理解をもつ
定期的に園での取り組み状況について報告等を行う

↓

対応の見直し

1年に1回以上子どもの状態に応じて保護者と話し合いながら生活管理指導表の再提出などを行う

出典：表14-3と同じ

表14-4　保育所等の食事提供の工夫・注意点

①献立を作成する際の対応
　　1）除去を意識した献立
　　2）新規に症状を誘発するリスクの高い食物の少ない献立
　　3）調理室における調理作業を意識した献立
②保育所で"初めて食べる"ことを避ける
③アレルギー食対応の単純化
④加工食品の原材料表示をよく確認する
⑤調理室において効率的で混入（コンタミネーション）のない調理と搬送
⑥保育所職員による誤食防止の体制作り
　　（知識の習熟、意識改革、役割分担と連携など）
⑦食材を使用するイベントの管理
⑧保護者との連携
⑨除去していたものを解除するときの注意

出典：表14-1と同じ

認識をもって対応に当たれるようにします。その後、生活管理指導表に記載されている情報から、献立作成の際には、該当の食材の完全除去食をつくるようにします。たとえば、卵アレルギーの子どもの場合、「卵1／2個なら大丈夫」などの段階的な提供を行うのではなく、医師の除去解除指示が出るまでは、卵は一切使わない食事を提供しましょう。このように、複雑な調理工程とならないようにすることが、安全・安心な食事を提供するうえで必要です。

　しかし一方で、表14-3の③「安全に配慮した食事の提供」にも示されている通り、アレルギーのない子どもと変わらない、生活の保障も必要になります。食事の提供の質が損なわれないよう、卵がなくてもおいしくなる方法などを考慮しましょう。さらに、見た目が同じだからといって、誤って卵入りのものをお代わりで食べてしまうということがないように、提供体制の整備と職員の情報共有の整理が必要です。表14-4に示す通り、献立作成時から園における子どもの状況を踏まえた食事計画が望まれます。

　また、食事の提供の際には、職員同士があまりに慎重になりすぎ、子どもに緊張感が伝わってしまって楽しくない食事時間となってしまうようなことは避けましょう。安全・安心でおいしい食事にするためには、職員の雰囲気や気持ちのゆとりも大切です。園ごとに話し合いを重ね、よりよい食事時間をつくりあげられるようにしましょう。

事例1　入園までにどんな準備が必要？

　翌年度の入園児の面談を行ったところ、0歳児クラスに食物アレルギーのある子どもが入園することがわかりました。4月で生後6か月となるワタルくんは、牛乳、小麦、卵アレルギーでアトピー性皮膚炎の症状が強く出ていました。ミルクはアレルギー用ミルクを使っているとのことで、持参してもらうように伝えました。体格は、**カウプ指数**で"ふつう"の判定であり、快活な様子でした。園では、入園に向けてどのような準備を整えていけばよいでしょうか。

ワーク1

　事例1について、自身の園での対応も踏まえて、入園に向けてどのような準備をすればよいか、グループで話し合ってみましょう。

事例2　離乳食が食べられる！

　事例1のワタルくんは、とても食に興味のある子でした。ミルクもたくさん飲み、家庭でも食卓をうらやましそうに見ているそうです。担当医からは皮膚炎の症状がよくなってから離乳食を始めるようにいわれているため、まずは家庭と園で協力してスキンケアに専念してきました。お母さんも早くワタルくんに食事をさせてあげたいと頑張っています。5月、皮膚炎も軽くなり、園の献立を保護者から医師に渡してもらい、許可がおりた食材から家庭で試してもらっています。6月からは園でも食事を開始できることになりました。園ではこれまで離乳食の段階からの除去食対応をしたことがありませんでした。

ワーク2

　事例2について、自身の園での対応も踏まえて、調理室、0歳児クラス、園全体としてどのような準備をすればよいか、グループで話し合ってみましょう。

用語　カウプ指数
　体重（g）/（身長（cm））^{2}×10の式で算出される数値を用いて、乳幼児期の体格を判定する（やせすぎ、やせぎみ、普通、太りぎみ、太りすぎ）。年齢によって判定の数値が異なる。

他職種との連携のための
園内環境づくりと自己研鑽

子どもの育ちを支えるため、多様な職種が関わっている。

写真提供：河内からたち保育園

ポイント

1 すべての職員が子どもの育ちを支える実践者であることを認識する。
2 すべての職員が日ごろから子どもと関わり、子どもと心が通い合うような環境が大切である。
3 保育に携わるすべての職種に、専門性を越えたさまざまな研修の機会を用意する。

1 多様な職種の専門性を生かした職員間の連携のための組織風土

　保育所等では、子どもの育ちを支えるため、多様な職種（園長、保育者、看護師、栄養士、調理員、事務職員など）がそれぞれの専門性を発揮しながら日々の保育に取り組んでいます。昨今、保育時間の長時間化や多様な働き方が求められるなか、職員の勤務形態も常勤、非常勤、パート、アルバイトなど多様化し、その経験年数などもさまざまです。しかしこうしたなかでも、職員一人ひとりが1つのチームであることを意識できる連携体制が必要であり、子どもの育ちを保障するための情報の共有化が不可欠です。

　職員間の連携は、まずは職員同士の日常的な会話からはじまります。たとえば、休憩室で他職種の職員と一緒に過ごしたり話をしたりするなど、毎日の何気ない会話や雑談などが大切です。こうした小さなことの積み重ねが、ささいなことでも相談し合える雰囲気をつくることになり、互いの信頼関係の基盤になります。職員間の関係がよくなることで自然と子どもに関する話題も増え、結果的に子ども理解が深められ、保育の質の向上に

もつながります。すべての職員が子どもの育ちを支える実践者であること
を認識できる環境をつくることが大切です。

　園長や主任保育士などのリーダーは、そうした安心感のある雰囲気づく
りとともに、職員一人ひとりが大切にされていると感じられるよう、取り
組むことが求められます。このような土台のもとで、すべての職員が同じ
方向をみて保育に当たれるように、園長や主任などのリーダーが中心とな
り、園の理念や方針をすべての職員で共有し、子どもの姿からともに考え
る時間もつくっていくとよいでしょう。全職員の心が子どもに向かい、子
どものために学び合い、皆で園をよりよくしようとする組織風土へとつな
がっていきます。以下の事例をみていきましょう。

> **事例1**　「今日は食べたいものだけにしようね」
>
> 　生後10か月のアイちゃんは、病後でひさしぶりに登園してきました。食
> 事の時間、まだ体調も食欲も完全に戻っていないアイちゃんのことを考え
> て、担当保育者は「今日は食べたいものだけにしようね」と声をかけました。
> 食事を進めるなかで、アイちゃんが果物を指さしましたが、保育者は「大
> 根さん食べようね」と、大根を口にもっていきました。アイちゃんは果物
> を指さしたまま、大根をモグモグとしていました。
> 　最初は、子どもの気持ちや体調に寄り添って食事を進めようと考えてい
> た保育者ですが、果物は食後という気持ちがあったのか、早く回復してほ
> しいとの願いからか、アイちゃんの食べたいものではなく、大根を食べさ
> せていました。

　このような状況のとき、皆さんならどうするでしょうか。事例1のよう
な食への関わり方は、子どもの月齢・年齢を問わず、保育のなかで意外と
見られるものです。食事のときのルールや声のかけ方・関わり方には、保
育者の食事の価値観や考え方が出るのです。同じクラスの保育者同士でも、
同じ園で働く保育者やその他の職種の職員も決して同じではないのです。
そのため、たとえば、病後で食欲が戻っていない子どもの食事をどのよう
にしているのか、したいと思っているのかなど職員間で話題にして、さま
ざまな立場から意見を出し合ってみるのもよいでしょう。それぞれの子ど
もの理解を深めていくことにもつながります。

　また、職種を越えて職員同士が子どもの姿について話すためには、意見
を出しやすいような組織風土をつくるとともに、すべての職員が、日ごろ
から子どもと関わり、子どもと心が通い合うような環境が大切です。さら
に全職員の連携のもと、一人ひとりの子どもにとって望ましい食事の提供
や環境について評価し、改善していくことも必要です。

　食に関わることは特定の職員（栄養士など）に一任するケースや、保育
者が栄養士などに意見を寄せるだけに終わるケースも見られます。それぞ
れの専門性を生かすことはもちろんですが、おのおのの立場や視点から見

える子どもの姿から意見やアイデアを積極的に出し合い、園全体で子どもの食を豊かに育むための計画づくりをすることが求められます。

ワーク1

　1、2歳児クラスの遊びや生活の場面を撮影したものを視聴し、一人ひとりの発達について、気づいたことを出してみましょう。その発達から、どのような食の活動（調理など）が考えられるのか、話し合ってみましょう。

ワークのアドバイス

　食の活動は、子どもの発達に合わせて考えることが大切です。しかし、日常的に子どもとの関わりがないと、個々の発達は見えにくいものです。逆に、「このようなことができたら（にぎる、つまむ、のせ

２歳児　サツマイモのペーストを両手でつぶしている様子
写真提供：白梅学園大学

る、たたく、引っぱるなど）、このような調理（具をのせる、体重をかけて両手で食材をつぶすなど）ができる」などは、ある程度、調理をする人でなければ見えないものがあります。子どもの写真や活動の様子が見えると、意見も出しやすくなりますので、子どもの様子を見ながら、話し合ってみてください。そして、園内研修では、自園の子どもの様子から、同じことを他職種の職員を交えて行ってみてください。

ワーク2

　9月の献立（表15-1）から、給食を通してどのような子どもの育ちを願っているのか、全職員で語り合ってみましょう。

ワークのアドバイス

　献立作成は栄養士の仕事の一つですが、献立は栄養室だけでつくるものではありません。その給食を食べることを通して、子どもたちにどのような力を育みたいと考えているのか、どのような気づきにつなげていきたいのか、家庭に向けてどのようなことを伝えたいのかなど、さまざまな願いが込められているものです。

　また園の行事や、郷土の文化、栽培活動などとも献立は連動しています。調理担当者以外の職員も、自園の給食や献立について語り、同じ願いをもって子どもに関わっていることを共通認識できるようにしたいですね。

表15-1　9月の給食献立表

	月曜日	火曜日	水曜日	木曜日	金曜日	土曜日
		1	2	3	4	5
昼食		わかめご飯 なすと豆腐のみそ汁 魚の照り焼き ひじきと油揚げの煮物 ゆでかぼちゃ 麦茶	ご飯 人参とえのきのスープ 回鍋肉 中華風きゅうり 麦茶	ご飯 玉葱とセロリのスープ 魚のトマトソースかけ キャベツのサラダ 麦茶	麦入りご飯 豆腐ともやしのみそ汁 豚肉のくわ焼き 小松菜と人参のおかか和え 麦茶	ご飯 かぶのすまし汁 鶏肉とじゃが芋の炒め煮 チンゲンサイ炒め 麦茶
おやつ		バナナのマフィン 牛乳	揚げパン 牛乳	備蓄米きつねご飯 牛乳	肉みそサンド 牛乳	米粉の豆乳ケーキ 牛乳
	7	8	9	10	11　お楽しみランチ	12
昼食	さつま芋カレーライス 大豆のサラダ 麦茶	ご飯 わかめと油揚げのみそ汁 肉豆腐 かぶの甘酢和え 麦茶	もやしとにらのスープ かつおのフライ 大根と水菜のサラダ 麦茶	鮭ご飯 大根のすまし汁 かぼちゃのそぼろ煮 小松菜のお浸し 麦茶	ご飯 かぶのスープ チキンカツ コールスローサラダ 麦茶	ご飯 大根とじゃが芋のみそ汁 玉葱入り豚肉の生姜焼き 野菜炒め 麦茶
おやつ	しらすトースト 牛乳	アップルケーキ 牛乳	トマトチーズトースト 牛乳	お好み焼き 牛乳	紅白ジャムロール 牛乳	チキンライス 牛乳
	14	15	16	17	18	19
昼食	ご飯 切干大根のみそ汁 鶏肉ともやしのカレー醤油炒め トマトと玉葱のサラダ ゆでじゃが 麦茶	ご飯 なすと豆腐のみそ汁 煮魚 ひじきと油揚げの煮物 ゆでかぼちゃ 麦茶	ご飯 人参とえのきのスープ 回鍋肉 中華風きゅうり 麦茶	ご飯 玉葱とセロリのスープ 魚のトマトソースかけ キャベツのサラダ 麦茶	麦入りご飯 豆腐ともやしのみそ汁 豚肉のくわ焼き 小松菜と人参のおかか和え 麦茶	ご飯 かぶのすまし汁 鶏肉とじゃが芋の炒め煮 チンゲンサイ炒め 麦茶
おやつ	きな粉トースト 牛乳	バナナのマフィン 牛乳	揚げパン 牛乳	備蓄米きつねご飯 牛乳	肉みそサンド 牛乳	米粉の豆乳ケーキ 牛乳
	21	22	23	24	25	26
昼食	休園	休園	ご飯 もやしとにらのスープ かつおのフライ 大根と水菜のサラダ 麦茶	鮭ご飯 大根のすまし汁 かぼちゃのそぼろ煮 小松菜のお浸し 麦茶	ご飯 冬瓜のみそ汁 魚のごま照り焼き ごぼうと人参のきんぴら煮 麦茶	ご飯 大根とじゃが芋のみそ汁 玉葱入り豚肉の生姜焼き 野菜炒め 麦茶
おやつ			トマトチーズトースト 牛乳	お好み焼き 牛乳	ミルククリームサンド 牛乳・果物	チキンライス 牛乳
	28	29	30			
昼食	ご飯 切干大根のみそ汁 鶏肉ともやしのカレー醤油炒め トマトと玉葱のサラダ ゆでじゃが 麦茶	ご飯 じゃが芋のみそ汁 魚の風味焼き 小松菜と人参のお浸し 麦茶	ご飯 野菜スープ かぼちゃのコロッケ キャベツとわかめのサラダ 麦茶			
おやつ	きな粉トースト 牛乳	あんかけ焼きそば 牛乳	プルーンジャムサンド 牛乳			

資料提供：石神井町さくら保育園

2 | 自己研鑽：主体性や意欲を高めるために

　「全国保育士会倫理綱領」（全国社会福祉協議会・全国保育協議会・全国保育士会、2003年）では、自己研鑽とは、「職場内での共通の目標の実現や達成のために、いま自分にみいだせないものや足りないものを主体的に探したり、あるいは課題を解決するために必要なことを努力したりすること」と述べられています。

　保育に携わる職員が、自らの専門性やスキルを高めたい、学びたいという意欲は、子どもとの関わりのなかや業務のなかで培われていきます。たとえば、「子どもたちの食事中の援助についてもっと学びたい」と考えたときに、食事中の子どもからのサインの読み取りであったり、保育者の声かけであったり、机やいすの高さや保育者の座る位置であったり、食事の内容であったりと、さまざまに必要となる専門スキルが考えられます。こ

レッスン **15**

他職種との連携のための園内環境づくりと自己研鑽

のように考えると、経験の深い先輩保育者からの学びや、他園の見学や、心理学や栄養学の専門家からの学びから得られることもあるでしょう。

　そのため保育所等では、内外にさまざまな研修や学びの機会などがありますが、研修の案内を職種を限定して伝えるような傾向もみられます。しかし、たとえば「食」の分野の研修会だから栄養士や調理員ということではなく、保育に携わるすべての職種にさまざまな研修の機会があることが望まれます。また、自ら学びたい内容や分野であるからこそ、学ぶ意欲も高まります。研修会においても、さまざまな職種が学び合うことで、それぞれの専門性だからこそみえる気づきや新たな学びが生まれ、それをまた園のなかで互いに共有したり、発展させたりして、次への課題や学びへとつながっていきます。

　こうしてさまざまな職種が学び合い、高め合うことで、園全体の保育の質の向上にもつながっていきます。すべての職員が「子どものために」という視点で、日々の業務のなかでみえてきた課題を、自分のこととして受け止め、考え、意欲的に学ぶ姿勢が求められます。

事例2 「空になった給食缶」

　保育者養成校の学生と栄養士養成校の学生とで、合同ゼミを開催しています。ゼミでは、互いに保育所等のバイキング給食について話し合ったり、クリスマスパーティを企画したりしています。そのなかで、給食缶が空になって調理室に戻ってきたらどう思うのかということを話し合っているグループがありました。栄養士養成校の学生たちは、「足りなかったのかも？　と思い、次はもう少し量を増やして出す」と、保育士養成校の学生は、「調理の人たちが一生懸命つくってくれたのだから残せないと思って、がんばって空にしたのでないか」と話していました。

写真提供・白梅学園大学

　このように、すでに学生の時点で思いがずれていることがわかりますが、ここで大切なのは、子どもの姿です。調理の人たちに悪いから、無理をしても子どもたちに一生懸命食べさせてしまうということになれば、それは本末転倒です。ありのままの子どもの姿を安心して話し、子どもにとっての望ましい食事について、話し合える素地を養成の時点からつくっていくことが大切です。そして、互いの学びの違いを理解しながら、補い合い、学び合って、卒業後も子どもの幸せのために自分たちができることを考え、ともに学び続けてほしいと願っています。

引用文献・参考文献

レッスン1

厚生労働省「楽しく食べる子どもに――食からはじまる健やかガイド」2004年

厚生労働省「平成17年度乳幼児栄養調査」2006年

厚生労働省「平成27年度乳幼児栄養調査」2016年

日本小児保健協会「平成22年度幼児健康度調査」2011年

レッスン2

厚生労働省「保育所保育指針」2017年

農林水産省「第4次食育推進基本計画」2021年

文部科学省「食に関する指導の手引き（第二次改訂版）」2019年

レッスン3

厚生労働省「楽しく食べる子どもに――保育所における食育に関する指針」2004年

厚生労働省「保育所保育指針」2017年

財団法人こども未来財団「保育所における食育の計画づくりガイド――子どもが『食を営む力』の基礎を培うために」2007年

レッスン4

厚生労働省「楽しく食べる子どもに――保育所における食育に関する指針」2004年

厚生労働省「保育所保育指針」2017年

財団法人こども未来財団「保育所における食育の計画づくりガイド――子どもが『食を営む力』の基礎を培うために」（平成18年度　児童家庭局サービス調査研究等事業「食育政策を目的とした食育計画に関する研究」［主任研究者　酒井治子］）2007年

内閣府「幼保連携型認定こども園教育・保育要領」2017年

レッスン5

厚生労働省「楽しく食べる子どもに――保育所における食育に関する指針」2004年

厚生労働省「保育所保育指針」2017年

小林茂樹・大木有子・倉田新・野村明洋編著『食農保育――たべる たがやす そだてる はぐくむ』　農山漁村文化協会　2006年

レッスン6

厚生労働省「平成27年度乳幼児栄養調査」2016年

厚生労働省「保育所保育指針」2017年

レッスン7

厚生労働省「保育所における食事の提供ガイドライン」2012年

厚生労働省「保育所保育指針」2017年

厚生労働省「保育所保育指針解説」2018年

レッスン 8

厚生労働省「保育所における食事の提供ガイドライン」2012年

ベネッセ教育総合研究所「第5回幼児の生活アンケート報告書」2016年

レッスン 9

厚生労働省「保育所保育指針」2017年

厚生労働省「保育所保育指針解説」2018年

厚生労働省「授乳・離乳の支援ガイド（2019年改定版）」2019年

厚生労働省「日本人の食事摂取基準（2020年版）」2019年

厚生労働省「児童福祉施設における『食事摂取基準』を活用した食事計画について」2020年

農林水産省「第3次食育推進基本計画」2005年

レッスン10

厚生労働省「大量調理施設衛生管理マニュアル」1997年

厚生労働省「児童福祉施設における食事の提供ガイド」2010年

厚生労働省「『大量調理施設衛生管理マニュアル』の改正について」2017年

厚生労働省「食中毒統計資料」各年版

厚生労働省ホームページ「食中毒」

https://www.mhlw.go.jp/stf/seisakunitsuite/bunya/kenkou_iryou/shokuhin/syokuchu/index.html
（2021年3月10日確認）

レッスン11

厚生労働省「保育所におけるアレルギー対応ガイドライン（2019年改訂版）」2019年

独立行政法人環境再生保全機構「ぜん息悪化予防のための小児アトピー性皮膚炎ハンドブック」2009年

独立行政法人環境再生保全機構「ぜん息予防のためのよくわかる食物アレルギー対応ガイドブック2014」2014年

独立行政法人環境再生保全機構「おしえて先生！子どものぜん息ハンドブック」2016年

独立行政法人環境再生保全機構「すこやかライフ」No.52　2018年

https://www.erca.go.jp/yobou/pamphlet/form/02/pdf/sukoyaka52.pdf（2021年3月9日確認）

鼻アレルギー診療ガイドライン作成委員会『鼻アレルギー診療ガイドライン2016年版』2016年

レッスン12

厚生労働省「乳幼児栄養調査」2006年、2016年

東京都ホームページ「食物アレルギーと上手につきあう12のかぎ」

http://www.tokyo-eiken.go.jp/files/kj_kankyo/allergy/to_public/12nokagi25.pdf（2020年6月30日確認）

東京都福祉保健局ホームページ「食物アレルギー」

https://www.fukushihoken.metro.tokyo.lg.jp/allergy/knowledge/food_allergy.html（2020年6月30日確認）

東京都福祉保健局「子供を預かる施設における食物アレルギー日常生活・緊急時対応ガイドブック（平成30年3月改定）」2018年

独立行政法人環境再生保全機構「ぜん息予防のためのよくわかる食物アレルギー対応ガイドブック2014」2014年

日本医療研究開発機構（AMED）「食物アレルギー診療の手引き2017」2017年

日本保育園保健協議会「保育所における食物アレルギーに関する全国調査」2009年

レッスン13

一般社団法人日本アレルギー学会監修、Anaphylaxis対策特別委員会編「アナフィラキシーガイドライン」2014年

厚生労働省「保育所におけるアレルギー対応ガイドライン（2019年改訂版）」2019年

東京都「食物アレルギー緊急時対応マニュアル」

https://www.fukushihoken.metro.tokyo.lg.jp/allergy/measure/emergency.html（2020年7月7日確認）

マイランEPD合同会社「エピペン®ガイドブック」2019年

レッスン14

厚生労働省「保育所におけるアレルギー対応ガイドライン（2019年改訂版）」2019年

レッスン15

全国社会福祉協議会・全国保育協議会・全国保育士会「全国保育士会倫理綱領」2003年

レッスン10　3「保育実践における衛生管理」のワークのヒント

ワーク1（95頁）のヒント

以下のことについて、園ごとに定まっているか、検討しましょう。

①園の衛生管理の注意事項について、全職員が共通の理解をもっていますか。
　⇒どのように全職員が共通理解を図れるようにしていますか。
　⇒食の衛生管理に関する相談は誰が担当していますか。
　　（例：施設長、主任、食育リーダー等担当者、栄養士、調理師）
②行事ごとの衛生管理に関する注意事項が決まっていますか。
　⇒行事の衛生管理について、どのように引き継ぎが行われていますか。

ワーク2（96頁）のヒント

①子どもの衛生概念の獲得方法、または衛生概念に合った準備の仕方や実施方法など、子どもが安全に食事づくりをするための方策はどうしたらよいでしょうか。
②つくってから喫食までの時間が2時間以内であることを踏まえた、サラダとカレーづくりの作成手順や準備物、職員間の注意事項の共有など、安全な食事づくりを実施するための準備にはどのようなものがあるでしょうか。

ワーク3（97頁）のヒント

①日ごろ園で提供される生の果物などはどのように処理しているでしょうか。
②園での普段の食事の提供以外の検食や原材料の保存、記録はどのようにしているでしょうか。
③子どもたちが口にするみかんは、どのような処理をされますか。また、みかんはいつどのように分け合いますか。
④子どもたちにどのように説明をしますか。

ワーク4（97-98頁）のヒント

①夏祭り
　・各コーナーにおいて注意すべき事項にはどのようなものがあるでしょうか。
　⇒食事等提供者の手指消毒、特に焼きそばの具材や調理方法はどのようにし、記録したらよいでしょうか。
　・手伝いのために参加する保護者への衛生管理の伝達方法はどのようにしたらよいでしょうか。
　⇒各コーナー、全体で注意することにはどのようなものがあるでしょうか。
　・参加者が安全に食べるための会場準備はどのようにしたらよいでしょうか。

⇒手指消毒、机やいすの配置、参加者や主催者の動線などで気をつけることはありますか。

②焼きさんま会

・焼き具合の確認など保護者への衛生管理の伝達方法や内容にはどのようなものがあるでしょうか。

⇒魚の食中毒のリスクを踏まえた調理方法や、調理するうえでの確認事項や記録はありますか。

⇒さんまはどのように保存しておきますか。調理室とどのように連携を図りますか。

・さんまを焼いた後の子どもたちが食べる動線や環境、タイミングはどうしたらよいでしょうか。

・全クラスの子どもがさんまを丸ごと食べるための工夫はどうしたらよいでしょうか。

⇒各年齢で気をつけることや提供方法の工夫はどうすればよいでしょうか。

③地域公開餅つき大会

・地域の人を含めた主催者の衛生管理の伝達方法や共通理解の図り方はどうしたらよいでしょうか。

⇒検便、手指消毒、健康状態の把握等、必要な準備はありますか。

・道具などの管理や、作業動線や環境の設定で気をつけることはありますか。

⇒きね、うす、ついた餅を切り分ける方法、食べる場所や食べるための食器具類の管理で注意することはありますか。

・子ども、保護者など食べる人に気をつけてもらうことはありますか。

⇒衛生管理、誤嚥について注意すること、またそれらへの対策にはどのようなものがあるでしょうか。

資料編

- 「保育所保育指針」

- 「幼保連携型認定こども園教育・保育要領」

「保育所保育指針」

2017（平成29）年3月31日告示

第1章　総則

　この指針は、児童福祉施設の設備及び運営に関する基準（昭和23年厚生省令第63号。以下「設備運営基準」という。）第35条の規定に基づき、保育所における保育の内容に関する事項及びこれに関連する運営に関する事項を定めるものである。各保育所は、この指針において規定される保育の内容に係る基本原則に関する事項等を踏まえ、各保育所の実情に応じて創意工夫を図り、保育所の機能及び質の向上に努めなければならない。

1　保育所保育に関する基本原則

（1）保育所の役割

ア　保育所は、児童福祉法（昭和22年法律第164号）第39条の規定に基づき、保育を必要とする子どもの保育を行い、その健全な心身の発達を図ることを目的とする児童福祉施設であり、入所する子どもの最善の利益を考慮し、その福祉を積極的に増進することに最もふさわしい生活の場でなければならない。

イ　保育所は、その目的を達成するために、保育に関する専門性を有する職員が、家庭との緊密な連携の下に、子どもの状況や発達過程を踏まえ、保育所における環境を通して、養護及び教育を一体的に行うことを特性としている。

ウ　保育所は、入所する子どもを保育するとともに、家庭や地域の様々な社会資源との連携を図りながら、入所する子どもの保護者に対する支援及び地域の子育て家庭に対する支援等を行う役割を担うものである。

エ　保育所における保育士は、児童福祉法第18条の4の規定を踏まえ、保育所の役割及び機能が適切に発揮されるように、倫理観に裏付けられた専門的知識、技術及び判断をもって、子どもを保育するとともに、子どもの保護者に対する保育に関する指導を行うものであり、その職責を遂行するための専門性の向上に絶えず努めなければならない。

（2）保育の目標

ア　保育所は、子どもが生涯にわたる人間形成にとって極めて重要な時期に、その生活時間の大半を過ごす場である。このため、保育所の保育は、子どもが現在を最も良く生き、望ましい未来をつくり出す力の基礎を培うために、次の目標を目指して行わなければならない。

（ア）十分に養護の行き届いた環境の下に、くつろいだ雰囲気の中で子どもの様々な欲求を満たし、生命の保持及び情緒の安定を図ること。

（イ）健康、安全など生活に必要な基本的な習慣や態度を養い、心身の健康の基礎を培うこと。

（ウ）人との関わりの中で、人に対する愛情と信頼感、そして人権を大切にする心を育てるとともに、自主、自立及び協調の態度を養い、道徳性の芽生えを培うこと。

（エ）生命、自然及び社会の事象についての興味や関心を育て、それらに対する豊かな心情や思考力の芽生えを培うこと。

（オ）生活の中で、言葉への興味や関心を育て、話したり、聞いたり、相手の話を理解しようとするなど、言葉の豊かさを養うこと。

（カ）様々な体験を通して、豊かな感性や表現力を育み、創造性の芽生えを培うこと。

イ　保育所は、入所する子どもの保護者に対し、その意向を受け止め、子どもと保護者の安定した関係に配慮し、保育所の特性や保育士等の専門性を生かして、その援助に当たらなければならない。

（3）保育の方法

　保育の目標を達成するために、保育士等は、次の事項に留意して保育しなければならない。

ア　一人一人の子どもの状況や家庭及び地域社会での生活の実態を把握するとともに、子どもが安心感と信頼感をもって活動できるよう、子どもの主体としての思いや願いを受け止めること。

イ　子どもの生活のリズムを大切にし、健康、安全で情緒の安定した生活ができる環境や、自己を十分に発揮できる環境を整えること。

ウ　子どもの発達について理解し、一人一人の発達過程に応じて保育すること。その際、子どもの個人差に十分配慮すること。

エ　子ども相互の関係づくりや互いに尊重する心を大切にし、集団における活動を効果あるものにするよう援助すること。

オ　子どもが自発的・意欲的に関われるような環境を構成し、子どもの主体的な活動や子ども相互の関わりを大切にすること。特に、乳幼児期にふさわしい体験が得られるように、

生活や遊びを通して総合的に保育すること。

カ　一人一人の保護者の状況やその意向を理解、受容し、それぞれの親子関係や家庭生活等に配慮しながら、様々な機会をとらえ、適切に援助すること。

（4）保育の環境

　保育の環境には、保育士等や子どもなどの人的環境、施設や遊具などの物的環境、更には自然や社会の事象などがある。保育所は、こうした人、物、場などの環境が相互に関連し合い、子どもの生活が豊かなものとなるよう、次の事項に留意しつつ、計画的に環境を構成し、工夫して保育しなければならない。

ア　子ども自らが環境に関わり、自発的に活動し、様々な経験を積んでいくことができるよう配慮すること。

イ　子どもの活動が豊かに展開されるよう、保育所の設備や環境を整え、保育所の保健的環境や安全の確保などに努めること。

ウ　保育室は、温かな親しみとくつろぎの場となるとともに、生き生きと活動できる場となるように配慮すること。

エ　子どもが人と関わる力を育てていくため、子ども自らが周囲の子どもや大人と関わっていくことができる環境を整えること。

（5）保育所の社会的責任

ア　保育所は、子どもの人権に十分配慮するとともに、子ども一人一人の人格を尊重して保育を行わなければならない。

イ　保育所は、地域社会との交流や連携を図り、保護者や地域社会に、当該保育所が行う保育の内容を適切に説明するよう努めなければならない。

ウ　保育所は、入所する子ども等の個人情報を適切に取り扱うとともに、保護者の苦情などに対し、その解決を図るよう努めなければならない。

2　養護に関する基本的事項

（1）養護の理念

　保育における養護とは、子どもの生命の保持及び情緒の安定を図るために保育士等が行う援助や関わりであり、保育所における保育は、養護及び教育を一体的に行うことをその特性とするものである。保育所における保育全体を通じて、養護に関するねらい及び内容を踏まえた保育が展開されなければならない。

（2）養護に関わるねらい及び内容

ア　生命の保持

（ア）ねらい

①一人一人の子どもが、快適に生活できるようにする。

②一人一人の子どもが、健康で安全に過ごせるようにする。

③一人一人の子どもの生理的欲求が、十分に満たされるようにする。

④一人一人の子どもの健康増進が、積極的に図られるようにする。

（イ）内容

①一人一人の子どもの平常の健康状態や発育及び発達状態を的確に把握し、異常を感じる場合は、速やかに適切に対応する。

②家庭との連携を密にし、嘱託医等との連携を図りながら、子どもの疾病や事故防止に関する認識を深め、保健的で安全な保育環境の維持及び向上に努める。

③清潔で安全な環境を整え、適切な援助や応答的な関わりを通して子どもの生理的欲求を満たしていく。また、家庭と協力しながら、子どもの発達過程等に応じた適切な生活のリズムがつくられていくようにする。

④子どもの発達過程等に応じて、適度な運動と休息を取ることができるようにする。また、食事、排泄、衣類の着脱、身の回りを清潔にすることなどについて、子どもが意欲的に生活できるよう適切に援助する。

イ　情緒の安定

（ア）ねらい

①一人一人の子どもが、安定感をもって過ごせるようにする。

②一人一人の子どもが、自分の気持ちを安心して表すことができるようにする。

③一人一人の子どもが、周囲から主体として受け止められ、主体として育ち、自分を肯定する気持ちが育まれていくようにする。

④一人一人の子どもがくつろいで共に過ごし、心身の疲れが癒されるようにする。

（イ）内容

①一人一人の子どもの置かれている状態や発達過程などを的確に把握し、子どもの欲求を適切に満たしながら、応答的な触れ合いや言葉がけを行う。

②一人一人の子どもの気持ちを受容し、共感しながら、子どもとの継続的な信頼関係を築いていく。

③保育士等との信頼関係を基盤に、一人一人の子どもが主体的に活動し、自発性や探索意欲などを高めるとともに、自分への自信をもつことができるよう成長の過程を見守り、適切に働きかける。

④一人一人の子どもの生活のリズム、発達過程、保育時間などに応じて、活動内容のバランスや調和を図りながら、適切な食事や休息が取れるようにする。

3　保育の計画及び評価

（1）全体的な計画の作成

ア　保育所は、1の（2）に示した保育の目標を達成するために、各保育所の保育の方針や目標に基づき、子どもの発

達過程を踏まえて、保育の内容が組織的・計画的に構成され、保育所の生活の全体を通して、総合的に展開されるよう、全体的な計画を作成しなければならない。

イ　全体的な計画は、子どもや家庭の状況、地域の実態、保育時間などを考慮し、子どもの育ちに関する長期的見通しをもって適切に作成されなければならない。

ウ　全体的な計画は、保育所保育の全体像を包括的に示すものとし、これに基づく指導計画、保健計画、食育計画等を通じて、各保育所が創意工夫して保育できるよう、作成されなければならない。

（2）指導計画の作成

ア　保育所は、全体的な計画に基づき、具体的な保育が適切に展開されるよう、子どもの生活や発達を見通した長期的な指導計画と、それに関連しながら、より具体的な子どもの日々の生活に即した短期的な指導計画を作成しなければならない。

イ　指導計画の作成に当たっては、第2章及びその他の関連する章に示された事項のほか、子ども一人一人の発達過程や状況を十分に踏まえるとともに、次の事項に留意しなければならない。

（ア）3歳未満児については、一人一人の子どもの生育歴、心身の発達、活動の実態等に即して、個別的な計画を作成すること。

（イ）3歳以上児については、個の成長と、子ども相互の関係や協同的な活動が促されるよう配慮すること。

（ウ）異年齢で構成される組やグループでの保育においては、一人一人の子どもの生活や経験、発達過程などを把握し、適切な援助や環境構成ができるよう配慮すること。

ウ　指導計画においては、保育所の生活における子どもの発達過程を見通し、生活の連続性、季節の変化などを考慮し、子どもの実態に即した具体的なねらい及び内容を設定すること。また、具体的なねらいが達成されるよう、子どもの生活する姿や発想を大切にして適切な環境を構成し、子どもが主体的に活動できるようにすること。

エ　一日の生活のリズムや在園時間が異なる子どもが共に過ごすことを踏まえ、活動と休息、緊張感と解放感等の調和を図るよう配慮すること。

オ　午睡は生活のリズムを構成する重要な要素であり、安心して眠ることのできる安全な睡眠環境を確保するとともに、在園時間が異なることや、睡眠時間は子どもの発達の状況や個人によって差があることから、一律とならないよう配慮すること。

カ　長時間にわたる保育については、子どもの発達過程、生活のリズム及び心身の状態に十分配慮して、保育の内容や方法、職員の協力体制、家庭との連携などを指導計画に位置付けること。

キ　障害のある子どもの保育については、一人一人の子ども

の発達過程や障害の状態を把握し、適切な環境の下で、障害のある子どもが他の子どもとの生活を通して共に成長できるよう、指導計画の中に位置付けること。また、子どもの状況に応じた保育を実施する観点から、家庭や関係機関と連携した支援のための計画を個別に作成するなど適切な対応を図ること。

（3）指導計画の展開

指導計画に基づく保育の実施に当たっては、次の事項に留意しなければならない。

ア　施設長、保育士など、全職員による適切な役割分担と協力体制を整えること。

イ　子どもが行う具体的な活動は、生活の中で様々に変化することに留意して、子どもが望ましい方向に向かって自ら活動を展開できるよう必要な援助を行うこと。

ウ　子どもの主体的な活動を促すためには、保育士等が多様な関わりをもつことが重要であることを踏まえ、子どもの情緒の安定や発達に必要な豊かな体験が得られるよう援助すること。

エ　保育士等は、子どもの実態や子どもを取り巻く状況の変化などに即して保育の過程を記録するとともに、これらを踏まえ、指導計画に基づく保育の内容の見直しを行い、改善を図ること。

（4）保育内容等の評価

ア　保育士等の自己評価

（ア）保育士等は、保育の計画や保育の記録を通して、自らの保育実践を振り返り、自己評価することを通して、その専門性の向上や保育実践の改善に努めなければならない。

（イ）保育士等による自己評価に当たっては、子どもの活動内容やその結果だけでなく、子どもの心の育ちや意欲、取り組む過程などにも十分配慮するよう留意すること。

（ウ）保育士等は、自己評価における自らの保育実践の振り返りや職員相互の話し合い等を通じて、専門性の向上及び保育の質の向上のための課題を明確にするとともに、保育所全体の保育の内容に関する認識を深めること。

イ　保育所の自己評価

（ア）保育所は、保育の質の向上を図るため、保育の計画の展開や保育士等の自己評価を踏まえ、当該保育所の保育の内容等について、自ら評価を行い、その結果を公表するよう努めなければならない。

（イ）保育所が自己評価を行うに当たっては、地域の実情や保育所の実態に即して、適切に評価の観点や項目等を設定し、全職員による共通理解をもって取り組むよう留意すること。

（ウ）設備運営基準第36条の趣旨を踏まえ、保育の内容等の評価に関し、保護者及び地域住民等の意見を聴くことが望ましいこと。

（5）評価を踏まえた計画の改善

ア　保育所は、評価の結果を踏まえ、当該保育所の保育の内容等の改善を図ること。

イ　保育の計画に基づく保育、保育の内容の評価及びこれに基づく改善という一連の取組により、保育の質の向上が図られるよう、全職員が共通理解をもって取り組むことに留意すること。

4　幼児教育を行う施設として共有すべき事項

（1）育みたい資質・能力

ア　保育所においては、生涯にわたる生きる力の基礎を培うため、1の（2）に示す保育の目標を踏まえ、次に掲げる資質・能力を一体的に育むよう努めるものとする。

（ア）豊かな体験を通じて、感じたり、気付いたり、分かったり、できるようになったりする「知識及び技能の基礎」

（イ）気付いたことや、できるようになったことなどを使い、考えたり、試したり、工夫したり、表現したりする「思考力、判断力、表現力等の基礎」

（ウ）心情、意欲、態度が育つ中で、よりよい生活を営もうとする「学びに向かう力、人間性等」

イ　アに示す資質・能力は、第2章に示すねらい及び内容に基づく保育活動全体によって育むものである。

（2）幼児期の終わりまでに育ってほしい姿

次に示す「幼児期の終わりまでに育ってほしい姿」は、第2章に示すねらい及び内容に基づく保育活動全体を通して資質・能力が育まれている子どもの小学校就学時の具体的な姿であり、保育士等が指導を行う際に考慮するものである。

ア　健康な心と体

保育所の生活の中で、充実感をもって自分のやりたいことに向かって心と体を十分に働かせ、見通しをもって行動し、自ら健康で安全な生活をつくり出すようになる。

イ　自立心

身近な環境に主体的に関わり様々な活動を楽しむ中で、しなければならないことを自覚し、自分の力で行うために考えたり、工夫したりしながら、諦めずにやり遂げることで達成感を味わい、自信をもって行動するようになる。

ウ　協同性

友達と関わる中で、互いの思いや考えなどを共有し、共通の目的の実現に向けて、考えたり、工夫したり、協力したりし、充実感をもってやり遂げるようになる。

エ　道徳性・規範意識の芽生え

友達と様々な体験を重ねる中で、してよいことや悪いことが分かり、自分の行動を振り返ったり、友達の気持ちに共感したりし、相手の立場に立って行動するようになる。また、きまりを守る必要性が分かり、自分の気持ちを調整し、友達と折り合いを付けながら、きまりをつくったり、守っ

たりするようになる。

オ　社会生活との関わり

家族を大切にしようとする気持ちをもつとともに、地域の身近な人と触れ合う中で、人との様々な関わり方に気付き、相手の気持ちを考えて関わり、自分が役に立つ喜びを感じ、地域に親しみをもつようになる。また、保育所内外の様々な環境に関わる中で、遊びや生活に必要な情報を取り入れ、情報に基づき判断したり、情報を伝え合ったり、活用したりするなど、情報を役立てながら活動するようになるとともに、公共の施設を大切に利用するなどして、社会とのつながりなどを意識するようになる。

カ　思考力の芽生え

身近な事象に積極的に関わる中で、物の性質や仕組みなどを感じ取ったり、気付いたりし、考えたり、予想したり、工夫したりするなど、多様な関わりを楽しむようになる。また、友達の様々な考えに触れる中で、自分と異なる考えがあることに気付き、自ら判断したり、考え直したりするなど、新しい考えを生み出す喜びを味わいながら、自分の考えをよりよいものにするようになる。

キ　自然との関わり・生命尊重

自然に触れて感動する体験を通して、自然の変化などを感じ取り、好奇心や探究心をもって考え言葉などで表現しながら、身近な事象への関心が高まるとともに、自然への愛情や畏敬の念をもつようになる。また、身近な動植物に心を動かされる中で、生命の不思議さや尊さに気付き、身近な動植物への接し方を考え、命あるものとしていたわり、大切にする気持ちをもって関わるようになる。

ク　数量や図形、標識や文字などへの関心・感覚

遊びや生活の中で、数量や図形、標識や文字などに親しむ体験を重ねたり、標識や文字の役割に気付いたりし、自らの必要感に基づきこれらを活用し、興味や関心、感覚をもつようになる。

ケ　言葉による伝え合い

保育士等や友達と心を通わせる中で、絵本や物語などに親しみながら、豊かな言葉や表現を身に付け、経験したことや考えたことなどを言葉で伝えたり、相手の話を注意して聞いたりし、言葉による伝え合いを楽しむようになる。

コ　豊かな感性と表現

心を動かす出来事などに触れ感性を働かせる中で、様々な素材の特徴や表現の仕方などに気付き、感じたことや考えたことを自分で表現したり、友達同士で表現する過程を楽しんだりし、表現する喜びを味わい、意欲をもつようになる。

第2章　保育の内容

この章に示す「ねらい」は、第1章の1の（2）に示された保育の目標をより具体化したものであり、子どもが保育所において、安定した生活を送り、充実した活動ができるように、

保育を通じて育みたい資質・能力を、子どもの生活する姿から捉えたものである。また、「内容」は、「ねらい」を達成するために、子どもの生活やその状況に応じて保育士等が適切に行う事項と、保育士等が援助して子どもが環境に関わって経験する事項を示したものである。

保育における「養護」とは、子どもの生命の保持及び情緒の安定を図るために保育士等が行う援助や関わりであり、「教育」とは、子どもが健やかに成長し、その活動がより豊かに展開されるための発達の援助である。本章では、保育士等が、「ねらい」及び「内容」を具体的に把握するため、主に教育に関わる側面からの視点を示しているが、実際の保育においては、養護と教育が一体となって展開されることに留意する必要がある。

1　乳児保育に関わるねらい及び内容

(1) 基本的事項

ア　乳児期の発達については、視覚、聴覚などの感覚や、座る、はう、歩くなどの運動機能が著しく発達し、特定の大人との応答的な関わりを通じて、情緒的な絆が形成されるといった特徴がある。これらの発達の特徴を踏まえて、乳児保育は、愛情豊かに、応答的に行われることが特に必要である。

イ　本項においては、この時期の発達の特徴を踏まえ、乳児保育の「ねらい」及び「内容」については、身体的発達に関する視点「健やかに伸び伸びと育つ」、社会的発達に関する視点「身近な人と気持ちが通じ合う」及び精神的発達に関する視点「身近なものと関わり感性が育つ」としてまとめ、示している。

ウ　本項の各視点において示す保育の内容は、第1章の2に示された養護における「生命の保持」及び「情緒の安定」に関わる保育の内容と、一体となって展開されるものであることに留意が必要である。

(2) ねらい及び内容

ア　健やかに伸び伸びと育つ

健康な心と体を育て、自ら健康で安全な生活をつくり出す力の基盤を培う。

(ア) ねらい

①身体感覚が育ち、快適な環境に心地よさを感じる。

②伸び伸びと体を動かし、はう、歩くなどの運動をしようとする。

③食事、睡眠等の生活のリズムの感覚が芽生える。

(イ) 内容

①保育士等の愛情豊かな受容の下で、生理的・心理的欲求を満たし、心地よく生活をする。

②一人一人の発育に応じて、はう、立つ、歩くなど、十分に体を動かす。

③個人差に応じて授乳を行い、離乳を進めていく中で、様々な食品に少しずつ慣れ、食べることを楽しむ。

④一人一人の生活のリズムに応じて、安全な環境の下で十分に午睡をする。

⑤おむつ交換や衣服の着脱などを通じて、清潔になることの心地よさを感じる。

(ウ) 内容の取扱い

上記の取扱いに当たっては、次の事項に留意する必要がある。

①心と体の健康は、相互に密接な関連があるものであることを踏まえ、温かい触れ合いの中で、心と体の発達を促すこと。特に、寝返り、お座り、はいはい、つかまり立ち、伝い歩きなど、発育に応じて、遊びの中で体を動かす機会を十分に確保し、自ら体を動かそうとする意欲が育つようにすること。

②健康な心と体を育てるためには望ましい食習慣の形成が重要であることを踏まえ、離乳食が完了期へと徐々に移行する中で、様々な食品に慣れるようにするとともに、和やかな雰囲気の中で食べる喜びや楽しさを味わい、進んで食べようとする気持ちが育つようにすること。なお、食物アレルギーのある子どもへの対応については、嘱託医等の指示や協力の下に適切に対応すること。

イ　身近な人と気持ちが通じ合う

受容的・応答的な関わりの下で、何かを伝えようとする意欲や身近な大人との信頼関係を育て、人と関わる力の基盤を培う。

(ア) ねらい

①安心できる関係の下で、身近な人と共に過ごす喜びを感じる。

②体の動きや表情、発声等により、保育士等と気持ちを通わせようとする。

③身近な人と親しみ、関わりを深め、愛情や信頼感が芽生える。

(イ) 内容

①子どもからの働きかけを踏まえた、応答的な触れ合いや言葉がけによって、欲求が満たされ、安定感をもって過ごす。

②体の動きや表情、発声、喃語等を優しく受け止めてもらい、保育士等とのやり取りを楽しむ。

③生活や遊びの中で、自分の身近な人の存在に気付き、親しみの気持ちを表す。

④保育士等による語りかけや歌いかけ、発声や喃語等への応答を通じて、言葉の理解や発語の意欲が育つ。

⑤温かく、受容的な関わりを通じて、自分を肯定する気持ちが芽生える。

(ウ) 内容の取扱い

上記の取扱いに当たっては、次の事項に留意する必要がある。

①保育士等との信頼関係に支えられて生活を確立していくことが人と関わる基盤となることを考慮して、子どもの多様な感情を受け止め、温かく受容的・応答的に関わり、一人一人に応じた適切な援助を行うようにすること。

②身近な人に親しみをもって接し、自分の感情などを表し、

それに相手が応答する言葉を聞くことを通して、次第に言葉が獲得されていくことを考慮して、楽しい雰囲気の中での保育士等との関わり合いを大切にし、ゆっくりと優しく話しかけるなど、積極的に言葉のやり取りを楽しむことができるようにすること。

ウ　身近なものと関わり感性が育つ

身近な環境に興味や好奇心をもって関わり、感じたことや考えたことを表現する力の基盤を培う。

（ア）ねらい

①身の回りのものに親しみ、様々なものに興味や関心をもつ。

②見る、触れる、探索するなど、身近な環境に自分から関わろうとする。

③身体の諸感覚による認識が豊かになり、表情や手足、体の動き等で表現する。

（イ）内容

①身近な生活用具、玩具や絵本などが用意された中で、身の回りのものに対する興味や好奇心をもつ。

②生活や遊びの中で様々なものに触れ、音、形、色、手触りなどに気付き、感覚の働きを豊かにする。

③保育士等と一緒に様々な色彩や形のものや絵本などを見る。

④玩具や身の回りのものを、つまむ、つかむ、たたく、引っ張るなど、手や指を使って遊ぶ。

⑤保育士等のあやし遊びに機嫌よく応じたり、歌やリズムに合わせて手足や体を動かして楽しんだりする。

（ウ）内容の取扱い

上記の取扱いに当たっては、次の事項に留意する必要がある。

①玩具などは、音質、形、色、大きさなど子どもの発達状態に応じて適切なものを選び、その時々の子どもの興味や関心を踏まえるなど、遊びを通して感覚の発達が促されるものとなるように工夫すること。なお、安全な環境の下で、子どもが探索意欲を満たして自由に遊べるよう、身の回りのものについては、常に十分な点検を行うこと。

②乳児期においては、表情、発声、体の動きなどで、感情を表現することが多いことから、これらの表現しようとする意欲を積極的に受け止めて、子どもが様々な活動を楽しむことを通して表現が豊かになるようにすること。

（3）保育の実施に関わる配慮事項

ア　乳児は疾病への抵抗力が弱く、心身の機能の未熟さに伴う疾病の発生が多いことから、一人一人の発育及び発達状態や健康状態についての適切な判断に基づく保健的な対応を行うこと。

イ　一人一人の子どもの生育歴の違いに留意しつつ、欲求を適切に満たし、特定の保育士が応答的に関わるように努めること。

ウ　乳児保育に関わる職員間の連携や嘱託医との連携を図り、第3章に示す事項を踏まえ、適切に対応すること。栄養士及び看護師等が配置されている場合は、その専門性を

生かした対応を図ること。

エ　保護者との信頼関係を築きながら保育を進めるとともに、保護者からの相談に応じ、保護者への支援に努めていくこと。

オ　担当の保育士が替わる場合には、子どものそれまでの生育歴や発達過程に留意し、職員間で協力して対応すること。

2　1歳以上3歳未満児の保育に関わるねらい及び内容

（1）基本的事項

ア　この時期においては、歩き始めから、歩く、走る、跳ぶなどへと、基本的な運動機能が次第に発達し、排泄の自立のための身体的機能も整うようになる。つまむ、めくるなどの指先の機能も発達し、食事、衣類の着脱なども、保育士等の援助の下で自分で行うようになる。発声も明瞭になり、語彙も増加し、自分の意思や欲求を言葉で表出できるようになる。このように自分でできることが増えてくる時期であることから、保育士等は、子どもの生活の安定を図りながら、自分でしようとする気持ちを尊重し、温かく見守るとともに、愛情豊かに、応答的に関わることが必要である。

イ　本項においては、この時期の発達の特徴を踏まえ、保育の「ねらい」及び「内容」について、心身の健康に関する領域「健康」、人との関わりに関する領域「人間関係」、身近な環境との関わりに関する領域「環境」、言葉の獲得に関する領域「言葉」及び感性と表現に関する領域「表現」としてまとめ、示している。

ウ　本項の各領域において示す保育の内容は、第1章の2に示された養護における「生命の保持」及び「情緒の安定」に関わる保育の内容と、一体となって展開されるものであることに留意が必要である。

（2）ねらい及び内容

ア　健康

健康な心と体を育て、自ら健康で安全な生活をつくり出す力を養う。

（ア）ねらい

①明るく伸び伸びと生活し、自分から体を動かすことを楽しむ。

②自分の体を十分に動かし、様々な動きをしようとする。

③健康、安全な生活に必要な習慣に気付き、自分でしてみようとする気持ちが育つ。

（イ）内容

①保育士等の愛情豊かな受容の下で、安定感をもって生活をする。

②食事や午睡、遊びと休息など、保育所における生活のリズムが形成される。

③走る、跳ぶ、登る、押す、引っ張るなど全身を使う遊びを楽

しむ。

④様々な食品や調理形態に慣れ、ゆったりとした雰囲気の中で食事や間食を楽しむ。

⑤身の回りを清潔に保つ心地よさを感じ、その習慣が少しずつ身に付く。

⑥保育士等の助けを借りながら、衣類の着脱を自分でしようとする。

⑦便器での排泄に慣れ、自分で排泄ができるようになる。

（ウ）内容の取扱い

上記の取扱いに当たっては、次の事項に留意する必要がある。

①心と体の健康は、相互に密接な関連があるものであることを踏まえ、子どもの気持ちに配慮した温かい触れ合いの中で、心と体の発達を促すこと。特に、一人一人の発育に応じて、体を動かす機会を十分に確保し、自ら体を動かそうとする意欲が育つようにすること。

②健康な心と体を育てるためには望ましい食習慣の形成が重要であることを踏まえ、ゆったりとした雰囲気の中で食べる喜びや楽しさを味わい、進んで食べようとする気持ちが育つようにすること。なお、食物アレルギーのある子どもへの対応については、嘱託医等の指示や協力の下に適切に対応すること。

③排泄の習慣については、一人一人の排尿間隔等を踏まえ、おむつが汚れていないときに便器に座らせるなどにより、少しずつ慣れさせるようにすること。

④食事、排泄、睡眠、衣類の着脱、身の回りを清潔にすることなど、生活に必要な基本的な習慣については、一人一人の状態に応じ、落ち着いた雰囲気の中で行うようにし、子どもが自分でしようとする気持ちを尊重すること。また、基本的な生活習慣の形成に当たっては、家庭での生活経験に配慮し、家庭との適切な連携の下で行うようにすること。

イ　人間関係

他の人々と親しみ、支え合って生活するために、自立心を育て、人と関わる力を養う。

（ア）ねらい

①保育所での生活を楽しみ、身近な人と関わる心地よさを感じる。

②周囲の子ども等への興味や関心が高まり、関わりをもとうとする。

③保育所の生活の仕方に慣れ、きまりの大切さに気付く。

（イ）内容

①保育士等や周囲の子ども等との安定した関係の中で、共に過ごす心地よさを感じる。

②保育士等の受容的・応答的な関わりの中で、欲求を適切に満たし、安定感をもって過ごす。

③身の回りに様々な人がいることに気付き、徐々に他の子どもと関わりをもって遊ぶ。

④保育士等の仲立ちにより、他の子どもとの関わり方を少しずつ身につける。

⑤保育所の生活の仕方に慣れ、きまりがあることや、その大切さに気付く。

⑥生活や遊びの中で、年長児や保育士等の真似をしたり、ごっこ遊びを楽しんだりする。

（ウ）内容の取扱い

上記の取扱いに当たっては、次の事項に留意する必要がある。

①保育士等との信頼関係に支えられて生活を確立するとともに、自分で何かをしようとする気持ちが旺盛になる時期であることに鑑み、そのような子どもの気持ちを尊重し、温かく見守るとともに、愛情豊かに、応答的に関わり、適切な援助を行うようにすること。

②思い通りにいかない場合等の子どもの不安定な感情の表出については、保育士等が受容的に受け止めるとともに、そうした気持ちから立ち直る経験や感情をコントロールすることへの気付き等につなげていけるように援助すること。

③この時期は自己と他者との違いの認識がまだ十分ではないことから、子どもの自我の育ちを見守るとともに、保育士等が仲立ちとなって、自分の気持ちを相手に伝えることや相手の気持ちに気付くことの大切さなど、友達の気持ちや友達との関わり方を丁寧に伝えていくこと。

ウ　環境

周囲の様々な環境に好奇心や探究心をもって関わり、それらを生活に取り入れていこうとする力を養う。

（ア）ねらい

①身近な環境に親しみ、触れ合う中で、様々なものに興味や関心をもつ。

②様々なものに関わる中で、発見を楽しんだり、考えたりしようとする。

③見る、聞く、触るなどの経験を通して、感覚の働きを豊かにする。

（イ）内容

①安全で活動しやすい環境での探索活動等を通して、見る、聞く、触れる、嗅ぐ、味わうなどの感覚の働きを豊かにする。

②玩具、絵本、遊具などに興味をもち、それらを使った遊びを楽しむ。

③身の回りの物に触れる中で、形、色、大きさ、量などの物の性質や仕組みに気付く。

④自分の物と人の物の区別や、場所的感覚など、環境を捉える感覚が育つ。

⑤身近な生き物に気付き、親しみをもつ。

⑥近隣の生活や季節の行事などに興味や関心をもつ。

（ウ）内容の取扱い

上記の取扱いに当たっては、次の事項に留意する必要がある。

①玩具などは、音質、形、色、大きさなど子どもの発達状態に応じて適切なものを選び、遊びを通して感覚の発達が促されるように工夫すること。

②身近な生き物との関わりについては、子どもが命を感じ、生命の尊さに気付く経験へとつながるものであることか

ら、そうした気付きを促すような関わりとなるようにすること。

③地域の生活や季節の行事などに触れる際には、社会とのつながりや地域社会の文化への気付きにつながるものとなることが望ましいこと。その際、保育所内外の行事や地域の人々との触れ合いなどを通して行うこと等も考慮すること。

エ　言葉

経験したことや考えたことなどを自分なりの言葉で表現し、相手の話す言葉を聞こうとする意欲や態度を育て、言葉に対する感覚や言葉で表現する力を養う。

（ア）ねらい

①言葉遊びや言葉で表現する楽しさを感じる。

②人の言葉や話などを聞き、自分でも思ったことを伝えようとする。

③絵本や物語等に親しむとともに、言葉のやり取りを通じて身近な人と気持ちを通わせる。

（イ）内容

①保育士等の応答的な関わりや話しかけにより、自ら言葉を使おうとする。

②生活に必要な簡単な言葉に気付き、聞き分ける。

③親しみをもって日常の挨拶に応じる。

④絵本や紙芝居を楽しみ、簡単な言葉を繰り返したり、模倣をしたりして遊ぶ。

⑤保育士等とごっこ遊びをする中で、言葉のやり取りを楽しむ。

⑥保育士等を仲立ちとして、生活や遊びの中で友達との言葉のやり取りを楽しむ。

⑦保育士等や友達の言葉や話に興味や関心をもって、聞いたり、話したりする。

（ウ）内容の取扱い

上記の取扱いに当たっては、次の事項に留意する必要がある。

①身近な人に親しみをもって接し、自分の感情などを伝え、それに相手が応答し、その言葉を聞くことを通して、次第に言葉が獲得されていくものであることを考慮して、楽しい雰囲気の中で保育士等との言葉のやり取りができるようにすること。

②子どもが自分の思いを言葉で伝えるとともに、他の子どもの話などを聞くことを通して、次第に話を理解し、言葉による伝え合いができるようになるよう、気持ちや経験等の言語化を行うことを援助するなど、子ども同士の関わりの仲立ちを行うようにすること。

③この時期は、片言から、二語文、ごっこ遊びでのやり取りができる程度へと、大きく言葉の習得が進む時期であることから、それぞれの子どもの発達の状況に応じて、遊びや関わりの工夫など、保育の内容を適切に展開することが必要であること。

オ　表現

感じたことや考えたことを自分なりに表現することを通して、豊かな感性や表現する力を養い、創造性を豊かにする。

（ア）ねらい

①身体の諸感覚の経験を豊かにし、様々な感覚を味わう。

②感じたことや考えたことなどを自分なりに表現しようとする。

③生活や遊びの様々な体験を通して、イメージや感性が豊かになる。

（イ）内容

①水、砂、土、紙、粘土など様々な素材に触れて楽しむ。

②音楽、リズムやそれに合わせた体の動きを楽しむ。

③生活の中で様々な音、形、色、手触り、動き、味、香りなどに気付いたり、感じたりして楽しむ。

④歌を歌ったり、簡単な手遊びや全身を使う遊びを楽しんだりする。

⑤保育士等からの話や、生活や遊びの中での出来事を通して、イメージを豊かにする。

⑥生活や遊びの中で、興味のあることや経験したことなどを自分なりに表現する。

（ウ）内容の取扱い

上記の取扱いに当たっては、次の事項に留意する必要がある。

①子どもの表現は、遊びや生活の様々な場面で表出されているものであることから、それらを積極的に受け止め、様々な表現の仕方や感性を豊かにする経験となるようにすること。

②子どもが試行錯誤しながら様々な表現を楽しむことや、自分の力でやり遂げる充実感などに気付くよう、温かく見守るとともに、適切に援助を行うようにすること。

③様々な感情の表現等を通じて、子どもが自分の感情や気持ちに気付くようになる時期であることに鑑み、受容的な関わりの中で自信をもって表現をすることや、諦めずに続けた後の達成感等を感じられるような経験が蓄積されるようにすること。

④身近な自然や身の回りの事物に関わる中で、発見や心が動く経験が得られるよう、諸感覚を働かせることを楽しむ遊びや素材を用意するなど保育の環境を整えること。

（3）保育の実施に関わる配慮事項

ア　特に感染症にかかりやすい時期であるので、体の状態、機嫌、食欲などの日常の状態の観察を十分に行うとともに、適切な判断に基づく保健的な対応を心がけること。

イ　探索活動が十分できるように、事故防止に努めながら活動しやすい環境を整え、全身を使う遊びなど様々な遊びを取り入れること。

ウ　自我が形成され、子どもが自分の感情や気持ちに気付くようになる重要な時期であることに鑑み、情緒の安定を図りながら、子どもの自発的な活動を尊重するとともに促していくこと。

エ　担当の保育士が替わる場合には、子どものそれまでの経験や発達過程に留意し、職員間で協力して対応すること。

3 3歳以上児の保育に関するねらい及び内容

（1）基本的事項

ア　この時期においては、運動機能の発達により、基本的な動作が一通りできるようになるとともに、基本的な生活習慣もほぼ自立できるようになる。理解する語彙数が急激に増加し、知的興味や関心も高まってくる。仲間と遊び、仲間の中の一人という自覚が生じ、集団的な遊びや協同的な活動も見られるようになる。これらの発達の特徴を踏まえて、この時期の保育においては、個の成長と集団としての活動の充実が図られるようにしなければならない。

イ　本項においては、この時期の発達の特徴を踏まえ、保育の「ねらい」及び「内容」について、心身の健康に関する領域「健康」、人との関わりに関する領域「人間関係」、身近な環境との関わりに関する領域「環境」、言葉の獲得に関する領域「言葉」及び感性と表現に関する領域「表現」としてまとめ、示している。

ウ　本項の各領域において示す保育の内容は、第1章の2に示された養護における「生命の保持」及び「情緒の安定」に関わる保育の内容と、一体となって展開されるものであることに留意が必要である。

（2）ねらい及び内容

ア　健康
　　健康な心と体を育て、自ら健康で安全な生活をつくり出す力を養う。

（ア）ねらい
①明るく伸び伸びと行動し、充実感を味わう。
②自分の体を十分に動かし、進んで運動しようとする。
③健康、安全な生活に必要な習慣や態度を身に付け、見通しをもって行動する。

（イ）内容
①保育士等や友達と触れ合い、安定感をもって行動する。
②いろいろな遊びの中で十分に体を動かす。
③進んで戸外で遊ぶ。
④様々な活動に親しみ、楽しんで取り組む。
⑤保育士等や友達と食べることを楽しみ、食べ物への興味や関心をもつ。
⑥健康な生活のリズムを身に付ける。
⑦身の回りを清潔にし、衣服の着脱、食事、排泄などの生活に必要な活動を自分でする。
⑧保育所における生活の仕方を知り、自分たちで生活の場を整えながら見通しをもって行動する。
⑨自分の健康に関心をもち、病気の予防などに必要な活動を進んで行う。
⑩危険な場所、危険な遊び方、災害時などの行動の仕方が分かり、安全に気を付けて行動する。

（ウ）内容の取扱い
　　上記の取扱いに当たっては、次の事項に留意する必要がある。
①心と体の健康は、相互に密接な関連があるものであることを踏まえ、子どもが保育士等や他の子どもとの温かい触れ合いの中で自己の存在感や充実感を味わうことなどを基盤として、しなやかな心と体の発達を促すこと。特に、十分に体を動かす気持ちよさを体験し、自ら体を動かそうとする意欲が育つようにすること。
②様々な遊びの中で、子どもが興味や関心、能力に応じて全身を使って活動することにより、体を動かす楽しさを味わい、自分の体を大切にしようとする気持ちが育つようにすること。その際、多様な動きを経験する中で、体の動きを調整するようにすること。
③自然の中で伸び伸びと体を動かして遊ぶことにより、体の諸機能の発達が促されることに留意し、子どもの興味や関心が戸外にも向くようにすること。その際、子どもの動線に配慮した園庭や遊具の配置などを工夫すること。
④健康な心と体を育てるためには食育を通じた望ましい食習慣の形成が大切であることを踏まえ、子どもの食生活の実情に配慮し、和やかな雰囲気の中で保育士等や他の子どもと食べる喜びや楽しさを味わったり、様々な食べ物への興味や関心をもったりするなどし、食の大切さに気付き、進んで食べようとする気持ちが育つようにすること。
⑤基本的な生活習慣の形成に当たっては、家庭での生活経験に配慮し、子どもの自立心を育て、子どもが他の子どもと関わりながら主体的な活動を展開する中で、生活に必要な習慣を身に付け、次第に見通しをもって行動できるようにすること。
⑥安全に関する指導に当たっては、情緒の安定を図り、遊びを通して安全についての構えを身に付け、危険な場所や事物などが分かり、安全についての理解を深めるようにすること。また、交通安全の習慣を身に付けるようにするとともに、避難訓練などを通して、災害などの緊急時に適切な行動がとれるようにすること。

イ　人間関係
　　他の人々と親しみ、支え合って生活するために、自立心を育て、人と関わる力を養う。

（ア）ねらい
①保育所の生活を楽しみ、自分の力で行動することの充実感を味わう。
②身近な人と親しみ、関わりを深め、工夫したり、協力したりして一緒に活動する楽しさを味わい、愛情や信頼感をもつ。
③社会生活における望ましい習慣や態度を身に付ける。

（イ）内容
①保育士等や友達と共に過ごすことの喜びを味わう。
②自分で考え、自分で行動する。
③自分でできることは自分でする。
④いろいろな遊びを楽しみながら物事をやり遂げようとする

気持ちをもつ。

⑤友達と積極的に関わりながら喜びや悲しみを共感し合う。

⑥自分の思ったことを相手に伝え、相手の思っていることに気付く。

⑦友達のよさに気付き、一緒に活動する楽しさを味わう。

⑧友達と楽しく活動する中で、共通の目的を見いだし、工夫したり、協力したりなどする。

⑨よいことや悪いことがあることに気付き、考えながら行動する。

⑩友達との関わりを深め、思いやりをもつ。

⑪友達と楽しく生活する中できまりの大切さに気付き、守ろうとする。

⑫共同の遊具や用具を大切にし、皆で使う。

⑬高齢者をはじめ地域の人々などの自分の生活に関係の深いいろいろな人に親しみをもつ。

（ウ）内容の取扱い

上記の取扱いに当たっては、次の事項に留意する必要がある。

①保育士等との信頼関係に支えられて自分自身の生活を確立していくことが人と関わる基盤となることを考慮し、子どもが自ら周囲に働き掛けることにより多様な感情を体験し、試行錯誤しながら諦めずにやり遂げることの達成感や、前向きな見通しをもって自分の力で行うことの充実感を味わうことができるよう、子どもの行動を見守りながら適切な援助を行うようにすること。

②一人一人を生かした集団を形成しながら人と関わる力を育てていくようにすること。その際、集団の生活の中で、子どもが自己を発揮し、保育士等や他の子どもに認められる体験をし、自分のよさや特徴に気付き、自信をもって行動できるようにすること。

③子どもが互いに関わりを深め、協同して遊ぶようになるため、自ら行動する力を育てるとともに、他の子どもと試行錯誤しながら活動を展開する楽しさや共通の目的が実現する喜びを味わうことができるようにすること。

④道徳性の芽生えを培うに当たっては、基本的な生活習慣の形成を図るとともに、子どもが他の子どもとの関わりの中で他人の存在に気付き、相手を尊重する気持ちをもって行動できるようにし、また、自然や身近な動植物に親しむことなどを通して豊かな心情が育つようにすること。特に、人に対する信頼感や思いやりの気持ちは、葛藤やつまずきをも体験し、それらを乗り越えることにより次第に芽生えてくることに配慮すること。

⑤集団の生活を通して、子どもが人との関わりを深め、規範意識の芽生えが培われることを考慮し、子どもが保育士等との信頼関係に支えられて自己を発揮する中で、互いに思いを主張し、折り合いを付ける体験をし、きまりの必要性などに気付き、自分の気持ちを調整する力が育つようにすること。

⑥高齢者をはじめ地域の人々などの自分の生活に関係の深い

いろいろな人と触れ合い、自分の感情や意志を表現しながら共に楽しみ、共感し合う体験を通して、これらの人々などに親しみをもち、人と関わることの楽しさや人の役に立つ喜びを味わうことができるようにすること。また、生活を通して親や祖父母などの家族の愛情に気付き、家族を大切にしようとする気持ちが育つようにすること。

ウ　環境

周囲の様々な環境に好奇心や探究心をもって関わり、それらを生活に取り入れていこうとする力を養う。

（ア）ねらい

①身近な環境に親しみ、自然と触れ合う中で様々な事象に興味や関心をもつ。

②身近な環境に自分から関わり、発見を楽しんだり、考えたりし、それを生活に取り入れようとする。

③身近な事象を見たり、考えたり、扱ったりする中で、物の性質や数量、文字などに対する感覚を豊かにする。

（イ）内容

①自然に触れて生活し、その大きさ、美しさ、不思議さなどに気付く。

②生活の中で、様々な物に触れ、その性質や仕組みに興味や関心をもつ。

③季節により自然や人間の生活に変化のあることに気付く。

④自然などの身近な事象に関心をもち、取り入れて遊ぶ。

⑤身近な動植物に親しみをもって接し、生命の尊さに気付き、いたわったり、大切にしたりする。

⑥日常生活の中で、我が国や地域社会における様々な文化や伝統に親しむ。

⑦身近な物を大切にする。

⑧身近な物や遊具に興味をもって関わり、自分なりに比べたり、関連付けたりしながら考えたり、試したりして工夫して遊ぶ。

⑨日常生活の中で数量や図形などに関心をもつ。

⑩日常生活の中で簡単な標識や文字などに関心をもつ。

⑪生活に関係の深い情報や施設などに興味や関心をもつ。

⑫保育所内外の行事において国旗に親しむ。

（ウ）内容の取扱い

上記の取扱いに当たっては、次の事項に留意する必要がある。

①子どもが、遊びの中で周囲の環境と関わり、次第に周囲の世界に好奇心を抱き、その意味や操作の仕方に関心をもち、物事の法則性に気付き、自分なりに考えることができるようになる過程を大切にすること。また、他の子どもの考えなどに触れて新しい考えを生み出す喜びや楽しさを味わい、自分の考えをよりよいものにしようとする気持ちが育つようにすること。

②幼児期において自然のもつ意味は大きく、自然の大きさ、美しさ、不思議さなどに直接触れる体験を通して、子どもの心が安らぎ、豊かな感情、好奇心、思考力、表現力の基礎が培われることを踏まえ、子どもが自然との関わりを深め

ることができるよう工夫すること。

③身近な事象や動植物に対する感動を伝え合い、共感し合うことなどを通して自分から関わろうとする意欲を育てるとともに、様々な関わり方を通してそれらに対する親しみや畏敬の念、生命を大切にする気持ち、公共心、探究心などが養われるようにすること。

④文化や伝統に親しむ際には、正月や節句など我が国の伝統的な行事、国歌、唱歌、わらべうたや我が国の伝統的な遊びに親しんだり、異なる文化に触れる活動に親しんだりすることを通じて、社会とのつながりの意識や国際理解の意識の芽生えなどが養われるようにすること。

⑤数量や文字などに関しては、日常生活の中で子ども自身の必要感に基づく体験を大切にし、数量や文字などに関する興味や関心、感覚が養われるようにすること。

エ　言葉
　経験したことや考えたことなどを自分なりの言葉で表現し、相手の話す言葉を聞こうとする意欲や態度を育て、言葉に対する感覚や言葉で表現する力を養う。

（ア）ねらい

①自分の気持ちを言葉で表現する楽しさを味わう。

②人の言葉や話などをよく聞き、自分の経験したことや考えたことを話し、伝え合う喜びを味わう。

③日常生活に必要な言葉が分かるようになるとともに、絵本や物語などに親しみ、言葉に対する感覚を豊かにし、保育士等や友達と心を通わせる。

（イ）内容

①保育士等や友達の言葉や話に興味や関心をもち、親しみをもって聞いたり、話したりする。

②したり、見たり、聞いたり、感じたり、考えたりなどしたことを自分なりに言葉で表現する。

③したいこと、してほしいことを言葉で表現したり、分からないことを尋ねたりする。

④人の話を注意して聞き、相手に分かるように話す。

⑤生活の中で必要な言葉が分かり、使う。

⑥親しみをもって日常の挨拶をする。

⑦生活の中で言葉の楽しさや美しさに気付く。

⑧いろいろな体験を通じてイメージや言葉を豊かにする。

⑨絵本や物語などに親しみ、興味をもって聞き、想像をする楽しさを味わう。

⑩日常生活の中で、文字などで伝える楽しさを味わう。

（ウ）内容の取扱い
　上記の取扱いに当たっては、次の事項に留意する必要がある。

①言葉は、身近な人に親しみをもって接し、自分の感情や意志などを伝え、それに相手が応答し、その言葉を聞くことを通して次第に獲得されていくものであることを考慮して、子どもが保育士等や他の子どもと関わることにより心を動かされるような体験をし、言葉を交わす喜びを味わえるようにすること。

②子どもが自分の思いを言葉で伝えるとともに、保育士等や他の子どもなどの話を興味をもって注意して聞くことを通して次第に話を理解するようになっていき、言葉による伝え合いができるようにすること。

③絵本や物語などで、その内容と自分の経験とを結び付けたり、想像を巡らせたりするなど、楽しみを十分に味わうことによって、次第に豊かなイメージをもち、言葉に対する感覚が養われるようにすること。

④子どもが生活の中で、言葉の響きやリズム、新しい言葉や表現などに触れ、これらを使う楽しさを味わえるようにすること。その際、絵本や物語に親しんだり、言葉遊びなどをしたりすることを通して、言葉が豊かになるようにすること。

⑤子どもが日常生活の中で、文字などを使いながら思ったことや考えたことを伝える喜びや楽しさを味わい、文字に対する興味や関心をもつようにすること。

オ　表現
　感じたことや考えたことを自分なりに表現することを通して、豊かな感性や表現する力を養い、創造性を豊かにする。

（ア）ねらい

①いろいろなものの美しさなどに対する豊かな感性をもつ。

②感じたことや考えたことを自分なりに表現して楽しむ。

③生活の中でイメージを豊かにし、様々な表現を楽しむ。

（イ）内容

①生活の中で様々な音、形、色、手触り、動きなどに気付いたり、感じたりするなどして楽しむ。

②生活の中で美しいものや心を動かす出来事に触れ、イメージを豊かにする。

③様々な出来事の中で、感動したことを伝え合う楽しさを味わう。

④感じたこと、考えたことなどを音や動きなどで表現したり、自由にかいたり、つくったりなどする。

⑤いろいろな素材に親しみ、工夫して遊ぶ。

⑥音楽に親しみ、歌を歌ったり、簡単なリズム楽器を使ったりなどする楽しさを味わう。

⑦かいたり、つくったりすることを楽しみ、遊びに使ったり、飾ったりなどする。

⑧自分のイメージを動きや言葉などで表現したり、演じて遊んだりするなどの楽しさを味わう。

（ウ）内容の取扱い
　上記の取扱いに当たっては、次の事項に留意する必要がある。

①豊かな感性は、身近な環境と十分に関わる中で美しいもの、優れたもの、心を動かす出来事などに出会い、そこから得た感動を他の子どもや保育士等と共有し、様々に表現することなどを通して養われるようにすること。その際、風の音や雨の音、身近にある草や花の形や色など自然の中にある音、形、色などに気付くようにすること。

②子どもの自己表現は素朴な形で行われることが多いので、

保育士等はそのような表現を受容し、子ども自身の表現しようとする意欲を受け止めて、子どもが生活の中で子どもらしい様々な表現を楽しむことができるようにすること。

③生活経験や発達に応じ、自ら様々な表現を楽しみ、表現する意欲を十分に発揮させることができるように、遊具や用具などを整えたり、様々な素材や表現の仕方に親しんだり、他の子どもの表現に触れられるよう配慮したりし、表現する過程を大切にして自己表現を楽しめるように工夫すること。

(3) 保育の実施に関わる配慮事項

ア　第1章の4の(2)に示す「幼児期の終わりまでに育ってほしい姿」が、ねらい及び内容に基づく活動全体を通して資質・能力が育まれている子どもの小学校就学時の具体的な姿であることを踏まえ、指導を行う際には適宜考慮すること。

イ　子どもの発達や成長の援助をねらいとした活動の時間については、意識的に保育の計画等において位置付けて、実施することが重要であること。なお、そのような活動の時間については、保護者の就労状況等に応じて子どもが保育所で過ごす時間がそれぞれ異なることに留意して設定すること。

ウ　特に必要な場合には、各領域に示すねらいの趣旨に基づいて、具体的な内容を工夫し、それを加えても差し支えないが、その場合には、それが第1章の1に示す保育所保育に関する基本原則を逸脱しないよう慎重に配慮する必要があること。

4　保育の実施に関して留意すべき事項

(1) 保育全般に関わる配慮事項

ア　子どもの心身の発達及び活動の実態などの個人差を踏まえるとともに、一人一人の子どもの気持ちを受け止め、援助すること。

イ　子どもの健康は、生理的・身体的な育ちとともに、自主性や社会性、豊かな感性の育ちとがあいまってもたらされることに留意すること。

ウ　子どもが自ら周囲に働きかけ、試行錯誤しつつ自分の力で行う活動を見守りながら、適切に援助すること。

エ　子どもの入所時の保育に当たっては、できるだけ個別的に対応し、子どもが安定感を得て、次第に保育所の生活になじんでいくようにするとともに、既に入所している子どもに不安や動揺を与えないようにすること。

オ　子どもの国籍や文化の違いを認め、互いに尊重する心を育てるようにすること。

カ　子どもの性差や個人差にも留意しつつ、性別などによる固定的な意識を植え付けることがないようにすること。

(2) 小学校との連携

ア　保育所においては、保育所保育が、小学校以降の生活や学習の基盤の育成につながることに配慮し、幼児期にふさわしい生活を通じて、創造的な思考や主体的な生活態度などの基礎を培うようにすること。

イ　保育所保育において育まれた資質・能力を踏まえ、小学校教育が円滑に行われるよう、小学校教師との意見交換や合同の研究の機会などを設け、第1章の4の(2)に示す「幼児期の終わりまでに育って欲しい姿」を共有するなど連携を図り、保育所保育と小学校教育との円滑な接続を図るよう努めること。

ウ　子どもに関する情報共有に関して、保育所に入所している子どもの就学に際し、市町村の支援の下に、子どもの育ちを支えるための資料が保育所から小学校へ送付されるようにすること。

(3) 家庭及び地域社会との連携

子どもの生活の連続性を踏まえ、家庭及び地域社会と連携して保育が展開されるよう配慮すること。その際、家庭や地域の機関及び団体の協力を得て、地域の自然、高齢者や異年齢の子ども等を含む人材、行事、施設等の地域の資源を積極的に活用し、豊かな生活体験をはじめ保育内容の充実が図られるよう配慮すること。

第3章　健康及び安全

保育所保育において、子どもの健康及び安全の確保は、子どもの生命の保持と健やかな生活の基本であり、一人一人の子どもの健康の保持及び増進並びに安全の確保とともに、保育所全体における健康及び安全の確保に努めることが重要となる。

また、子どもが、自らの体や健康に関心をもち、心身の機能を高めていくことが大切である。

このため、第1章及び第2章等の関連する事項に留意し、次に示す事項を踏まえ、保育を行うこととする。

1　子どもの健康支援

(1) 子どもの健康状態並びに発育及び発達状態の把握

ア　子どもの心身の状態に応じて保育するために、子どもの健康状態並びに発育及び発達状態について、定期的・継続的に、また、必要に応じて随時、把握すること。

イ　保護者からの情報とともに、登所時及び保育中を通じて子どもの状態を観察し、何らかの疾病が疑われる状態や傷害が認められた場合には、保護者に連絡するとともに、嘱託医と相談するなど適切な対応を図ること。看護師等が配置されている場合には、その専門性を生かした対応を図ること。

ウ　子どもの心身の状態等を観察し、不適切な養育の兆候が見られる場合には、市町村や関係機関と連携し、児童福祉法第25条に基づき、適切な対応を図ること。また、虐待が疑われる場合には、速やかに市町村又は児童相談所に通告し、適切な対応を図ること。

（2）健康増進

ア　子どもの健康に関する保健計画を全体的な計画に基づいて作成し、全職員がそのねらいや内容を踏まえ、一人一人の子どもの健康の保持及び増進に努めていくこと。

イ　子どもの心身の健康状態や疾病等の把握のために、嘱託医等により定期的に健康診断を行い、その結果を記録し、保育に活用するとともに、保護者が子どもの状態を理解し、日常生活に活用できるようにすること。

（3）疾病等への対応

ア　保育中に体調不良や傷害が発生した場合には、その子どもの状態等に応じて、保護者に連絡するとともに、適宜、嘱託医や子どものかかりつけ医等と相談し、適切な処置を行うこと。看護師等が配置されている場合には、その専門性を生かした対応を図ること。

イ　感染症やその他の疾病の発生予防に努め、その発生や疑いがある場合には、必要に応じて嘱託医、市町村、保健所等に連絡し、その指示に従うとともに、保護者や全職員に連絡し、予防等について協力を求めること。また、感染症に関する保育所の対応方法等について、あらかじめ関係機関の協力を得ておくこと。看護師等が配置されている場合には、その専門性を生かした対応を図ること。

ウ　アレルギー疾患を有する子どもの保育については、保護者と連携し、医師の診断及び指示に基づき、適切な対応を行うこと。また、食物アレルギーに関して、関係機関と連携して、当該保育所の体制構築など、安全な環境の整備を行うこと。看護師や栄養士等が配置されている場合には、その専門性を生かした対応を図ること。

エ　子どもの疾病等の事態に備え、医務室等の環境を整え、救急用の薬品、材料等を適切な管理の下に常備し、全職員が対応できるようにしておくこと。

2　食育の推進

（1）保育所の特性を生かした食育

ア　保育所における食育は、健康な生活の基本としての「食を営む力」の育成に向け、その基礎を培うことを目標とすること。

イ　子どもが生活と遊びの中で、意欲をもって食に関わる体験を積み重ね、食べることを楽しみ、食事を楽しみ合う子どもに成長していくことを期待するものであること。

ウ　乳幼児期にふさわしい食生活が展開され、適切な援助が

行われるよう、食事の提供を含む食育計画を全体的な計画に基づいて作成し、その評価及び改善に努めること。栄養士が配置されている場合は、専門性を生かした対応を図ること。

（2）食育の環境の整備等

ア　子どもが自らの感覚や体験を通して、自然の恵みとしての食材や食の循環・環境への意識、調理する人への感謝の気持ちが育つように、子どもと調理員等との関わりや、調理室など食に関わる保育環境に配慮すること。

イ　保護者や地域の多様な関係者との連携及び協働の下で、食に関する取組が進められること。また、市町村の支援の下に、地域の関係機関等との日常的な連携を図り、必要な協力が得られるよう努めること。

ウ　体調不良、食物アレルギー、障害のある子どもなど、一人一人の子どもの心身の状態等に応じ、嘱託医、かかりつけ医等の指示や協力の下に適切に対応すること。栄養士が配置されている場合は、専門性を生かした対応を図ること。

3　環境及び衛生管理並びに安全管理

（1）環境及び衛生管理

ア　施設の温度、湿度、換気、採光、音などの環境を常に適切な状態に保持するとともに、施設内外の設備及び用具等の衛生管理に努めること。

イ　施設内外の適切な環境の維持に努めるとともに、子ども及び全職員が清潔を保つようにすること。また、職員は衛生知識の向上に努めること。

（2）事故防止及び安全対策

ア　保育中の事故防止のために、子どもの心身の状態等を踏まえつつ、施設内外の安全点検に努め、安全対策のために全職員の共通理解や体制づくりを図るとともに、家庭や地域の関係機関の協力の下に安全指導を行うこと。

イ　事故防止の取組を行う際には、特に、睡眠中、プール活動・水遊び中、食事中等の場面では重大事故が発生しやすいことを踏まえ、子どもの主体的な活動を大切にしつつ、施設内外の環境の配慮や指導の工夫を行うなど、必要な対策を講じること。

ウ　保育中の事故の発生に備え、施設内外の危険箇所の点検や訓練を実施するとともに、外部からの不審者等の侵入防止のための措置や訓練など不測の事態に備えて必要な対応を行うこと。また、子どもの精神保健面における対応に留意すること。

4　災害への備え

（1）施設・設備等の安全確保

ア　防火設備、避難経路等の安全性が確保されるよう、定期的にこれらの安全点検を行うこと。

イ　備品、遊具等の配置、保管を適切に行い、日頃から、安全環境の整備に努めること。

（2）災害発生時の対応体制及び避難への備え

ア　火災や地震などの災害の発生に備え、緊急時の対応の具体的内容及び手順、職員の役割分担、避難訓練計画等に関するマニュアルを作成すること。

イ　定期的に避難訓練を実施するなど、必要な対応を図ること。

ウ　災害の発生時に、保護者等への連絡及び子どもの引渡しを円滑に行うため、日頃から保護者との密接な連携に努め、連絡体制や引渡し方法等について確認をしておくこと。

（3）地域の関係機関等との連携

ア　市町村の支援の下に、地域の関係機関との日常的な連携を図り、必要な協力が得られるよう努めること。

イ　避難訓練については、地域の関係機関や保護者との連携の下に行うなど工夫すること。

第4章　子育て支援

　保育所における保護者に対する子育て支援は、全ての子どもの健やかな育ちを実現することができるよう、第1章及び第2章等の関連する事項を踏まえ、子どもの育ちを家庭と連携して支援していくとともに、保護者及び地域が有する子育てを自ら実践する力の向上に資するよう、次の事項に留意するものとする。

1　保育所における子育て支援に関する基本的事項

（1）保育所の特性を生かした子育て支援

ア　保護者に対する子育て支援を行う際には、各地域や家庭の実態等を踏まえるとともに、保護者の気持ちを受け止め、相互の信頼関係を基本に、保護者の自己決定を尊重すること。

イ　保育及び子育てに関する知識や技術など、保育士等の専門性や、子どもが常に存在する環境など、保育所の特性を生かし、保護者が子どもの成長に気付き子育ての喜びを感じられるように努めること。

（2）子育て支援に関して留意すべき事項

ア　保護者に対する子育て支援における地域の関係機関等との連携及び協働を図り、保育所全体の体制構築に努めること。

イ　子どもの利益に反しない限りにおいて、保護者や子どものプライバシーを保護し、知り得た事柄の秘密を保持すること。

2　保育所を利用している保護者に対する子育て支援

（1）保護者との相互理解

ア　日常の保育に関連した様々な機会を活用し子どもの日々の様子の伝達や収集、保育所保育の意図の説明などを通じて、保護者との相互理解を図るよう努めること。

イ　保育の活動に対する保護者の積極的な参加は、保護者の子育てを自ら実践する力の向上に寄与することから、これを促すこと。

（2）保護者の状況に配慮した個別の支援

ア　保護者の就労と子育ての両立等を支援するため、保護者の多様化した保育の需要に応じ、病児保育事業など多様な事業を実施する場合には、保護者の状況に配慮するとともに、子どもの福祉が尊重されるよう努め、子どもの生活の連続性を考慮すること。

イ　子どもに障害や発達上の課題が見られる場合には、市町村や関係機関と連携及び協力を図りつつ、保護者に対する個別の支援を行うよう努めること。

ウ　外国籍家庭など、特別な配慮を必要とする家庭の場合には、状況等に応じて個別の支援を行うよう努めること。

（3）不適切な養育等が疑われる家庭への支援

ア　保護者に育児不安等が見られる場合には、保護者の希望に応じて個別の支援を行うよう努めること。

イ　保護者に不適切な養育等が疑われる場合には、市町村や関係機関と連携し、要保護児童対策地域協議会で検討するなど適切な対応を図ること。また、虐待が疑われる場合には、速やかに市町村又は児童相談所に通告し、適切な対応を図ること。

3　地域の保護者等に対する子育て支援

（1）地域に開かれた子育て支援

ア　保育所は、児童福祉法第48条の4の規定に基づき、その行う保育に支障がない限りにおいて、地域の実情や当該保育所の体制等を踏まえ、地域の保護者等に対して、保育所保育の専門性を生かした子育て支援を積極的に行うよう努めること。

イ　地域の子どもに対する一時預かり事業などの活動を行う際には、一人一人の子どもの心身の状態などを考慮するとともに、日常の保育との関連に配慮するなど、柔軟に活動を展開できるようにすること。

（2）地域の関係機関等との連携

ア　市町村の支援を得て、地域の関係機関等との積極的な連携及び協働を図るとともに、子育て支援に関する地域の人材と積極的に連携を図るよう努めること。

イ　地域の要保護児童への対応など、地域の子どもを巡る諸課題に対し、要保護児童対策地域協議会など関係機関等と連携及び協力して取り組むよう努めること。

第5章　職員の資質向上

第1章から前章までに示された事項を踏まえ、保育所は、質の高い保育を展開するため、絶えず、一人一人の職員についての資質向上及び職員全体の専門性の向上を図るよう努めなければならない。

1　職員の資質向上に関する基本的事項

（1）保育所職員に求められる専門性

子どもの最善の利益を考慮し、人権に配慮した保育を行うためには、職員一人一人の倫理観、人間性並びに保育所職員としての職務及び責任の理解と自覚が基盤となる。

各職員は、自己評価に基づく課題等を踏まえ、保育所内外の研修等を通じて、保育士・看護師・調理員・栄養士等、それぞれの職務内容に応じた専門性を高めるため、必要な知識及び技術の修得、維持及び向上に努めなければならない。

（2）保育の質の向上に向けた組織的な取組

保育所においては、保育の内容等に関する自己評価等を通じて把握した、保育の質の向上に向けた課題に組織的に対応するため、保育内容の改善や保育士等の役割分担の見直し等に取り組むとともに、それぞれの職位や職務内容等に応じて、各職員が必要な知識及び技能を身につけられるよう努めなければならない。

2　施設長の責務

（1）施設長の責務と専門性の向上

施設長は、保育所の役割や社会的責任を遂行するために、法令等を遵守し、保育所を取り巻く社会情勢等を踏まえ、施設長としての専門性等の向上に努め、当該保育所における保育の質及び職員の専門性向上のために必要な環境の確保に努めなければならない。

（2）職員の研修機会の確保等

施設長は、保育所の全体的な計画や、各職員の研修の必要性等を踏まえて、体系的・計画的な研修機会を確保するとともに、職員の勤務体制の工夫等により、職員が計画的に研修等に参加し、その専門性の向上が図られるよう努めなければ

ならない。

3　職員の研修等

（1）職場における研修

職員が日々の保育実践を通じて、必要な知識及び技術の修得、維持及び向上を図るとともに、保育の課題等への共通理解や協働性を高め、保育所全体としての保育の質の向上を図っていくためには、日常的に職員同士が主体的に学び合う姿勢と環境が重要であり、職場内での研修の充実が図られなければならない。

（2）外部研修の活用

各保育所における保育の課題への的確な対応や、保育士等の専門性の向上を図るためには、職場内での研修に加え、関係機関等による研修の活用が有効であることから、必要に応じて、こうした外部研修への参加機会が確保されるよう努めなければならない。

4　研修の実施体制等

（1）体系的な研修計画の作成

保育所においては、当該保育所における保育の課題や各職員のキャリアパス等も見据えて、初任者から管理職員までの職位や職務内容等を踏まえた体系的な研修計画を作成しなければならない。

（2）組織内での研修成果の活用

外部研修に参加する職員は、自らの専門性の向上を図るとともに、保育所における保育の課題を理解し、その解決を実践できる力を身に付けることが重要である。また、研修で得た知識及び技能を他の職員と共有することにより、保育所全体としての保育実践の質及び専門性の向上につなげていくことが求められる。

（3）研修の実施に関する留意事項

施設長等は保育所全体としての保育実践の質及び専門性の向上のために、研修の受講は特定の職員に偏ることなく行われるよう、配慮する必要がある。また、研修を修了した職員については、その職務内容等において、当該研修の成果等が適切に勘案されることが望ましい。

第1章　総則

第1　幼保連携型認定こども園における教育及び保育の基本及び目標等

1　幼保連携型認定こども園における教育及び保育の基本

乳幼児期の教育及び保育は、子どもの健全な心身の発達を図りつつ生涯にわたる人格形成の基礎を培う重要なものであり、幼保連携型認定こども園における教育及び保育は、就学前の子どもに関する教育、保育等の総合的な提供の推進に関する法律（平成18年法律第77号。以下「認定こども園法」という。）第2条第7項に規定する目的及び第9条に掲げる目標を達成するため、乳幼児期全体を通して、その特性及び保護者や地域の実態を踏まえ、環境を通して行うものであることを基本とし、家庭や地域での生活を含めた園児の生活全体が豊かなものとなるように努めなければならない。

このため保育教諭等は、園児との信頼関係を十分に築き、園児が自ら安心して身近な環境に主体的に関わり、環境との関わり方や意味に気付き、これらを取り込もうとして、試行錯誤したり、考えたりするようになる幼児期の教育における見方・考え方を生かし、その活動が豊かに展開されるよう環境を整え、園児と共によりよい教育及び保育の環境を創造するように努めるものとする。これらを踏まえ、次に示す事項を重視して教育及び保育を行わなければならない。

(1) 乳幼児期は周囲への依存を基盤にしつつ自立に向かうものであることを考慮して、周囲との信頼関係に支えられた生活の中で、園児一人一人が安心感と信頼感をもっていろいろな活動に取り組む体験を十分に積み重ねられるようにすること。

(2) 乳幼児期においては生命の保持が図られ安定した情緒の下で自己を十分に発揮することにより発達に必要な体験を得ていくものであることを考慮して、園児の主体的な活動を促し、乳幼児期にふさわしい生活が展開されるようにすること。

(3) 乳幼児期における自発的な活動としての遊びは、心身の調和のとれた発達の基礎を培う重要な学習であることを考慮して、遊びを通しての指導を中心として第2章に示すねらいが総合的に達成されるようにすること。

(4) 乳幼児期における発達は、心身の諸側面が相互に関連し合い、多様な経過をたどって成し遂げられてい

くものであること、また、園児の生活経験がそれぞれ異なることなどを考慮して、園児一人一人の特性や発達の過程に応じ、発達の課題に即した指導を行うようにすること。

その際、保育教諭等は、園児の主体的な活動が確保されるよう、園児一人一人の行動の理解と予想に基づき、計画的に環境を構成しなければならない。この場合において、保育教諭等は、園児と人やものとの関わりが重要であることを踏まえ、教材を工夫し、物的・空間的環境を構成しなければならない。また、園児一人一人の活動の場面に応じて、様々な役割を果たし、その活動を豊かにしなければならない。

なお、幼保連携型認定こども園における教育及び保育は、園児が入園してから修了するまでの在園期間全体を通して行われるものであり、この章の第3に示す幼保連携型認定こども園として特に配慮すべき事項を十分に踏まえて行うものとする。

2　幼保連携型認定こども園における教育及び保育の目標

幼保連携型認定こども園は、家庭との連携を図りながら、この章の第1の1に示す幼保連携型認定こども園における教育及び保育の基本に基づいて一体的に展開される幼保連携型認定こども園における生活を通して、生きる力の基礎を育成するよう認定こども園法第9条に規定する幼保連携型認定こども園の教育及び保育の目標の達成に努めなければならない。幼保連携型認定こども園は、このことにより、義務教育及びその後の教育の基礎を培うとともに、子どもの最善の利益を考慮しつつ、その生活を保障し、保護者と共に園児を心身ともに健やかに育成するものとする。

なお、認定こども園法第9条に規定する幼保連携型認定こども園の教育及び保育の目標については、発達や学びの連続性及び生活の連続性の観点から、小学校就学の始期に達するまでの時期を通じ、その達成に向けて努力すべき目当てとなるものであることから、満3歳未満の園児の保育にも当てはまることに留意するものとする。

3　幼保連携型認定こども園の教育及び保育において育みたい資質・能力及び「幼児期の終わりまでに育ってほしい姿」

(1) 幼保連携型認定こども園においては、生きる力の基礎を育むため、この章の1に示す幼保連携型認定こども園の教育及び保育の基本を踏まえ、次に掲げる資質・能力を一体的に育むよう努めるものとする。

ア　豊かな体験を通じて、感じたり、気付いたり、分

かったり、できるようになったりする「知識及び技能の基礎」

イ　気付いたことや、できるようになったことなどを使い、考えたり、試したり、工夫したり、表現したりする「思考力、判断力、表現力等の基礎」

ウ　心情、意欲、態度が育つ中で、よりよい生活を営もうとする「学びに向かう力、人間性等」

（2）　（1）に示す資質・能力は、第2章に示すねらい及び内容に基づく活動全体によって育むものである。

（3）　次に示す「幼児期の終わりまでに育ってほしい姿」は、第2章に示すねらい及び内容に基づく活動全体を通して資質・能力が育まれている園児の幼保連携型認定こども園修了時の具体的な姿であり、保育教諭等が指導を行う際に考慮するものである。

ア　健康な心と体

幼保連携型認定こども園における生活の中で、充実感をもって自分のやりたいことに向かって心と体を十分に働かせ、見通しをもって行動し、自ら健康で安全な生活をつくり出すようになる。

イ　自立心

身近な環境に主体的に関わり様々な活動を楽しむ中で、しなければならないことを自覚し、自分の力で行うために考えたり、工夫したりしながら、諦めずにやり遂げることで達成感を味わい、自信をもって行動するようになる。

ウ　協同性

友達と関わる中で、互いの思いや考えなどを共有し、共通の目的の実現に向けて、考えたり、工夫したり、協力したりし、充実感をもってやり遂げるようになる。

エ　道徳性・規範意識の芽生え

友達と様々な体験を重ねる中で、してよいことや悪いことが分かり、自分の行動を振り返ったり、友達の気持ちに共感したりし、相手の立場に立って行動するようになる。また、きまりを守る必要性が分かり、自分の気持ちを調整し、友達と折り合いを付けながら、きまりをつくったり、守ったりするようになる。

オ　社会生活との関わり

家族を大切にしようとする気持ちをもつとともに、地域の身近な人と触れ合う中で、人との様々な関わり方に気付き、相手の気持ちを考えて関わり、自分が役に立つ喜びを感じ、地域に親しみをもつようになる。また、幼保連携型認定こども園内外の様々な環境に関わる中で、遊びや生活に必要な情報を取り入れ、情報に基づき判断したり、情報を伝え合ったり、活用したりするなど、情報を役立てながら活動するようになるとともに、公共の施設を大切に利用するなどして、社会とのつながりなどを意識するようになる。

カ　思考力の芽生え

身近な事象に積極的に関わる中で、物の性質や仕組みなどを感じ取ったり、気付いたりし、考えたり、予想したり、工夫したりするなど、多様な関わりを楽しむようになる。また、友達の様々な考えに触れる中で、自分と異なる考えがあることに気付き、自ら判断したり、考え直したりするなど、新しい考えを生み出す喜びを味わいながら、自分の考えをよりよいものにするようになる。

キ　自然との関わり・生命尊重

自然に触れて感動する体験を通して、自然の変化などを感じ取り、好奇心や探究心をもって考え言葉などで表現しながら、身近な事象への関心が高まるとともに、自然への愛情や畏敬の念をもつようになる。また、身近な動植物に心を動かされる中で、生命の不思議さや尊さに気付き、身近な動植物への接し方を考え、命あるものとしていたわり、大切にする気持ちをもって関わるようになる。

ク　数量や図形、標識や文字などへの関心・感覚

遊びや生活の中で、数量や図形、標識や文字などに親しむ体験を重ねたり、標識や文字の役割に気付いたりし、自らの必要感に基づきこれらを活用し、興味や関心、感覚をもつようになる。

ケ　言葉による伝え合い

保育教諭等や友達と心を通わせる中で、絵本や物語などに親しみながら、豊かな言葉や表現を身に付け、経験したことや考えたことなどを言葉で伝えたり、相手の話を注意して聞いたりし、言葉による伝え合いを楽しむようになる。

コ　豊かな感性と表現

心を動かす出来事などに触れ感性を働かせる中で、様々な素材の特徴や表現の仕方などに気付き、感じたことや考えたことを自分で表現したり、友達同士で表現する過程を楽しんだりし、表現する喜びを味わい、意欲をもつようになる。

第2　教育及び保育の内容並びに子育ての支援等に関する全体的な計画等

1　教育及び保育の内容並びに子育ての支援等に関する全体的な計画の作成等

（1）　教育及び保育の内容並びに子育ての支援等に関する全体的な計画の役割

各幼保連携型認定こども園においては、教育基本法（平成18年法律第120号）、児童福祉法（昭和22年法律第164号）及び認定こども園法その他の法令並びにこの幼保連携型認定こども園教育・保育要領の示すところに従い、教育と保育を一体的に提供するため、創意工夫を生かし、園児の心身の発達と幼保連携型認定こども園、家庭及び地域の実態に即応した適切な教育及び保育の内容並びに子育ての支援等に関する全体的な計画を作成するものとする。

教育及び保育の内容並びに子育ての支援等に関する

全体的な計画とは、教育と保育を一体的に捉え、園児の入園から修了までの在園期間の全体にわたり、幼保連携型認定こども園の目標に向かってどのような過程をたどって教育及び保育を進めていくかを明らかにするものであり、子育ての支援と有機的に連携し、園児の園生活全体を捉え、作成する計画である。

　各幼保連携型認定こども園においては、「幼児期の終わりまでに育ってほしい姿」を踏まえ教育及び保育の内容並びに子育ての支援等に関する全体的な計画を作成すること、その実施状況を評価して改善を図っていくこと、また実施に必要な人的又は物的な体制を確保するとともにその改善を図っていくことなどを通して、教育及び保育の内容並びに子育ての支援等に関する全体的な計画に基づき組織的かつ計画的に各幼保連携型認定こども園の教育及び保育活動の質の向上を図っていくこと（以下「カリキュラム・マネジメント」という。）に努めるものとする。

(2)　各幼保連携型認定こども園の教育及び保育の目標と教育及び保育の内容並びに子育ての支援等に関する全体的な計画の作成

　教育及び保育の内容並びに子育ての支援等に関する全体的な計画の作成に当たっては、幼保連携型認定こども園の教育及び保育において育みたい資質・能力を踏まえつつ、各幼保連携型認定こども園の教育及び保育の目標を明確にするとともに、教育及び保育の内容並びに子育ての支援等に関する全体的な計画の作成についての基本的な方針が家庭や地域とも共有されるよう努めるものとする。

(3)　教育及び保育の内容並びに子育ての支援等に関する全体的な計画の作成上の基本的事項

　ア　幼保連携型認定こども園における生活の全体を通して第2章に示すねらいが総合的に達成されるよう、教育課程に係る教育期間や園児の生活経験や発達の過程などを考慮して具体的なねらいと内容を組織するものとする。この場合においては、特に、自我が芽生え、他者の存在を意識し、自己を抑制しようとする気持ちが生まれるなどの乳幼児期の発達の特性を踏まえ、入園から修了に至るまでの長期的な視野をもって充実した生活が展開できるように配慮するものとする。

　イ　幼保連携型認定こども園の満3歳以上の園児の教育課程に係る教育週数は、特別の事情のある場合を除き、39週を下ってはならない。

　ウ　幼保連携型認定こども園の1日の教育課程に係る教育時間は、4時間を標準とする。ただし、園児の心身の発達の程度や季節などに適切に配慮するものとする。

　エ　幼保連携型認定こども園の保育を必要とする子どもに該当する園児に対する教育及び保育の時間（満3歳以上の保育を必要とする子どもに該当する園児については、この章の第2の1の(3)ウに規定

する教育時間を含む。）は、1日につき8時間を原則とし、園長がこれを定める。ただし、その地方における園児の保護者の労働時間その他家庭の状況等を考慮するものとする。

(4)　教育及び保育の内容並びに子育ての支援等に関する全体的な計画の実施上の留意事項

　各幼保連携型認定こども園においては、園長の方針の下に、園務分掌に基づき保育教諭等職員が適切に役割を分担しつつ、相互に連携しながら、教育及び保育の内容並びに子育ての支援等に関する全体的な計画や指導の改善を図るものとする。また、各幼保連携型認定こども園が行う教育及び保育等に係る評価については、教育及び保育の内容並びに子育ての支援等に関する全体的な計画の作成、実施、改善が教育及び保育活動や園運営の中核となることを踏まえ、カリキュラム・マネジメントと関連付けながら実施するよう留意するものとする。

(5)　小学校教育との接続に当たっての留意事項

　ア　幼保連携型認定こども園においては、その教育及び保育が、小学校以降の生活や学習の基盤の育成につながることに配慮し、乳幼児期にふさわしい生活を通して、創造的な思考や主体的な生活態度などの基礎を培うようにするものとする。

　イ　幼保連携型認定こども園の教育及び保育において育まれた資質・能力を踏まえ、小学校教育が円滑に行われるよう、小学校の教師との意見交換や合同の研究の機会などを設け、「幼児期の終わりまでに育ってほしい姿」を共有するなど連携を図り、幼保連携型認定こども園における教育及び保育と小学校教育との円滑な接続を図るよう努めるものとする。

2　指導計画の作成と園児の理解に基づいた評価

(1)　指導計画の考え方

　幼保連携型認定こども園における教育及び保育は、園児が自ら意欲をもって環境と関わることによりつくり出される具体的な活動を通して、その目標の達成を図るものである。

　幼保連携型認定こども園においてはこのことを踏まえ、乳幼児期にふさわしい生活が展開され、適切な指導が行われるよう、調和のとれた組織的、発展的な指導計画を作成し、園児の活動に沿った柔軟な指導を行わなければならない。

(2)　指導計画の作成上の基本的事項

　ア　指導計画は、園児の発達に即して園児一人一人が乳幼児期にふさわしい生活を展開し、必要な体験を得られるようにするために、具体的に作成するものとする。

　イ　指導計画の作成に当たっては、次に示すところにより、具体的なねらい及び内容を明確に設定し、適切な環境を構成することなどにより活動が選択・展開されるようにするものとする。

（ア）　具体的なねらい及び内容は、幼保連携型認定こども園の生活における園児の発達の過程を見通し、園児の生活の連続性、季節の変化などを考慮して、園児の興味や関心、発達の実情などに応じて設定すること。

（イ）　環境は、具体的なねらいを達成するために適切なものとなるように構成し、園児が自らその環境に関わることにより様々な活動を展開しつつ必要な体験を得られるようにすること。その際、園児の生活する姿や発想を大切にし、常にその環境が適切なものとなるようにすること。

（ウ）　園児の行う具体的な活動は、生活の流れの中で様々に変化するものであることに留意し、園児が望ましい方向に向かって自ら活動を展開していくことができるよう必要な援助をすること。

その際、園児の実態及び園児を取り巻く状況の変化などに即して指導の過程についての評価を適切に行い、常に指導計画の改善を図るものとする。

（3）　指導計画の作成上の留意事項

指導計画の作成に当たっては、次の事項に留意するものとする。

ア　園児の生活は、入園当初の一人一人の遊びや保育教諭等との触れ合いを通して幼保連携型認定こども園の生活に親しみ、安定していく時期から、他の園児との関わりの中で園児の主体的な活動が深まり、園児が互いに必要な存在であることを認識するようになる。その後、園児同士や学級全体で目的をもって協同して幼保連携型認定こども園の生活を展開し、深めていく時期などに至るまでの過程を様々に経ながら広げられていくものである。これらを考慮し、活動がそれぞれの時期にふさわしく展開されるようにすること。

また、園児の入園当初の教育及び保育に当たっては、既に在園している園児に不安や動揺を与えないようにしつつ、可能な限り個別的に対応し、園児が安定感を得て、次第に幼保連携型認定こども園の生活になじんでいくよう配慮すること。

イ　長期的に発達を見通した年、学期、月などにわたる長期の指導計画やこれとの関連を保ちながらより具体的な園児の生活に即した週、日などの短期の指導計画を作成し、適切な指導が行われるようにすること。特に、週、日などの短期の指導計画については、園児の生活のリズムに配慮し、園児の意識や興味の連続性のある活動が相互に関連して幼保連携型認定こども園の生活の自然な流れの中に組み込まれるようにすること。

ウ　園児が様々な人やものとの関わりを通して、多様な体験をし、心身の調和のとれた発達を促すようにしていくこと。その際、園児の発達に即して主体的・対話的で深い学びが実現するようにするとともに、心を動かされる体験が次の活動を生み出すことを考慮し、一つ一つの体験が相互に結び付き、幼保連携型認定こども園の生活が充実するようにすること。

エ　言語に関する能力の発達と思考力等の発達が関連していることを踏まえ、幼保連携型認定こども園における生活全体を通して、園児の発達を踏まえた言語環境を整え、言語活動の充実を図ること。

オ　園児が次の活動への期待や意欲をもつことができるよう、園児の実態を踏まえながら、保育教諭等や他の園児と共に遊びや生活の中で見通しをもったり、振り返ったりするよう工夫すること。

カ　行事の指導に当たっては、幼保連携型認定こども園の生活の自然な流れの中で生活に変化や潤いを与え、園児が主体的に楽しく活動できるようにすること。なお、それぞれの行事については教育及び保育における価値を十分検討し、適切なものを精選し、園児の負担にならないようにすること。

キ　乳幼児期は直接的な体験が重要であることを踏まえ、視聴覚教材やコンピュータなど情報機器を活用する際には、幼保連携型認定こども園の生活では得難い体験を補完するなど、園児の体験との関連を考慮すること。

ク　園児の主体的な活動を促すためには、保育教諭等が多様な関わりをもつことが重要であることを踏まえ、保育教諭等は、理解者、共同作業者など様々な役割を果たし、園児の情緒の安定や発達に必要な豊かな体験が得られるよう、活動の場面に応じて、園児の人権や園児一人一人の個人差等に配慮した適切な指導を行うようにすること。

ケ　園児の行う活動は、個人、グループ、学級全体などで多様に展開されるものであることを踏まえ、幼保連携型認定こども園全体の職員による協力体制を作りながら、園児一人一人が興味や欲求を十分に満足させるよう適切な援助を行うようにすること。

コ　園児の生活は、家庭を基盤として地域社会を通じて次第に広がりをもつものであることに留意し、家庭との連携を十分に図るなど、幼保連携型認定こども園における生活が家庭や地域社会と連続性を保ちつつ展開されるようにするものとする。その際、地域の自然、高齢者や異年齢の子どもなどを含む人材、行事や公共施設などの地域の資源を積極的に活用し、園児が豊かな生活体験を得られるように工夫するものとする。また、家庭との連携に当たっては、保護者との情報交換の機会を設けたり、保護者と園児との活動の機会を設けたりなどすることを通じて、保護者の乳幼児期の教育及び保育に関する理解が深まるよう配慮するものとする。

サ　地域や幼保連携型認定こども園の実態等により、幼保連携型認定こども園間に加え、幼稚園、保育所等の保育施設、小学校、中学校、高等学校及び特別支援学校などとの間の連携や交流を図るものとす

る。特に、小学校教育との円滑な接続のため、幼保連携型認定こども園の園児と小学校の児童との交流の機会を積極的に設けるようにするものとする。また、障害のある園児児童生徒との交流及び共同学習の機会を設け、共に尊重し合いながら協働して生活していく態度を育むよう努めるものとする。

(4) 園児の理解に基づいた評価の実施

園児一人一人の発達の理解に基づいた評価の実施に当たっては、次の事項に配慮するものとする。

ア　指導の過程を振り返りながら園児の理解を進め、園児一人一人のよさや可能性などを把握し、指導の改善に生かすようにすること。その際、他の園児との比較や一定の基準に対する達成度についての評定によって捉えるものではないことに留意すること。

イ　評価の妥当性や信頼性が高められるよう創意工夫を行い、組織的かつ計画的な取組を推進するとともに、次年度又は小学校等にその内容が適切に引き継がれるようにすること。

3　特別な配慮を必要とする園児への指導

(1) 障害のある園児などへの指導

障害のある園児などへの指導に当たっては、集団の中で生活することを通して全体的な発達を促していくことに配慮し、適切な環境の下で、障害のある園児が他の園児との生活を通して共に成長できるよう、特別支援学校などの助言又は援助を活用しつつ、個々の園児の障害の状態などに応じた指導内容や指導方法の工夫を組織的かつ計画的に行うものとする。また、家庭、地域及び医療や福祉、保健等の業務を行う関係機関との連携を図り、長期的な視点で園児への教育及び保育的支援を行うために、個別の教育及び保育支援計画を作成し活用することに努めるとともに、個々の園児の実態を的確に把握し、個別の指導計画を作成し活用することに努めるものとする。

(2) 海外から帰国した園児や生活に必要な日本語の習得に困難のある園児の幼保連携型認定こども園の生活への適応

海外から帰国した園児や生活に必要な日本語の習得に困難のある園児については、安心して自己を発揮できるよう配慮するなど個々の園児の実態に応じ、指導内容や指導方法の工夫を組織的かつ計画的に行うものとする。

第3　幼保連携型認定こども園として特に配慮すべき事項

幼保連携型認定こども園における教育及び保育を行うに当たっては、次の事項について特に配慮しなければならない。

1　当該幼保連携型認定こども園に入園した年齢により集団生活の経験年数が異なる園児がいることに配慮する等、0歳から小学校就学前までの一貫した教育及び保育を園児の発達や学びの連続性を考慮して展開していくこ

と。特に満3歳以上については入園する園児が多いことや同一学年の園児で編制される学級の中で生活することなどを踏まえ、家庭や他の保育施設等との連携や引継ぎを円滑に行うとともに、環境の工夫をすること。

2　園児の一日の生活の連続性及びリズムの多様性に配慮するとともに、保護者の生活形態を反映した園児の在園時間の長短、入園時期や登園日数の違いを踏まえ、園児一人一人の状況に応じ、教育及び保育の内容やその展開について工夫をすること。特に入園及び年度当初においては、家庭との連携の下、園児一人一人の生活の仕方やリズムに十分に配慮して一日の自然な生活の流れをつくり出していくようにすること。

3　環境を通して行う教育及び保育の活動の充実を図るため、幼保連携型認定こども園における教育及び保育の環境の構成に当たっては、乳幼児期の特性及び保護者や地域の実態を踏まえ、次の事項に留意すること。

(1) 0歳から小学校就学前までの様々な年齢の園児の発達の特性を踏まえ、満3歳未満の園児については特に健康、安全や発達の確保を十分に図るとともに、満3歳以上の園児については同一学年の園児で編制される学級による集団活動の中で遊びを中心とする園児の主体的な活動を通して発達や学びを促す経験が得られるよう工夫をすること。特に、満3歳以上の園児同士が共に育ち、学び合いながら、豊かな体験を積み重ねることができるよう工夫をすること。

(2) 在園時間が異なる多様な園児がいることを踏まえ、園児の生活が安定するよう、家庭や地域、幼保連携型認定こども園における生活の連続性を確保するとともに、一日の生活のリズムを整えるよう工夫をすること。特に満3歳未満の園児については睡眠時間等の個人差に配慮するとともに、満3歳以上の園児については集中して遊ぶ場と家庭的な雰囲気の中でくつろぐ場との適切な調和等の工夫をすること。

(3) 家庭や地域において異年齢の子どもと関わる機会が減少していることを踏まえ、満3歳以上の園児については、学級による集団活動とともに、満3歳未満の園児を含む異年齢の園児による活動を、園児の発達の状況にも配慮しつつ適切に組み合わせて設定するなどの工夫をすること。

(4) 満3歳以上の園児については、特に長期的な休業中、園児が過ごす家庭や園などの生活の場が異なることを踏まえ、それぞれの多様な生活経験が長期的な休業などの終了後等の園生活に生かされるよう工夫をすること。

4　指導計画を作成する際には、この章に示す指導計画の作成上の留意事項を踏まえるとともに、次の事項にも特に配慮すること。

(1) 園児の発達の個人差、入園した年齢の違いなどによる集団生活の経験年数の差、家庭環境等を踏まえ、園児一人一人の発達の特性や課題に十分留意すること。特に満3歳未満の園児については、大人への依存

度が極めて高い等の特性があることから、個別的な対応を図ること。また、園児の集団生活への円滑な接続について、家庭等との連携及び協力を図る等十分留意すること。

(2) 園児の発達の連続性を考慮した教育及び保育を展開する際には、次の事項に留意すること。

ア 満3歳未満の園児については、園児一人一人の生育歴、心身の発達、活動の実態等に即して、個別的な計画を作成すること。

イ 満3歳以上の園児については、個の成長と、園児相互の関係や協同的な活動が促されるよう考慮すること。

ウ 異年齢で構成されるグループ等での指導に当たっては、園児一人一人の生活や経験、発達の過程などを把握し、適切な指導や環境の構成ができるよう考慮すること。

(3) 一日の生活のリズムや在園時間が異なる園児が共に過ごすことを踏まえ、活動と休息、緊張感と解放感等の調和を図るとともに、園児に不安や動揺を与えないようにする等の配慮を行うこと。その際、担当の保育教諭等が替わる場合には、園児の様子等引継ぎを行い、十分な連携を図ること。

(4) 午睡は生活のリズムを構成する重要な要素であり、安心して眠ることのできる安全な午睡環境を確保するとともに、在園時間が異なることや、睡眠時間は園児の発達の状況や個人によって差があることから、一律とならないよう配慮すること。

(5) 長時間にわたる教育及び保育については、園児の発達の過程、生活のリズム及び心身の状態に十分配慮して、保育の内容や方法、職員の協力体制、家庭との連携などを指導計画に位置付けること。

5 生命の保持や情緒の安定を図るなど養護の行き届いた環境の下、幼保連携型認定こども園における教育及び保育を展開すること。

(1) 園児一人一人が、快適にかつ健康で安全に過ごせるようにするとともに、その生理的欲求が十分に満たされ、健康増進が積極的に図られるようにするため、次の事項に留意すること。

ア 園児一人一人の平常の健康状態や発育及び発達の状態を的確に把握し、異常を感じる場合は、速やかに適切に対応すること。

イ 家庭との連携を密にし、学校医等との連携を図りながら、園児の疾病や事故防止に関する認識を深め、保健的で安全な環境の維持及び向上に努めること。

ウ 清潔で安全な環境を整え、適切な援助や応答的な関わりを通して、園児の生理的欲求を満たしていくこと。また、家庭と協力しながら、園児の発達の過程等に応じた適切な生活のリズムがつくられていくようにすること。

エ 園児の発達の過程等に応じて、適度な運動と休息

をとることができるようにすること。また、食事、排泄、睡眠、衣類の着脱、身の回りを清潔にすることなどについて、園児が意欲的に生活できるよう適切に援助すること。

(2) 園児一人一人が安定感をもって過ごし、自分の気持ちを安心して表すことができるようにするとともに、周囲から主体として受け止められ主体として育ち、自分を肯定する気持ちが育まれていくようにし、くつろいで共に過ごし、心身の疲れが癒やされるようにするため、次の事項に留意すること。

ア 園児一人一人の置かれている状態や発達の過程などを的確に把握し、園児の欲求を適切に満たしながら、応答的な触れ合いや言葉掛けを行うこと。

イ 園児一人一人の気持ちを受容し、共感しながら、園児との継続的な信頼関係を築いていくこと。

ウ 保育教諭等との信頼関係を基盤に、園児一人一人が主体的に活動し、自発性や探索意欲などを高めるとともに、自分への自信をもつことができるよう成長の過程を見守り、適切に働き掛けること。

エ 園児一人一人の生活のリズム、発達の過程、在園時間などに応じて、活動内容のバランスや調和を図りながら、適切な食事や休息がとれるようにすること。

6 園児の健康及び安全は、園児の生命の保持と健やかな生活の基本であり、幼保連携型認定こども園の生活全体を通して健康や安全に関する管理や指導、食育の推進等に十分留意すること。

7 保護者に対する子育ての支援に当たっては、この章に示す幼保連携型認定こども園における教育及び保育の基本及び目標を踏まえ、子どもに対する学校としての教育及び児童福祉施設としての保育並びに保護者に対する子育ての支援について相互に有機的な連携が図られるようにすること。また、幼保連携型認定こども園の目的の達成に資するため、保護者が子どもの成長に気付き子育ての喜びが感じられるよう、幼保連携型認定こども園の特性を生かした子育ての支援に努めること。

第2章 ねらい及び内容並びに配慮事項

この章に示すねらいは、幼保連携型認定こども園の教育及び保育において育みたい資質・能力を園児の生活する姿から捉えたものであり、内容は、ねらいを達成するために指導する事項である。各視点や領域は、この時期の発達の特徴を踏まえ、教育及び保育のねらい及び内容を乳幼児の発達の側面から、乳児は三つの視点として、幼児は五つの領域としてまとめ、示したものである。内容の取扱いは、園児の発達を踏まえた指導を行うに当たって留意すべき事項である。

各視点や領域に示すねらいは、幼保連携型認定こども園における生活の全体を通じ、園児が様々な体験を積み重ねる中で相互に関連をもちながら次第に達成に向かうものであるこ

と、内容は、園児が環境に関わって展開する具体的な活動を通して総合的に指導されるものであることに留意しなければならない。

また、「幼児期の終わりまでに育ってほしい姿」が、ねらい及び内容に基づく活動全体を通して資質・能力が育まれている園児の幼保連携型認定こども園修了時の具体的な姿であることを踏まえ、指導を行う際に考慮するものとする。

なお、特に必要な場合には、各視点や領域に示すねらいの趣旨に基づいて適切な、具体的な内容を工夫し、それを加えても差し支えないが、その場合には、それが第1章の第1に示す幼保連携型認定こども園の教育及び保育の基本及び目標を逸脱しないよう慎重に配慮する必要がある。

第1　乳児期の園児の保育に関するねらい及び内容

基本的事項

1　乳児期の発達については、視覚、聴覚などの感覚や、座る、はう、歩くなどの運動機能が著しく発達し、特定の大人との応答的な関わりを通じて、情緒的な絆（きずな）が形成されるといった特徴がある。これらの発達の特徴を踏まえて、乳児期の園児の保育は、愛情豊かに、応答的に行われることが特に必要である。

2　本項においては、この時期の発達の特徴を踏まえ、乳児期の園児の保育のねらい及び内容については、身体的発達に関する視点「健やかに伸び伸びと育つ」、社会的発達に関する視点「身近な人と気持ちが通じ合う」及び精神的発達に関する視点「身近なものと関わり感性が育つ」としてまとめ、示している。

ねらい及び内容

健やかに伸び伸びと育つ

〔健康な心と体を育て、自ら健康で安全な生活をつくり出す力の基盤を培う。〕

1　ねらい
(1)　身体感覚が育ち、快適な環境に心地よさを感じる。
(2)　伸び伸びと体を動かし、はう、歩くなどの運動をしようとする。
(3)　食事、睡眠等の生活のリズムの感覚が芽生える。

2　内容
(1)　保育教諭等の愛情豊かな受容の下で、生理的・心理的欲求を満たし、心地よく生活をする。
(2)　一人一人の発育に応じて、はう、立つ、歩くなど、十分に体を動かす。
(3)　個人差に応じて授乳を行い、離乳を進めていく中で、様々な食品に少しずつ慣れ、食べることを楽しむ。
(4)　一人一人の生活のリズムに応じて、安全な環境の下で十分に午睡をする。
(5)　おむつ交換や衣服の着脱などを通じて、清潔になることの心地よさを感じる。

3　内容の取扱い
上記の取扱いに当たっては、次の事項に留意する必要がある。
(1)　心と体の健康は、相互に密接な関連があるもので

あることを踏まえ、温かい触れ合いの中で、心と体の発達を促すこと。特に、寝返り、お座り、はいはい、つかまり立ち、伝い歩きなど、発育に応じて、遊びの中で体を動かす機会を十分に確保し、自ら体を動かそうとする意欲が育つようにすること。
(2)　健康な心と体を育てるためには望ましい食習慣の形成が重要であることを踏まえ、離乳食が完了期へと徐々に移行する中で、様々な食品に慣れるようにするとともに、和やかな雰囲気の中で食べる喜びや楽しさを味わい、進んで食べようとする気持ちが育つようにすること。なお、食物アレルギーのある園児への対応については、学校医等の指示や協力の下に適切に対応すること。

身近な人と気持ちが通じ合う

〔受容的・応答的な関わりの下で、何かを伝えようとする意欲や身近な大人との信頼関係を育て、人と関わる力の基盤を培う。〕

1　ねらい
(1)　安心できる関係の下で、身近な人と共に過ごす喜びを感じる。
(2)　体の動きや表情、発声等により、保育教諭等と気持ちを通わせようとする。
(3)　身近な人と親しみ、関わりを深め、愛情や信頼感が芽生える。

2　内容
(1)　園児からの働き掛けを踏まえた、応答的な触れ合いや言葉掛けによって、欲求が満たされ、安定感をもって過ごす。
(2)　体の動きや表情、発声、喃（なん）語等を優しく受け止めてもらい、保育教諭等とのやり取りを楽しむ。
(3)　生活や遊びの中で、自分の身近な人の存在に気付き、親しみの気持ちを表す。
(4)　保育教諭等による語り掛けや歌い掛け、発声や喃（なん）語等への応答を通じて、言葉の理解や発語の意欲が育つ。
(5)　温かく、受容的な関わりを通じて、自分を肯定する気持ちが芽生える。

3　内容の取扱い
上記の取扱いに当たっては、次の事項に留意する必要がある。
(1)　保育教諭等との信頼関係に支えられて生活を確立していくことが人と関わる基盤となることを考慮して、園児の多様な感情を受け止め、温かく受容的・応答的に関わり、一人一人に応じた適切な援助を行うようにすること。
(2)　身近な人に親しみをもって接し、自分の感情などを表し、それに相手が応答する言葉を聞くことを通して、次第に言葉が獲得されていくことを考慮して、楽しい雰囲気の中での保育教諭等との関わり合いを大切にし、ゆっくりと優しく話し掛けるなど、積極的に言葉のやり取りを楽しむことができるようにするこ

と。

身近なものと関わり感性が育つ

〔身近な環境に興味や好奇心をもって関わり、感じたことや考えたことを表現する力の基盤を培う。〕

1 ねらい
　(1)　身の回りのものに親しみ、様々なものに興味や関心をもつ。
　(2)　見る、触れる、探索するなど、身近な環境に自分から関わろうとする。
　(3)　身体の諸感覚による認識が豊かになり、表情や手足、体の動き等で表現する。

2 内容
　(1)　身近な生活用具、玩具や絵本などが用意された中で、身の回りのものに対する興味や好奇心をもつ。
　(2)　生活や遊びの中で様々なものに触れ、音、形、色、手触りなどに気付き、感覚の働きを豊かにする。
　(3)　保育教諭等と一緒に様々な色彩や形のものや絵本などを見る。
　(4)　玩具や身の回りのものを、つまむ、つかむ、たたく、引っ張るなど、手や指を使って遊ぶ。
　(5)　保育教諭等のあやし遊びに機嫌よく応じたり、歌やリズムに合わせて手足や体を動かして楽しんだりする。

3 内容の取扱い
　　上記の取扱いに当たっては、次の事項に留意する必要がある。
　(1)　玩具などは、音質、形、色、大きさなど園児の発達状態に応じて適切なものを選び、その時々の園児の興味や関心を踏まえるなど、遊びを通して感覚の発達が促されるものとなるように工夫すること。なお、安全な環境の下で、園児が探索意欲を満たして自由に遊べるよう、身の回りのものについては常に十分な点検を行うこと。
　(2)　乳児期においては、表情、発声、体の動きなどで、感情を表現することが多いことから、これらの表現しようとする意欲を積極的に受け止めて、園児が様々な活動を楽しむことを通して表現が豊かになるようにすること。

第2　満1歳以上満3歳未満の園児の保育に関するねらい及び内容

基本的事項

1　この時期においては、歩き始めから、歩く、走る、跳ぶなどへと、基本的な運動機能が次第に発達し、排泄の自立のための身体的機能も整うようになる。つまむ、めくるなどの指先の機能も発達し、食事、衣類の着脱なども、保育教諭等の援助の下で自分で行うようになる。発声も明瞭になり、語彙も増加し、自分の意思や欲求を言葉で表出できるようになる。このように自分でできることが増えてくる時期であることから、保育教諭等は、園児の生活の安定を図りながら、自分でしようとする気持ちを

尊重し、温かく見守るとともに、愛情豊かに、応答的に関わることが必要である。

2　本項においては、この時期の発達の特徴を踏まえ、保育のねらい及び内容について、心身の健康に関する領域「健康」、人との関わりに関する領域「人間関係」、身近な環境との関わりに関する領域「環境」、言葉の獲得に関する領域「言葉」及び感性と表現に関する領域「表現」としてまとめ、示している。

ねらい及び内容

健康

〔健康な心と体を育て、自ら健康で安全な生活をつくり出す力を養う。〕

1 ねらい
　(1)　明るく伸び伸びと生活し、自分から体を動かすことを楽しむ。
　(2)　自分の体を十分に動かし、様々な動きをしようとする。
　(3)　健康、安全な生活に必要な習慣に気付き、自分でしてみようとする気持ちが育つ。

2 内容
　(1)　保育教諭等の愛情豊かな受容の下で、安定感をもって生活をする。
　(2)　食事や午睡、遊びと休息など、幼保連携型認定こども園における生活のリズムが形成される。
　(3)　走る、跳ぶ、登る、押す、引っ張るなど全身を使う遊びを楽しむ。
　(4)　様々な食品や調理形態に慣れ、ゆったりとした雰囲気の中で食事や間食を楽しむ。
　(5)　身の回りを清潔に保つ心地よさを感じ、その習慣が少しずつ身に付く。
　(6)　保育教諭等の助けを借りながら、衣類の着脱を自分でしようとする。
　(7)　便器での排泄に慣れ、自分で排泄ができるようになる。

3 内容の取扱い
　　上記の取扱いに当たっては、次の事項に留意する必要がある。
　(1)　心と体の健康は、相互に密接な関連があるものであることを踏まえ、園児の気持ちに配慮した温かい触れ合いの中で、心と体の発達を促すこと。特に、一人一人の発育に応じて、体を動かす機会を十分に確保し、自ら体を動かそうとする意欲が育つようにすること。
　(2)　健康な心と体を育てるためには望ましい食習慣の形成が重要であることを踏まえ、ゆったりとした雰囲気の中で食べる喜びや楽しさを味わい、進んで食べようとする気持ちが育つようにすること。なお、食物アレルギーのある園児への対応については、学校医等の指示や協力の下に適切に対応すること。
　(3)　排泄の習慣については、一人一人の排尿間隔等を踏まえ、おむつが汚れていないときに便器に座らせる

などにより、少しずつ慣れさせるようにすること。

（4）　食事、排泄、睡眠、衣類の着脱、身の回りを清潔にすることなど、生活に必要な基本的な習慣については、一人一人の状態に応じ、落ち着いた雰囲気の中で行うようにし、園児が自分でしようとする気持ちを尊重すること。また、基本的な生活習慣の形成に当たっては、家庭での生活経験に配慮し、家庭との適切な連携の下で行うようにすること。

人間関係

他の人々と親しみ、支え合って生活するために、自立心を育て、人と関わる力を養う。

1　ねらい
（1）　幼保連携型認定こども園での生活を楽しみ、身近な人と関わる心地よさを感じる。
（2）　周囲の園児等への興味・関心が高まり、関わりをもとうとする。
（3）　幼保連携型認定こども園の生活の仕方に慣れ、きまりの大切さに気付く。

2　内容
（1）　保育教諭等や周囲の園児等との安定した関係の中で、共に過ごす心地よさを感じる。
（2）　保育教諭等の受容的・応答的な関わりの中で、欲求を適切に満たし、安定感をもって過ごす。
（3）　身の回りに様々な人がいることに気付き、徐々に他の園児と関わりをもって遊ぶ。
（4）　保育教諭等の仲立ちにより、他の園児との関わり方を少しずつ身につける。
（5）　幼保連携型認定こども園の生活の仕方に慣れ、きまりがあることや、その大切さに気付く。
（6）　生活や遊びの中で、年長児や保育教諭等の真似をしたり、ごっこ遊びを楽しんだりする。

3　内容の取扱い
　上記の取扱いに当たっては、次の事項に留意する必要がある。
（1）　保育教諭等との信頼関係に支えられて生活を確立するとともに、自分で何かをしようとする気持ちが旺盛になる時期であることに鑑み、そのような園児の気持ちを尊重し、温かく見守るとともに、愛情豊かに、応答的に関わり、適切な援助を行うようにすること。
（2）　思い通りにいかない場合等の園児の不安定な感情の表出については、保育教諭等が受容的に受け止めるとともに、そうした気持ちから立ち直る経験や感情をコントロールすることへの気付き等につなげていけるように援助すること。
（3）　この時期は自己と他者との違いの認識がまだ十分ではないことから、園児の自我の育ちを見守るとともに、保育教諭等が仲立ちとなって、自分の気持ちを相手に伝えることや相手の気持ちに気付くことの大切さなど、友達の気持ちや友達との関わり方を丁寧に伝えていくこと。

環境

周囲の様々な環境に好奇心や探究心をもって関わり、それらを生活に取り入れていこうとする力を養う。

1　ねらい
（1）　身近な環境に親しみ、触れ合う中で、様々なものに興味や関心をもつ。
（2）　様々なものに関わる中で、発見を楽しんだり、考えたりしようとする。
（3）　見る、聞く、触るなどの経験を通して、感覚の働きを豊かにする。

2　内容
（1）　安全で活動しやすい環境での探索活動等を通して、見る、聞く、触れる、嗅ぐ、味わうなどの感覚の働きを豊かにする。
（2）　玩具、絵本、遊具などに興味をもち、それらを使った遊びを楽しむ。
（3）　身の回りの物に触れる中で、形、色、大きさ、量などの物の性質や仕組みに気付く。
（4）　自分の物と人の物の区別や、場所的感覚など、環境を捉える感覚が育つ。
（5）　身近な生き物に気付き、親しみをもつ。
（6）　近隣の生活や季節の行事などに興味や関心をもつ。

3　内容の取扱い
　上記の取扱いに当たっては、次の事項に留意する必要がある。
（1）　玩具などは、音質、形、色、大きさなど園児の発達状態に応じて適切なものを選び、遊びを通して感覚の発達が促されるように工夫すること。
（2）　身近な生き物との関わりについては、園児が命を感じ、生命の尊さに気付く経験へとつながるものであることから、そうした気付きを促すような関わりとなるようにすること。
（3）　地域の生活や季節の行事などに触れる際には、社会とのつながりや地域社会の文化への気付きにつながるものとなることが望ましいこと。その際、幼保連携型認定こども園内外の行事や地域の人々との触れ合いなどを通して行うこと等も考慮すること。

言葉

経験したことや考えたことなどを自分なりの言葉で表現し、相手の話す言葉を聞こうとする意欲や態度を育て、言葉に対する感覚や言葉で表現する力を養う。

1　ねらい
（1）　言葉遊びや言葉で表現する楽しさを感じる。
（2）　人の言葉や話などを聞き、自分でも思ったことを伝えようとする。
（3）　絵本や物語等に親しむとともに、言葉のやり取りを通じて身近な人と気持ちを通わせる。

2　内容
（1）　保育教諭等の応答的な関わりや話し掛けにより、自ら言葉を使おうとする。
（2）　生活に必要な簡単な言葉に気付き、聞き分ける。
（3）　親しみをもって日常の挨拶に応じる。

（4）　絵本や紙芝居を楽しみ、簡単な言葉を繰り返したり、模倣をしたりして遊ぶ。

（5）　保育教諭等とごっこ遊びをする中で、言葉のやり取りを楽しむ。

（6）　保育教諭等を仲立ちとして、生活や遊びの中で友達との言葉のやり取りを楽しむ。

（7）　保育教諭等や友達の言葉や話に興味や関心をもって、聞いたり、話したりする。

3　内容の取扱い

　上記の取扱いに当たっては、次の事項に留意する必要がある。

（1）　身近な人に親しみをもって接し、自分の感情などを伝え、それに相手が応答し、その言葉を聞くことを通して、次第に言葉が獲得されていくものであることを考慮して、楽しい雰囲気の中で保育教諭等との言葉のやり取りができるようにすること。

（2）　園児が自分の思いを言葉で伝えるとともに、他の園児の話などを聞くことを通して、次第に話を理解し、言葉による伝え合いができるようになるよう、気持ちや経験等の言語化を行うことを援助するなど、園児同士の関わりの仲立ちを行うようにすること。

（3）　この時期は、片言から、二語文、ごっこ遊びでのやり取りができる程度へと、大きく言葉の習得が進む時期であることから、それぞれの園児の発達の状況に応じて、遊びや関わりの工夫など、保育の内容を適切に展開することが必要であること。

表現

感じたことや考えたことを自分なりに表現することを通して、豊かな感性や表現する力を養い、創造性を豊かにする。

1　ねらい

（1）　身体の諸感覚の経験を豊かにし、様々な感覚を味わう。

（2）　感じたことや考えたことなどを自分なりに表現しようとする。

（3）　生活や遊びの様々な体験を通して、イメージや感性が豊かになる。

2　内容

（1）　水、砂、土、紙、粘土など様々な素材に触れて楽しむ。

（2）　音楽、リズムやそれに合わせた体の動きを楽しむ。

（3）　生活の中で様々な音、形、色、手触り、動き、味、香りなどに気付いたり、感じたりして楽しむ。

（4）　歌を歌ったり、簡単な手遊びや全身を使う遊びを楽しんだりする。

（5）　保育教諭等からの話や、生活や遊びの中での出来事を通して、イメージを豊かにする。

（6）　生活や遊びの中で、興味のあることや経験したことなどを自分なりに表現する。

3　内容の取扱い

　上記の取扱いに当たっては、次の事項に留意する必要

がある。

（1）　園児の表現は、遊びや生活の様々な場面で表出されているものであることから、それらを積極的に受け止め、様々な表現の仕方や感性を豊かにする経験となるようにすること。

（2）　園児が試行錯誤しながら様々な表現を楽しむことや、自分の力でやり遂げる充実感などに気付くよう、温かく見守るとともに、適切な援助を行うようにすること。

（3）　様々な感情の表現等を通じて、園児が自分の感情や気持ちに気付くようになる時期であることに鑑み、受容的な関わりの中で自信をもって表現をすることや、諦めずに続けた後の達成感等を感じられるような経験が蓄積されるようにすること。

（4）　身近な自然や身の回りの事物に関わる中で、発見や心が動く経験が得られるよう、諸感覚を働かせることを楽しむ遊びや素材を用意するなど保育の環境を整えること。

第3　満3歳以上の園児の教育及び保育に関するねらい及び内容

基本的事項

1　この時期においては、運動機能の発達により、基本的な動作が一通りできるようになるとともに、基本的な生活習慣もほぼ自立できるようになる。理解する語彙数が急激に増加し、知的興味や関心も高まってくる。仲間と遊び、仲間の中の一人という自覚が生じ、集団的な遊びや協同的な活動も見られるようになる。これらの発達の特徴を踏まえて、この時期の教育及び保育においては、個の成長と集団としての活動の充実が図られるようにしなければならない。

2　本項においては、この時期の発達の特徴を踏まえ、教育及び保育のねらい及び内容について、心身の健康に関する領域「健康」、人との関わりに関する領域「人間関係」、身近な環境との関わりに関する領域「環境」、言葉の獲得に関する領域「言葉」及び感性と表現に関する領域「表現」としてまとめ、示している。

ねらい及び内容

健康

健康な心と体を育て、自ら健康で安全な生活をつくり出す力を養う。

1　ねらい

（1）　明るく伸び伸びと行動し、充実感を味わう。

（2）　自分の体を十分に動かし、進んで運動しようとする。

（3）　健康、安全な生活に必要な習慣や態度を身に付け、見通しをもって行動する。

2　内容

（1）　保育教諭等や友達と触れ合い、安定感をもって行動する。

（2）　いろいろな遊びの中で十分に体を動かす。

(3) 進んで戸外で遊ぶ。

(4) 様々な活動に親しみ、楽しんで取り組む。

(5) 保育教諭等や友達と食べることを楽しみ、食べ物への興味や関心をもつ。

(6) 健康な生活のリズムを身に付ける。

(7) 身の回りを清潔にし、衣服の着脱、食事、排泄などの生活に必要な活動を自分でする。

(8) 幼保連携型認定こども園における生活の仕方を知り、自分たちで生活の場を整えながら見通しをもって行動する。

(9) 自分の健康に関心をもち、病気の予防などに必要な活動を進んで行う。

(10) 危険な場所、危険な遊び方、災害時などの行動の仕方が分かり、安全に気を付けて行動する。

3 内容の取扱い

上記の取扱いに当たっては、次の事項に留意する必要がある。

(1) 心と体の健康は、相互に密接な関連があるものであることを踏まえ、園児が保育教諭等や他の園児との温かい触れ合いの中で自己の存在感や充実感を味わうことなどを基盤として、しなやかな心と体の発達を促すこと。特に、十分に体を動かす気持ちよさを体験し、自ら体を動かそうとする意欲が育つようにすること。

(2) 様々な遊びの中で、園児が興味や関心、能力に応じて全身を使って活動することにより、体を動かす楽しさを味わい、自分の体を大切にしようとする気持ちが育つようにすること。その際、多様な動きを経験する中で、体の動きを調整するようにすること。

(3) 自然の中で伸び伸びと体を動かして遊ぶことにより、体の諸機能の発達が促されることに留意し、園児の興味や関心が戸外にも向くようにすること。その際、園児の動線に配慮した園庭や遊具の配置などを工夫すること。

(4) 健康な心と体を育てるためには食育を通じた望ましい食習慣の形成が大切であることを踏まえ、園児の食生活の実情に配慮し、和やかな雰囲気の中で保育教諭等や他の園児と食べる喜びや楽しさを味わったり、様々な食べ物への興味や関心をもったりするなどし、食の大切さに気付き、進んで食べようとする気持ちが育つようにすること。

(5) 基本的な生活習慣の形成に当たっては、家庭での生活経験に配慮し、園児の自立心を育て、園児が他の園児と関わりながら主体的な活動を展開する中で、生活に必要な習慣を身に付け、次第に見通しをもって行動できるようにすること。

(6) 安全に関する指導に当たっては、情緒の安定を図り、遊びを通して安全についての構えを身に付け、危険な場所や事物などが分かり、安全についての理解を深めるようにすること。また、交通安全の習慣を身に付けるようにするとともに、避難訓練などを通して、災害などの緊急時に適切な行動がとれるようにすること。

人間関係

〔 他の人々と親しみ、支え合って生活するために、自立心を育て、人と関わる力を養う。 〕

1 ねらい

(1) 幼保連携型認定こども園の生活を楽しみ、自分の力で行動することの充実感を味わう。

(2) 身近な人と親しみ、関わりを深め、工夫したり、協力したりして一緒に活動する楽しさを味わい、愛情や信頼感をもつ。

(3) 社会生活における望ましい習慣や態度を身に付ける。

2 内容

(1) 保育教諭等や友達と共に過ごすことの喜びを味わう。

(2) 自分で考え、自分で行動する。

(3) 自分でできることは自分でする。

(4) いろいろな遊びを楽しみながら物事をやり遂げようとする気持ちをもつ。

(5) 友達と積極的に関わりながら喜びや悲しみを共感し合う。

(6) 自分の思ったことを相手に伝え、相手の思っていることに気付く。

(7) 友達のよさに気付き、一緒に活動する楽しさを味わう。

(8) 友達と楽しく活動する中で、共通の目的を見いだし、工夫したり、協力したりなどする。

(9) よいことや悪いことがあることに気付き、考えながら行動する。

(10) 友達との関わりを深め、思いやりをもつ。

(11) 友達と楽しく生活する中できまりの大切さに気付き、守ろうとする。

(12) 共同の遊具や用具を大切にし、皆で使う。

(13) 高齢者をはじめ地域の人々などの自分の生活に関係の深いいろいろな人に親しみをもつ。

3 内容の取扱い

上記の取扱いに当たっては、次の事項に留意する必要がある。

(1) 保育教諭等との信頼関係に支えられて自分自身の生活を確立していくことが人と関わる基盤となることを考慮し、園児が自ら周囲に働き掛けることにより多様な感情を体験し、試行錯誤しながら諦めずにやり遂げることの達成感や、前向きな見通しをもって自分の力で行うことの充実感を味わうことができるよう、園児の行動を見守りながら適切な援助を行うようにすること。

(2) 一人一人を生かした集団を形成しながら人と関わる力を育てていくようにすること。その際、集団の生活の中で、園児が自己を発揮し、保育教諭等や他の園児に認められる体験をし、自分のよさや特徴に気付

き、自信をもって行動できるようにすること。

(3) 園児が互いに関わりを深め、協同して遊ぶようになるため、自ら行動する力を育てるようにするとともに、他の園児と試行錯誤しながら活動を展開する楽しさや共通の目的が実現する喜びを味わうことができるようにすること。

(4) 道徳性の芽生えを培うに当たっては、基本的な生活習慣の形成を図るとともに、園児が他の園児との関わりの中で他人の存在に気付き、相手を尊重する気持ちをもって行動できるようにし、また、自然や身近な動植物に親しむことなどを通して豊かな心情が育つようにすること。特に、人に対する信頼感や思いやりの気持ちは、葛藤やつまずきをも体験し、それらを乗り越えることにより次第に芽生えてくることに配慮すること。

(5) 集団の生活を通して、園児が人との関わりを深め、規範意識の芽生えが培われることを考慮し、園児が保育教諭等との信頼関係に支えられて自己を発揮する中で、互いに思いを主張し、折り合いを付ける体験をし、きまりの必要性などに気付き、自分の気持ちを調整する力が育つようにすること。

(6) 高齢者をはじめ地域の人々などの自分の生活に関係の深いいろいろな人と触れ合い、自分の感情や意志を表現しながら共に楽しみ、共感し合う体験を通して、これらの人々などに親しみをもち、人と関わることの楽しさや人の役に立つ喜びを味わうことができるようにすること。また、生活を通して親や祖父母などの家族の愛情に気付き、家族を大切にしようとする気持ちが育つようにすること。

環境

〔周囲の様々な環境に好奇心や探究心をもって関わり、それらを生活に取り入れていこうとする力を養う。〕

1 ねらい
(1) 身近な環境に親しみ、自然と触れ合う中で様々な事象に興味や関心をもつ。
(2) 身近な環境に自分から関わり、発見を楽しんだり、考えたりし、それを生活に取り入れようとする。
(3) 身近な事象を見たり、考えたり、扱ったりする中で、物の性質や数量、文字などに対する感覚を豊かにする。

2 内容
(1) 自然に触れて生活し、その大きさ、美しさ、不思議さなどに気付く。
(2) 生活の中で、様々な物に触れ、その性質や仕組みに興味や関心をもつ。
(3) 季節により自然や人間の生活に変化のあることに気付く。
(4) 自然などの身近な事象に関心をもち、取り入れて遊ぶ。
(5) 身近な動植物に親しみをもって接し、生命の尊さに気付き、いたわったり、大切にしたりする。

(6) 日常生活の中で、我が国や地域社会における様々な文化や伝統に親しむ。
(7) 身近な物を大切にする。
(8) 身近な物や遊具に興味をもって関わり、自分なりに比べたり、関連付けたりしながら考えたり、試したりして工夫して遊ぶ。
(9) 日常生活の中で数量や図形などに関心をもつ。
(10) 日常生活の中で簡単な標識や文字などに関心をもつ。
(11) 生活に関係の深い情報や施設などに興味や関心をもつ。
(12) 幼保連携型認定こども園内外の行事において国旗に親しむ。

3 内容の取扱い
上記の取扱いに当たっては、次の事項に留意する必要がある。

(1) 園児が、遊びの中で周囲の環境と関わり、次第に周囲の世界に好奇心を抱き、その意味や操作の仕方に関心をもち、物事の法則性に気付き、自分なりに考えることができるようになる過程を大切にすること。また、他の園児の考えなどに触れて新しい考えを生み出す喜びや楽しさを味わい、自分の考えをよりよいものにしようとする気持ちが育つようにすること。

(2) 幼児期において自然のもつ意味は大きく、自然の大きさ、美しさ、不思議さなどに直接触れる体験を通して、園児の心が安らぎ、豊かな感情、好奇心、思考力、表現力の基礎が培われることを踏まえ、園児が自然との関わりを深めることができるよう工夫すること。

(3) 身近な事象や動植物に対する感動を伝え合い、共感し合うことなどを通して自分から関わろうとする意欲を育てるとともに、様々な関わり方を通してそれらに対する親しみや畏敬の念、生命を大切にする気持ち、公共心、探究心などが養われるようにすること。

(4) 文化や伝統に親しむ際には、正月や節句など我が国の伝統的な行事、国歌、唱歌、わらべうたや我が国の伝統的な遊びに親しんだり、異なる文化に触れる活動に親しんだりすることを通じて、社会とのつながりの意識や国際理解の意識の芽生えなどが養われるようにすること。

(5) 数量や文字などに関しては、日常生活の中で園児自身の必要感に基づく体験を大切にし、数量や文字などに関する興味や関心、感覚が養われるようにすること。

言葉

〔経験したことや考えたことなどを自分なりの言葉で表現し、相手の話す言葉を聞こうとする意欲や態度を育て、言葉に対する感覚や言葉で表現する力を養う。〕

1 ねらい
(1) 自分の気持ちを言葉で表現する楽しさを味わう。
(2) 人の言葉や話などをよく聞き、自分の経験したことや考えたことを話し、伝え合う喜びを味わう。

(3) 日常生活に必要な言葉が分かるようになるとともに、絵本や物語などに親しみ、言葉に対する感覚を豊かにし、保育教諭等や友達と心を通わせる。

2 内容

(1) 保育教諭等や友達の言葉や話に興味や関心をもち、親しみをもって聞いたり、話したりする。

(2) したり、見たり、聞いたり、感じたり、考えたりなどしたことを自分なりに言葉で表現する。

(3) したいこと、してほしいことを言葉で表現したり、分からないことを尋ねたりする。

(4) 人の話を注意して聞き、相手に分かるように話す。

(5) 生活の中で必要な言葉が分かり、使う。

(6) 親しみをもって日常の挨拶をする。

(7) 生活の中で言葉の楽しさや美しさに気付く。

(8) いろいろな体験を通じてイメージや言葉を豊かにする。

(9) 絵本や物語などに親しみ、興味をもって聞き、想像をする楽しさを味わう。

(10) 日常生活の中で、文字などで伝える楽しさを味わう。

3 内容の取扱い

上記の取扱いに当たっては、次の事項に留意する必要がある。

(1) 言葉は、身近な人に親しみをもって接し、自分の感情や意志などを伝え、それに相手が応答し、その言葉を聞くことを通して次第に獲得されていくものであることを考慮して、園児が保育教諭等や他の園児と関わることにより心を動かされるような体験をし、言葉を交わす喜びを味わえるようにすること。

(2) 園児が自分の思いを言葉で伝えるとともに、保育教諭等や他の園児などの話を興味をもって注意して聞くことを通して次第に話を理解するようになっていき、言葉による伝え合いができるようにすること。

(3) 絵本や物語などで、その内容と自分の経験とを結び付けたり、想像を巡らせたりするなど、楽しみを十分に味わうことによって、次第に豊かなイメージをもち、言葉に対する感覚が養われるようにすること。

(4) 園児が生活の中で、言葉の響きやリズム、新しい言葉や表現などに触れ、これらを使う楽しさを味わえるようにすること。その際、絵本や物語に親しんだり、言葉遊びなどをしたりすることを通して、言葉が豊かになるようにすること。

(5) 園児が日常生活の中で、文字などを使いながら思ったことや考えたことを伝える喜びや楽しさを味わい、文字に対する興味や関心をもつようにすること。

表現

感じたことや考えたことを自分なりに表現することを通して、豊かな感性や表現する力を養い、創造性を豊かにする。

1 ねらい

(1) いろいろなものの美しさなどに対する豊かな感性をもつ。

(2) 感じたことや考えたことを自分なりに表現して楽しむ。

(3) 生活の中でイメージを豊かにし、様々な表現を楽しむ。

2 内容

(1) 生活の中で様々な音、形、色、手触り、動きなどに気付いたり、感じたりするなどして楽しむ。

(2) 生活の中で美しいものや心を動かす出来事に触れ、イメージを豊かにする。

(3) 様々な出来事の中で、感動したことを伝え合う楽しさを味わう。

(4) 感じたこと、考えたことなどを音や動きなどで表現したり、自由にかいたり、つくったりなどする。

(5) いろいろな素材に親しみ、工夫して遊ぶ。

(6) 音楽に親しみ、歌を歌ったり、簡単なリズム楽器を使ったりなどする楽しさを味わう。

(7) かいたり、つくったりすることを楽しみ、遊びに使ったり、飾ったりなどする。

(8) 自分のイメージを動きや言葉などで表現したり、演じて遊んだりするなどの楽しさを味わう。

3 内容の取扱い

上記の取扱いに当たっては、次の事項に留意する必要がある。

(1) 豊かな感性は、身近な環境と十分に関わる中で美しいもの、優れたもの、心を動かす出来事などに出会い、そこから得た感動を他の園児や保育教諭等と共有し、様々に表現することなどを通して養われるようにすること。その際、風の音や雨の音、身近にある草や花の形や色など自然の中にある音、形、色などに気付くようにすること。

(2) 幼児期の自己表現は素朴な形で行われることが多いので、保育教諭等はそのような表現を受容し、園児自身の表現しようとする意欲を受け止めて、園児が生活の中で園児らしい様々な表現を楽しむことができるようにすること。

(3) 生活経験や発達に応じ、自ら様々な表現を楽しみ、表現する意欲を十分に発揮させることができるように、遊具や用具などを整えたり、様々な素材や表現の仕方に親しんだり、他の園児の表現に触れられるよう配慮したりし、表現する過程を大切にして自己表現を楽しめるように工夫すること。

第4 教育及び保育の実施に関する配慮事項

1 満3歳未満の園児の保育の実施については、以下の事項に配慮するものとする。

(1) 乳児は疾病への抵抗力が弱く、心身の機能の未熟さに伴う疾病の発生が多いことから、一人一人の発育及び発達状態や健康状態についての適切な判断に基づく保健的な対応を行うこと。また、一人一人の園児

の生育歴の違いに留意しつつ、欲求を適切に満たし、特定の保育教諭等が応答的に関わるように努めること。更に、乳児期の園児の保育に関わる職員間の連携や学校医等との連携を図り、第3章に示す事項を踏まえ、適切に対応すること。栄養士及び看護師等が配置されている場合は、その専門性を生かした対応を図ること。乳児期の園児の保育においては特に、保護者との信頼関係を築きながら保育を進めるとともに、保護者からの相談に応じ支援に努めていくこと。なお、担当の保育教諭等が替わる場合には、園児のそれまでの生育歴や発達の過程に留意し、職員間で協力して対応すること。

（2）満1歳以上満3歳未満の園児は、特に感染症にかかりやすい時期であるので、体の状態、機嫌、食欲などの日常の状態の観察を十分に行うとともに、適切な判断に基づく保健的な対応を心掛けること。また、探索活動が十分できるように、事故防止に努めながら活動しやすい環境を整え、全身を使う遊びなど様々な遊びを取り入れること。更に、自我が形成され、園児が自分の感情や気持ちに気付くようになる重要な時期であることに鑑み、情緒の安定を図りながら、園児の自発的な活動を尊重するとともに促していくこと。なお、担当の保育教諭等が替わる場合には、園児のそれまでの経験や発達の過程に留意し、職員間で協力して対応すること。

2 幼保連携型認定こども園における教育及び保育の全般において以下の事項に配慮するものとする。

（1）園児の心身の発達及び活動の実態などの個人差を踏まえるとともに、一人一人の園児の気持ちを受け止め、援助すること。

（2）園児の健康は、生理的・身体的な育ちとともに、自主性や社会性、豊かな感性の育ちとがあいまってもたらされることに留意すること。

（3）園児が自ら周囲に働き掛け、試行錯誤しつつ自分の力で行う活動を見守りながら、適切に援助すること。

（4）園児の入園時の教育及び保育に当たっては、できるだけ個別的に対応し、園児が安定感を得て、次第に幼保連携型認定こども園の生活になじんでいくようにするとともに、既に入園している園児に不安や動揺を与えないようにすること。

（5）園児の国籍や文化の違いを認め、互いに尊重する心を育てるようにすること。

（6）園児の性差や個人差にも留意しつつ、性別などによる固定的な意識を植え付けることがないようにすること。

第3章　健康及び安全

　幼保連携型認定こども園における園児の健康及び安全は、園児の生命の保持と健やかな生活の基本となるものであり、

第1章及び第2章の関連する事項と併せ、次に示す事項について適切に対応するものとする。その際、養護教諭や看護師、栄養教諭や栄養士等が配置されている場合には、学校医等と共に、これらの者がそれぞれの専門性を生かしながら、全職員が相互に連携し、組織的かつ適切な対応を行うことができるような体制整備や研修を行うことが必要である。

第1　健康支援

1　健康状態や発育及び発達の状態の把握

（1）園児の心身の状態に応じた教育及び保育を行うために、園児の健康状態や発育及び発達の状態について、定期的・継続的に、また、必要に応じて随時、把握すること。

（2）保護者からの情報とともに、登園時及び在園時に園児の状態を観察し、何らかの疾病が疑われる状態や傷害が認められた場合には、保護者に連絡するとともに、学校医と相談するなど適切な対応を図ること。

（3）園児の心身の状態等を観察し、不適切な養育の兆候が見られる場合には、市町村（特別区を含む。以下同じ。）や関係機関と連携し、児童福祉法第25条に基づき、適切な対応を図ること。また、虐待が疑われる場合には、速やかに市町村又は児童相談所に通告し、適切な対応を図ること。

2　健康増進

（1）認定こども園法第27条において準用する学校保健安全法（昭和33年法律第56号）第5条の学校保健計画を作成する際は、教育及び保育の内容並びに子育ての支援等に関する全体的な計画に位置づくものとし、全ての職員がそのねらいや内容を踏まえ、園児一人一人の健康の保持及び増進に努めていくこと。

（2）認定こども園法第27条において準用する学校保健安全法第13条第1項の健康診断を行ったときは、認定こども園法第27条において準用する学校保健安全法第14条の措置を行い、教育及び保育に活用するとともに、保護者が園児の状態を理解し、日常生活に活用できるようにすること。

3　疾病等への対応

（1）在園時に体調不良や傷害が発生した場合には、その園児の状態等に応じて、保護者に連絡するとともに、適宜、学校医やかかりつけ医等と相談し、適切な処置を行うこと。

（2）感染症やその他の疾病の発生予防に努め、その発生や疑いがある場合には必要に応じて学校医、市町村、保健所等に連絡し、その指示に従うとともに、保護者や全ての職員に連絡し、予防等について協力を求めること。また、感染症に関する幼保連携型認定こども園の対応方法等について、あらかじめ関係機関の協力を得ておくこと。

（3）アレルギー疾患を有する園児に関しては、保護者と連携し、医師の診断及び指示に基づき、適切な対応を行うこと。また、食物アレルギーに関して、関係機

関と連携して、当該幼保連携型認定こども園の体制構築など、安全な環境の整備を行うこと。

(4) 園児の疾病等の事態に備え、保健室の環境を整え、救急用の薬品、材料等を適切な管理の下に常備し、全ての職員が対応できるようにしておくこと。

第2　食育の推進

1　幼保連携型認定こども園における食育は、健康な生活の基本としての食を営む力の育成に向け、その基礎を培うことを目標とすること。

2　園児が生活と遊びの中で、意欲をもって食に関わる体験を積み重ね、食べることを楽しみ、食事を楽しみ合う園児に成長していくことを期待するものであること。

3　乳幼児期にふさわしい食生活が展開され、適切な援助が行われるよう、教育及び保育の内容並びに子育ての支援等に関する全体的な計画に基づき、食事の提供を含む食育の計画を作成し、指導計画に位置付けるとともに、その評価及び改善に努めること。

4　園児が自らの感覚や体験を通して、自然の恵みとしての食材や食の循環・環境への意識、調理する人への感謝の気持ちが育つように、園児と調理員等との関わりや、調理室など食に関する環境に配慮すること。

5　保護者や地域の多様な関係者との連携及び協働の下で、食に関する取組が進められること。また、市町村の支援の下に、地域の関係機関等との日常的な連携を図り、必要な協力が得られるよう努めること。

6　体調不良、食物アレルギー、障害のある園児など、園児一人一人の心身の状態等に応じ、学校医、かかりつけ医等の指示や協力の下に適切に対応すること。

第3　環境及び衛生管理並びに安全管理

1　環境及び衛生管理

(1) 認定こども園法第27条において準用する学校保健安全法第6条の学校環境衛生基準に基づき幼保連携型認定こども園の適切な環境の維持に努めるとともに、施設内外の設備、用具等の衛生管理に努めること。

(2) 認定こども園法第27条において準用する学校保健安全法第6条の学校環境衛生基準に基づき幼保連携型認定こども園の施設内外の適切な環境の維持に努めるとともに、園児及び全職員が清潔を保つようにすること。また、職員は衛生知識の向上に努めること。

2　事故防止及び安全対策

(1) 在園時の事故防止のために、園児の心身の状態等を踏まえつつ、認定こども園法第27条において準用する学校保健安全法第27条の学校安全計画の策定等を通じ、全職員の共通理解や体制づくりを図るとともに、家庭や地域の関係機関の協力の下に安全指導を行うこと。

(2) 事故防止の取組を行う際には、特に、睡眠中、プール活動・水遊び中、食事中等の場面では重大事故が発生しやすいことを踏まえ、園児の主体的な活動を大切

にしつつ、施設内外の環境の配慮や指導の工夫を行うなど、必要な対策を講じること。

(3) 認定こども園法第27条において準用する学校保健安全法第29条の危険等発生時対処要領に基づき、事故の発生に備えるとともに施設内外の危険箇所の点検や訓練を実施すること。また、外部からの不審者等の侵入防止のための措置や訓練など不測の事態に備え必要な対応を行うこと。更に、園児の精神保健面における対応に留意すること。

第4　災害への備え

1　施設・設備等の安全確保

(1) 認定こども園法第27条において準用する学校保健安全法第29条の危険等発生時対処要領に基づき、災害等の発生に備えるとともに、防火設備、避難経路等の安全性が確保されるよう、定期的にこれらの安全点検を行うこと。

(2) 備品、遊具等の配置、保管を適切に行い、日頃から、安全環境の整備に努めること。

2　災害発生時の対応体制及び避難への備え

(1) 火災や地震などの災害の発生に備え、認定こども園法第27条において準用する学校保健安全法第29条の危険等発生時対処要領を作成する際には、緊急時の対応の具体的な内容及び手順、職員の役割分担、避難訓練計画等の事項を盛り込むこと。

(2) 定期的に避難訓練を実施するなど、必要な対応を図ること。

(3) 災害の発生時に、保護者等への連絡及び子どもの引渡しを円滑に行うため、日頃から保護者との密接な連携に努め、連絡体制や引渡し方法等について確認をしておくこと。

3　地域の関係機関等との連携

(1) 市町村の支援の下に、地域の関係機関との日常的な連携を図り、必要な協力が得られるよう努めること。

(2) 避難訓練については、地域の関係機関や保護者との連携の下に行うなど工夫すること。

第4章　子育ての支援

幼保連携型認定こども園における保護者に対する子育ての支援は、子どもの利益を最優先して行うものとし、第1章及び第2章等の関連する事項を踏まえ、子どもの育ちを家庭と連携して支援していくとともに、保護者及び地域が有する子育てを自ら実践する力の向上に資するよう、次の事項に留意するものとする。

第1　子育ての支援全般に関わる事項

1　保護者に対する子育ての支援を行う際には、各地域や家庭の実態等を踏まえるとともに、保護者の気持ちを受け止め、相互の信頼関係を基本に、保護者の自己決定を

尊重すること。

2　教育及び保育並びに子育ての支援に関する知識や技術など、保育教諭等の専門性や、園児が常に存在する環境など、幼保連携型認定こども園の特性を生かし、保護者が子どもの成長に気付き子育ての喜びを感じられるように努めること。

3　保護者に対する子育ての支援における地域の関係機関等との連携及び協働を図り、園全体の体制構築に努めること。

4　子どもの利益に反しない限りにおいて、保護者や子どものプライバシーを保護し、知り得た事柄の秘密を保持すること。

第2　幼保連携型認定こども園の園児の保護者に対する子育ての支援

1　日常の様々な機会を活用し、園児の日々の様子の伝達や収集、教育及び保育の意図の説明などを通じて、保護者との相互理解を図るよう努めること。

2　教育及び保育の活動に対する保護者の積極的な参加は、保護者の子育てを自ら実践する力の向上に寄与するだけでなく、地域社会における家庭や住民の子育てを自ら実践する力の向上及び子育ての経験の継承につながるきっかけとなる。これらのことから、保護者の参加を促すとともに、参加しやすいよう工夫すること。

3　保護者の生活形態が異なることを踏まえ、全ての保護者の相互理解が深まるように配慮すること。その際、保護者同士が子育てに対する新たな考えに出会い気付き合えるよう工夫すること。

4　保護者の就労と子育ての両立等を支援するため、保護者の多様化した教育及び保育の需要に応じて病児保育事業など多様な事業を実施する場合には、保護者の状況に配慮するとともに、園児の福祉が尊重されるよう努め、園児の生活の連続性を考慮すること。

5　地域の実態や保護者の要請により、教育を行う標準的な時間の終了後等に希望する園児を対象に一時預かり事業などとして行う活動については、保育教諭間及び家庭との連携を密にし、園児の心身の負担に配慮すること。その際、地域の実態や保護者の事情とともに園児の生活のリズムを踏まえつつ、必要に応じて、弾力的な運用を行うこと。

6　園児に障害や発達上の課題が見られる場合には、市町村や関係機関と連携及び協力を図りつつ、保護者に対する個別の支援を行うよう努めること。

7　外国籍家庭など、特別な配慮を必要とする家庭の場合には、状況等に応じて個別の支援を行うよう努めること。

8　保護者に育児不安等が見られる場合には、保護者の希望に応じて個別の支援を行うよう努めること。

9　保護者に不適切な養育等が疑われる場合には、市町村や関係機関と連携し、要保護児童対策地域協議会で検討するなど適切な対応を図ること。また、虐待が疑われる場合には、速やかに市町村又は児童相談所に通告し、適切な対応を図ること。

第3　地域における子育て家庭の保護者等に対する支援

1　幼保連携型認定こども園において、認定こども園法第2条第12項に規定する子育て支援事業を実施する際には、当該幼保連携型認定こども園がもつ地域性や専門性などを十分に考慮して当該地域において必要と認められるものを適切に実施すること。また、地域の子どもに対する一時預かり事業などの活動を行う際には、一人一人の子どもの心身の状態などを考慮するとともに、教育及び保育との関連に配慮するなど、柔軟に活動を展開できるようにすること。

2　市町村の支援を得て、地域の関係機関等との積極的な連携及び協働を図るとともに、子育ての支援に関する地域の人材の積極的な活用を図るよう努めること。また、地域の要保護児童への対応など、地域の子どもを巡る諸課題に対し、要保護児童対策地域協議会など関係機関等と連携及び協力して取り組むよう努めること。

3　幼保連携型認定こども園は、地域の子どもが健やかに育成される環境を提供し、保護者に対する総合的な子育ての支援を推進するため、地域における乳幼児期の教育及び保育の中心的な役割を果たすよう努めること。

索 引

■ 執筆者紹介（執筆順、＊は編著者）

林　薫＊（はやし・かおる）
白梅学園大学子ども学部教授　はじめに、レッスン5～6、レッスン8、レッスン15

酒井治子（さかい・はるこ）
東京家政学院大学人間栄養学部教授　レッスン1～4

會退友美（あいぬき・ともみ）
東京家政学院大学人間栄養学部助教　レッスン7、レッスン9～10、レッスン14

小林美由紀（こばやし・みゆき）
白梅学園大学子ども学部教授（小児科医）　レッスン11～13

■ 写真提供協力

社会福祉法人恵満生福祉会　河内からたち保育園
社会福祉法人杉水福祉会　杉水保育園
社会福祉法人　ひまわり保育園
白梅学園大学

編集協力：株式会社桂樹社グループ（狩生有希）
本文イラスト：植木美江　寺平京子
本文デザイン：中田聡美

■ 監修者紹介

今井和子（いまい・かずこ） 子どもとことば研究会代表

近藤幹生（こんどう・みきお） 白梅学園大学大学院特任教授

■ 編著者紹介

林　薫（はやし・かおる）
白梅学園大学子ども学部教授
白梅学園大学専任講師、准教授を経て、現職。
2004年、厚生労働省雇用均等児童家庭局「楽しく食べる子どもに──保育所における食育に関する指針」分担研究者。2011年、文部科学省私立大学戦略的研究基盤形成支援事業「食育でつなぐ地域と大学教育」において、子どもと大学生の食育ワークショップを主催し、2013年度キッズデザイン賞コミュニケーションデザイン分野学び・理解力部門受賞、その後3年連続受賞。

主　著
『乳幼児の食育実践へのアプローチ──子どもがかがやく』（共著）　児童育成協会　2004年
『保育と家庭科──あたたかい子育て社会をつくるために』（編著）　ななみ書房　2014年
『子どもの食と栄養 演習ブック（第2版）』（共著）　ミネルヴァ書房　2021年
『子どもの食生活──栄養・食育・保育（第5版）』（共著）　ななみ書房　2021年

MINERVA 保育士等キャリアアップ研修テキスト4
食育・アレルギー対応

2021年6月1日　初版第1刷発行　　　　　〈検印省略〉

定価はカバーに
表示しています

監 修 者　今　井　和　子
　　　　　近　藤　幹　生
編 著 者　林　　　　　薫
発 行 者　杉　田　啓　三
印 刷 者　森　元　勝　夫

発行所　株式会社　ミネルヴァ書房
607-8494　京都市山科区日ノ岡堤谷町1
電話代表　(075) 581 - 5191
振替口座　01020 - 0 - 8076

©林薫ほか, 2021　　　　　　　モリモト印刷

ISBN978-4-623-08764-8

Printed in Japan

今井和子／近藤幹生 監修

MINERVA 保育士等キャリアアップ研修テキスト

全7巻／B5判／美装カバー／各巻平均200頁

①乳児保育　　　　　　　今井和子／矢島敬子 編著　本体 1,800 円

②幼児教育　　　　　　　初瀬基樹 編著　本体 2,000 円

③障害児保育　　　　　　市川奈緒子 編著　本体 1,800 円

④食育・アレルギー対応　林薫 編著　本体 2,200 円

⑤保健衛生・安全対策　　小林美由紀 編著　本体 2,200 円

⑥保護者支援・子育て支援　小野﨑佳代／石田幸美 編著　本体 2,000 円

⑦マネジメント　　　　　鈴木健史 編著　本体 2,200 円

ミネルヴァ書房

https://www.minervashobo.co.jp/